Wilhelm Bürklin
Wählerverhalten und Wertewandel

Grundwissen Politik
Herausgegeben von Ulrich von Alemann
und Leo Kißler

Band 3

Wilhelm Bürklin

Wählerverhalten
und
Wertewandel

Springer Fachmedien Wiesbaden GmbH 1988

Der Autor:

Wilhelm P. Bürklin, geb. 1949, Studium der Politikwissenschaft und Ökonomie und Promotion an der Universität Mannheim. Derzeit Akademischer Rat an der Christian-Albrechts-Universität zu Kiel.
Arbeitsgebiete: Umfrageforschung, Wahl- und Wertforschung, Parteientheorie und empirische Demokratietheorie.

CIP-Kurztitelaufnahme der Deutschen Bibliothek

Bürklin, Wilhelm
Wählerverhalten und Wertewandel /Wilhelm Bürklin. —

(Grundwissen Politik; Bd. 3)

ISBN 978-3-663-11802-2　　ISBN 978-3-663-11801-5 (eBook)
DOI 10.1007/978-3-663-11801-5

NE: GT

© 1988 by Springer Fachmedien Wiesbaden
Ursprünglich erschienen bei Leske Verlag + Budrich GmbH, Leverkusen 1988

Vorwort

Mit diesem dritten Band erhält die neue Schriftenreihe „Grundwissen Politik" ihre „dritte Dimension". War der erste Band über Organisierte Interessen in der Bundesrepublik dem klassischen Bereich der „politics", also den „politischen Prozessen" in der Politikanalyse verbunden; führte der zweite Band zur Sozialpolitik im internationalen Vergleich in einen zentralen Problembereich der Politikfeldanalyse, also von „policy" ein; so stellt dieser dritte Band von Wilhelm *Bürklin* eine Grundvoraussetzung politischer Institutionen in liberaldemokratischen Staaten, das Wählen, d.h. eine elementare Dimension des Staatswesens, der „politiy" vor. Wenn heutige Politikwissenschaft sich um alle drei Dimensionen, politics, policy und polity, bekümmern muß, wie man allgemein annimmt, so zeigt „Grundwissen Politik" immerhin soviel Systematik, wie zur Analyse der Gesamtgestalt von „Politik" angebracht scheint. Im übrigen wird keine angestrengte streng kategoriale Abfolge von Teilbereichen und Subdisziplinen der Politik angestrebt. Eine lockere, möglichst vieldimensionale Abfolge von Beiträgen zum Grundwissen Politik bleibt das Programm.

Bürklins Beitrag zu „Wahlverhalten und Wertwandel" überspringt freilich, wie man es von einem guten Ansatz erhofft, allzu trockene Kategorien und Typologien. Wählen wird hier nicht nur als Staatsakt des Volkssouveräns („polity"), sondern als Willensbildung und Politikbeitrag des Individuums im politischen Prozeß („politics") gesehen.

Das Erkenntnisinteresse der empirischen Wahl- und Wertforschung liegt nicht mehr ausschließlich in der klassischen Fragestellung der Wahlforschung „Wer wählt wen, warum und mit welcher Wirkung?", sondern verlagert sich zunehmend auf Fragen nach den Bestimmungsgründen des Prozesses der politischen Willensbildung. Auf welche Weise gelingt es den verschiedenen Akteuren in diesem Prozeß, Wähler zu mobilisieren? Welche Faktoren erleichtern, welche erschweren diese Prozesse? Welcher Stellenwert kommt dabei den politischen Streitfragen, den Kandidaten der Parteien und den traditionellen Bindungen an die politischen Parteien zu? Beeinflussen individuelle Wertorientierungen politisches Verhalten und damit auch Wahlverhalten unabhängig von Parteiorientierungen?

Dieser Text wurde wie alle anderen zur Schriftenreihe „Grundwissen Politik" zunächst für die Fernuniversität Hagen als Kurs konzipiert. Wir haben im Studienangebot des Faches Politikwissenschaft die Zusammenarbeit mit Wilhelm *Bürklin* und das Arbeitsergebnis umso mehr begrüßt, als wir immer wieder überrascht feststellten, wie wenig Auswahl es für brauchbare Einführungen und Überblicke zum Thema Wahlen und Wahlforschung in der Bundesrepublik gibt. Ist doch gleichzeitig in Politbarometern und Wahlnächten kaum ein anderer Zweig der empirischen Politikwissenschaft so medienpräsent, wie die Wahlforschung.

Wir freuen uns deshalb mit diesem Buch von *Bürklin* keine mehr oder weniger trockene Einführung in Methoden der Wahlforschung vorzulegen, sondern eine ,,politische" Abhandlung, die das methodische Interesse an der Erklärung von Wahlverhalten mit dem inhaltlichen Thema des Wertwandels verbindet. Genau diese Synthese hatten wir gesucht.

Wir haben uns im Fach Politikwissenschaft über die kooperative Zusammenarbeit mit dem Verfasser gefreut. Die redaktionelle Bearbeitung hat in den Händen von Jörg *Bogumil* und Ingeborg *Voss* gelegen.

Wir sehen der Aufnahme dieses Buches bei der breiteren Leserschaft mit großem Interesse und einiger Spannung entgegen.

5800 Hagen, März 1988 *Ulrich von Alemann*
Leo Kißler

Vorbemerkung des Autors

Es ist nicht einfach, für einen Bereich der Wissenschaft, der in Theorie und Methoden so weit entwickelt ist, wie die empirische Wahlforschung, eine komprimierte Einführung zu schreiben. Beim gegenwärtigen Forschungsstand, der durch eine hoch arbeitsteilige Spezialisierung gekennzeichnet ist, wird die Gefahr der Verkürzung und unzulässigen Vereinfachung von Forschungsergebnissen immer größer. Kann man vor diesem Hintergrund heute noch guten Gewissens eine Einführung in die Wahl- und Werteforschung schreiben?

Ich denke, man kann nicht nur sondern muß, da mit zunehmender wissenschaftlicher Spezialisierung auch der Bedarf nach übergreifender Orientierungshilfe und Bestandsaufnahme des immer differenzierteren Wissens steigt. Da seit der Veröffentlichung der letzten vergleichbaren Studie zum Thema fast ein Jahrzehnt vergangen ist, fühlt sich die vorliegende Einführung in erster Linie diesem Ziel verpflichtet.

Darüberhinaus wurde versucht, in der Behandlung des Themas neue Akzente zu setzen: Zum ersten sollte keine weitere enumerative Aneinanderreihung von Theorien vorgelegt werden, sondern eine Darstellung, die auf den engen Zusammenhang zwischen Forschungsmethoden und den resultierenden Theorien hinweist. Diese Erkenntnis ist nicht trivial, sondern eröffnet das Verständnis dafür, daß die verschiedenen „Schulen" der empirischen Wahlforschung dieselben Probleme in so unterschiedlicher Weise angepackt haben. Auf diese Parallelitäten wird im Text ausführlich hingewiesen.

Zum zweiten wurden bewußt nicht nur verallgemeinerte Theorien vorgestellt, sondern auch die konkreten Instrumente, mit denen diese Ergebnisse gewonnen werden. Anlaß dafür war meine Erfahrung in der akademischen Lehre, daß der erste Schritt zu Kritik und selbstbewußter Weiterentwicklung der theoretischen Erklärungsansätze in der Diskussion der Operationalisierungen und konkreten Meßinstrumente liegt. Zu dieser Konkretisierung gehört auch die tabellarische Darstellung der neueren empirischen Verteilungen des Wahlverhaltens und der Wertetypen für die Bundesrepublik.

Zum dritten habe ich den Versuch unternommen, einen neuen und konzeptuell bisher noch nicht eindeutig zugeordneten Bereich der empirischen Wahlforschung — die Wertforschung — in den Kontext der Theorien des Wählerverhaltens zu stellen. Für diesen Forschungsbereich gibt es eine Reihe von alternativen, bisher nicht abschließend bestätigten Erklärungsansätzen. Wenn diese Theorien trotz ihres vorläufigen Charakters hier vorgestellt werden, dann mit dem Ziel, die Diskussion auf diesem Gebiet voranzubringen.

Ich danke allen, die durch Kritik und Anregungen zur Entstehung dieser Arbeit beigetragen haben. Für die erste Fassung dieser Studie, die, von Ulrich von Alemann angeregt, als Kurs der Fernuniversität Hagen konzipiert wurde, haben mir Herr Bogumil und Frau Voss wertvolle Verbesserungsvorschläge gemacht. Besonderen Dank möchte ich den Kollegen abstatten, die sich der Mühe unterzogen haben, eine frühere Fassung dieser Arbeit ganz oder teilweise zu lesen und zu kommentieren: Sabine Lessmann (Universität Mannheim), Pavel Uttitz (Universität Köln), Franz Urban Pappi, Werner Kaltefleiter (beide Universität Kiel) und — besonders gründlich — Jürgen Falter (Freie Universität Berlin). Es versteht sich von selbst, daß die Verantwortung für alle nicht genutzten Verbesserungsmöglichkeiten allein bei mir liegt.

Von allen Unterstützungen die umfassendste war schließlich die meiner Lebensgefährtin Wilma Fehl; sie reichte von der inhaltlichen und stilistischen Kritik bis zum großzügigen Verständnis dafür, daß ich zahlreiche Wochenenden und Feiertage am Schreibtisch verbrachte, um die Arbeit in ihre jetzige Fassung zu bringen. Wilmas Hilfe möchte ich nicht missen; ihr sei dieses Buch gewidmet.

Kiel, im Mai 1988 *Wilhelm Bürklin*

Inhaltsverzeichnis

Vorwort 5
Vorbemerkung des Autors 7

1 Wahlen und politisches System 11
1.1 Aufgaben und Ziele der Wahlforschung 11
1.2 Wahlen im Kontext politischer Willensbildung und Partizipation .. 15

2 Theorien und Konzepte der empirischen Wahlforschung 17
2.1 Wissenschaftstheoretische Grundlagen der Wahlforschung 17
2.2 Ansätze zu einer Theorie des Wahlverhaltens: Vom rationalen Wähler bis zur Cleavage-Theorie 20

3 Formen und Methoden der Wahlforschung 27
3.1 Die Wahlgeographie 27
3.2 Die statistische Aggregatdatenanalyse 29
3.2.1 Anwendungsbereiche der Aggregatdatenanalyse 33
3.2.2 Probleme der Aggregatdatenanalyse 37
3.3 Wahlkampfbeobachtung 43
3.4 Individualdatenanalyse und Umfrageforschung 46

4 Methoden, theoretische Fragestellungen und Konzepte der frühen Umfragestudien 49
4.1 „The People's Choice" von *Lazarsfeld* u.a. 50
4.2 „Voting" von *Berelson* u.a. 52
4.3 „The Voter Decides" und „The American Voter" von *Campbell* u.a. 53
4.4 Wechselbeziehungen zwischen Parteiidentifikation, Kandidaten und Sachfragen 55
4.5 Nicht-rekursive Re-Formulierungen des sozialpsychologischen Basismodells 58

5 Theoretische Konzepte der empirischen Wahlforschung in der Bundesrepublik 61
5.1 Probleme der Operationalisierung von Parteiidentifikation 62
5.2 Die Normalwahlanalyse — Wechselbeziehungen zwischen Parteiidentifikation, Kandidaten und Sachfragen 66

5.3	Die Cleavage-Theorie — Wähler im Spannungsfeld sozialer Gruppen	69
5.4	Zur Sozialisation politischer Bindungen	80
6	**Ausgewählte Ergebnisse der empirischen Wahlforschung in der Bundesrepublik**	**85**
6.1	Wahlbeteiligung und Wahlenthaltung	85
6.2	Frauenwahlverhalten	88
6.3	Jungwähler	91
7	**Wahlprognosen und Hochrechnungen als Methoden**	**95**
8	**Theorie und Empirie gesellschaftlichen Wertewandels**	**101**
8.1	Die definitorische Abgrenzung des Wertbegriffs	104
8.2	Klassifizierungen gesellschaftlicher Wertorientierungen	106
8.3	Die Stabilität politischer Wertorientierungen	110
8.3.1	Die Theorie des postundistriellen Wertewandels	112
8.3.2	Funktionale Ansätze zur Erklärung des Wertewandels	119
8.3.3	Theorien zyklischen Wertewandels	122
8.4	Die politischen Konsequenzen gesellschaftlicher Wertorientierungen und des Wertewandels	125
8.5	Wertewandel, Wertsynthese und Wahlverhalten in der Bundesrepublik am Beispiel der Jungwähler	129
Verzeichnis der zitierten und benutzten Literatur		135
Personenindex		141
Sachindex		143

1 Wahlen und politisches System

1.1 Aufgaben und Ziele der Wahlforschung

Für kaum einen Bereich der Politischen Wissenschaft gibt es in der Bevölkerung so klare Vorstellungen über den wissenschaftlichen Gegenstand des Faches wie im Bereich der Wahlforschung. Mit dem Begriff der Wahlforschung verbinden dabei die meisten die zu den jeweiligen Wahlen in den Massenmedien veröffentlichten Wahlprognosen und die bereits wenige Minuten nach Schließung der Wahllokale durchgeführten Hochrechnungen der Fernsehanstalten anläßlich von Landtags- und Bundestagswahlen.

Nun sind diese beiden Bereiche der Wahlforschung zwar von großer Öffentlichkeitswirksamkeit, stellen aber innerhalb des gesamten Aufgabenbereiches der Wahlforschung nur einen kleinen Ausschnitt dar. Zudem liegt das Geschäft der Wahlprognose weitgehend bei den kommerziellen Meinungsforschungsinstituten, die für Parteien und Regierungen beratend tätig werden. Innerhalb der universitären Wahlforschung ist die Wahlprognose selbst nur von sekundärer Bedeutung; sie dient lediglich dazu, die theoretisch entwickelten Schätzverfahren einem empirischen Test zu unterziehen. Wahlprognosen und Hochrechnungen sind sekundär

Analog dazu ist die wichtigste Fragestellung der Wahlforschung auch nicht, wieviel Prozentanteile eine Partei bei einer Wahl erhalten wird, sondern vielmehr

— aus welchen Bevölkerungsgruppen die Stimmen für die unterschiedlichen Parteien kommen,
— welche Motive jeweils hinter der Wahlentscheidung gestanden haben, das heißt welche kurz- und langfristigen Faktoren im Prozeß der politischen Willensbildung wirksam geworden sind,
— welche Wirkungen das Wahlergebnis selbst auf die anschließende Regierungsbildung haben wird.

Der Wahlforschung geht es somit in erster Linie um die Erklärung des Prozesses der politischen Willensbildung mit dem Ziel, eventuell auftretende Störungen des politischen Willensbildungsprozesses rechtzeitig zu erkennen und der politischen Öffentlichkeit geeignete Gegenmaßnahmen vorzuschlagen. Das übergeordnete Ziel von Wahlforschung und politischer Wissenschaft ist daher allgemein demokratietheoretischer Natur. Es ist darauf gerichtet, die der gesellschaftlichen Problemlage angemessene institutionelle Form gesellschaftlichen Zusammenlebens zu finden, die die Austragung politischer Interessengegensätze unter Wahrung des Konsenses aller Beteiligten auf gewaltfreiem Wege ge- Wahlforschung = Prozeßforschung währleisten kann. Auf einen kurzen Nenner gebracht, beantwortet die Wahlforschung die jeweils aufeinander bezogenen Fragen: Wer wählt wen, warum und mit welcher Wirkung? (vgl. *Kaltefleiter/Nissen* 1980, S. 17).

Hauptfrage: Wer wählt wen, warum und mit welcher Wirkung?

Gegenstand der ersten Fragestellung ist die Beschreibung der Parteiwählerschaften nach verschiedenen sozialen Merkmalen. Für die Frage „Wer wählt wen?" interessiert die Wahlforschung allerdings weniger die individuelle Wahlentscheidung einzelner Personen, sondern vielmehr deren soziale Merkmale. Dies können sein: Alter, Bildung, Geschlecht, Religion, Schichtzugehörigkeit, Gewerkschaftsmitgliedschaft oder auch der soziale Kontext, in dem diese Person lebt. Ziel dieser differenzierten Analysen ist die möglichst strukturgetreue Beschreibung der Kern- und Randwählerschaft der politischen Parteien.

Beschreibung der Parteiwählerschaften

Diese Beschreibung der Wählerschaft ist nicht nur für die politischen Parteien von Interesse, die darüber erfahren, in welchen gesellschaftlichen Bereichen ihre Politik am stärksten bzw. am wenigsten akzeptiert wird, sondern umgekehrt auch für die einzelnen Wählergruppen selbst, da sie über die veröffentlichte Meinung wiederum erfahren, in welcher Partei ihr politischer Gestaltungswille am effizientesten durchsetzbar ist. Mit der differenzierten Beschreibung der Wählerschaft liefert die empirische Wahlforschung damit die Informationsgrundlage für die Entwicklung einer Theorie politischer Stellvertretung.

Ziel: Theorie politischer Stellvertretung

Indem die beschreibenden Analysen sich nicht nur auf soziodemographische Merkmale beschränken, sondern darüber hinaus die Parteiwählerschaften auch über politische Verhaltensstile — vom politisch Inaktiven über den konventionellen Beteiligungstyp bis zum Protestwähler — oder über bestimmte Grundwertorientierungen näher beschreiben, geben sie zusätzliche Hinweise auf die parteipolitische Repräsentation der unterschiedlichsten politischen Gestaltungsmotive.

Mit dieser Beschreibung der Wählerschaften über unterschiedliche Wertorientierungen, politische Einstellungen oder Verhaltensweisen ist bereits die Frage nach den Wählermotiven angeschnitten. Solche Einstellungs- und Verhaltensmerkmale können etwa sein: Religiosität, moralische Grundüberzeugungen, aber auch Einstellungen zu aktuellen Fragen, wie etwa zum Ausbau der Kernenergie, zur Friedensbewegung oder auch Verhalten und Einstellungen zu Streiks, Demonstrationen etc.. Das Ergebnis dieser Beschreibungen sind in der Regel Einstellungstypologien, die die Wählerschaften danach differenzieren, ob sie sich mehr oder weniger an bestimmten Werten orientieren, ob sie zu bestimmten politischen Sachfragen differenzierte Einstellungen haben oder ob sie einem bestimmten politischen Verhaltenstyp zuzurechnen sind.

Einstellungs- und Motivforschung

Die Frage nach der Motivation politischen Verhaltens ist jedoch nicht beschränkt auf die Erklärung des singulären Aktes der Wahlentscheidung. Sie bezieht sich vielmehr auf den umfassenderen Prozeß der politischen Mobilisierung. Mit welchen Methoden, über die Politisierung welcher Probleme und mit welchen Führungspersönlichkeiten gelingt es den Parteien, Wähler für sich zu mobilisieren? Welche Faktoren erleichtern, welche behindern den Wechsel der Wahlentscheidung? Welche Rolle spielen dabei individuelle Persönlichkeitseigenschaften, der politische Kontext, in dem eine Person lebt, das Verhalten der politischen Eliten oder auch die Berichterstattung der Massenmedien?

Wie werden Wähler mobilisiert?

Diese Fragestellungen gewinnen ihre besondere Bedeutung vor allem auf dem Hintergrund der in allen demokratischen Gesellschaften wiederholt feststellbaren Neigung der Bevölkerung, aus Unzufriedenheit oder Protest auch einmal einer nicht-demokratischen Partei ihre Stimme zu geben. Hier fragt die Wahlforschung danach, in welchen gesellschaftlichen Sektoren die Neigung zur Wahl nicht-demokratischer Parteien am höchsten und in welchen sie am niedrigsten ist, und danach, welche individuellen Wählermotive zur Erklärung der sektorspezifischen Wahlentscheidung herangezogen werden können.

Ziel dieser Analyse ist es, auf der Grundlage aussagekräftiger Erklärungskonzepte den demokratischen politischen Institutionen und der interessierten Öffentlichkeit Entscheidungshilfen zu geben, damit diese, eventuell über gesetzliche Regelungen, die Stabilität demokratischer Regierungen gewährleisten können. Während die beiden ersten Fragen („wer wählt wen, warum") sich auf die Aufgaben der Wahl- und insbesondere der Umfrageforschung im engeren Bereich beziehen, stellt die dritte Frage nach der Wirkung von Wahlen die Beziehung zwischen Wahl- und Demokratieforschung her. Ziel: Stabilität demokratischer Regierungen

In einer theoretischen Perspektive, die Demokratie definiert als die einer parlamentarisch-repräsentativen Demokratie adäquate Methode[1] der Zuweisung und Kontrolle politischer Macht (vgl. z.B. *Schumpeter* 1950, *Downs* 1968), sind die beiden zentralen Kategorien der Demokratieforschung, die das Verhältnis zwischen Regierten und Regierenden beschreiben, Macht und Konsens: Politische Macht muß zur effizienten Erfüllung staatlicher Aufgaben geschaffen und den jeweils Regierenden widerrufbar übertragen werden. Diese Form der Machtausübung setzt den Konsens der Regierten voraus. Das heißt, der Kern des Machtproblems liegt nicht, wie häufig vorgegeben wird, in dessen grundsätzlicher Verwerflichkeit, sondern im möglichen Mißbrauch der Machtausübung. Es ist daher eines der zentralen Probleme der Wahlforschung im Rahmen der empirischen Politikwissenschaft, Macht und Konsens

> „...die in einer Demokratie angemessenen Bedingungen für die konstitutionelle Regierungsweise zu ermitteln, bei der die *Stabilität* der Verfassung gewährleistet wird durch einen möglichen *Wechsel* und ihre *Kontinuität* im sozialen und politischen Wandel durch die *Handlungsfähigkeit* der *Regierenden*" (Wildenmann 1967, S. 5, nachträgliche Hervorhebungen durch den Verfasser).

Ermittlung der Bedingungen, unter denen demokratische Machtausübung mit dem Konsens der Regierten möglich ist

Es hat in der Geschichte der Staatsverfassungen eine Vielzahl durchaus stabiler, nicht-demokratischer Regierungssysteme gegeben, und diese nicht-demokratischen Staatsformen stellen gegenwärtig noch immer die Mehrheit der Weltgesellschaften dar (*Kaltefleiter* 1986). Dennoch bietet allein die Existenz eines Systems freier Wahlen die Möglichkeit, die zwei Grundelemente demokratischer Regierung, Macht und Konsens, miteinander zu verbinden. Demokratische Wahlen sind daher das zentrale Verfahren, über das in modernen Staaten die Handlungen der Regierungen mit den Präferenzen der Massengesellschaft verbunden werden und über das es gelingt, das jahrhundertealte Problem zu lösen, politische Macht wirkungsvoll, aber ohne den Einsatz von Gewalt zu übertragen (vgl. *Campbell* u.a. 1960, S. 3f.). Freie Wahlen führen so zu einer demokratischen Institutionalisierung von Klassenkämpfen. Demokratische Wahlen verbinden Präferenzen der Gesellschaft mit Handlungen der Regierung

Die Sicherung des Systems freier Wahlen gewährleistet gleichzeitig die Erfüllung der von Parteien und Parlamenten getragenen bestandsnotwendigen Funktionen des politischen Willensbildungsprozesses (*Jesse* 1988). Eine der ersten systematischen Zusammenfassungen dieser Funktionen findet man in Walter *Bagehots* Buch „The English Constitution" (1896). *Bagehot* differenziert fünf Funktionen parlamentarischer Regierungsweise:[2]

Funktionen des politischen Willensbildungsprozesses nach Bagehot

1. die Wahl- und Kontrollfunktion (elective function), die sich auf die Bestellung und Abwahl einer handlungsfähigen Regierung bezieht;
2. die Artikulationsfunktion (expressive function), die sich auf die Aufgabe der Parteien bezieht, die Interessen der verschiedenen sozialen Gruppen in der politischen Auseinandersetzung zu vertreten;
3. die Lehrfunktion (teaching function), die sich auf das Vorbild von Parteien und Parlamenten in der gewaltfreien Austragung von Konflikten bezieht;
4. die Informationsfunktion (informing function), die sich auf die Aufgabe der Parteien bezieht, die Bevölkerung in allen wichtigen politischen Fragen so gut zu informieren, daß diese zu einer Entscheidung fähig wird;
5. die Funktion der Gesetzgebung (function of legislation), die sich auf die verbindliche Festlegung von Normen bezieht.

Bagehot nennt die Gesetzgebungsfunktion noch an letzter Stelle. Dies hat sich jedoch in fast allen modernen Demokratien der ersten Hälfte des 20. Jahrhunderts grundlegend geändert. Durch den Übergang vom „liberalen Nachtwächterstaat" zum „Daseinsvorsorge- bzw. Wohlfahrtsstaat", in dem die Verteilung des gesellschaftlichen Wohlstands in immer größerem Umfang über Gesetze geregelt wird, sind die Parteien und Parlamente zunehmend in die Position des Richters über Sozialinteressen geraten. Entsprechend gewachsen ist im Prozeß der Gesetzgebung die Rolle der parlamentarischen Mehrheiten und ihr Zustandekommen in demokratischen Wahlkämpfen.

Machtzuweisung und Machtkontrolle durch Wahlen

Von diesen Funktionen der politischen Willensbildung steht die Wahlfunktion im Vordergrund, da über sie das System von Machtzuweisung und Machtkontrolle vermittelt wird. Das wichtigste Element der Wahlfunktion ist wiederum die Zuweisung politischer Macht an die Regierung und ihre Führungspersönlichkeiten. Wie groß und eindeutig diese Machtzuweisung ausfallen kann, hängt vom Ergebnis demokratischer Wahlen ab. In der Wahl entscheidet der Bürger gleichzeitig auch über die Höhe des Stimmanteils der nicht regierenden Parteien, das heißt über den Umfang politischer Kontrolle. Gelingt es einer Regierung, die zugewiesene Macht in mehrheits- und konsensfähige politische Entscheidungen umzusetzen, wird dieses Kontrollelement relativ klein und die Machtzuweisung entsprechend groß sein.

Wandel politischer Mehrheitsverhältnisse

In demokratischen Systemen ist die Machtzuweisung allerdings zeitlich beschränkt bis zum nächsten Wahltermin. Die demokratischen Mehrheitsverteilungen unterliegen daher auch einem stetigen Wandel. Dieser Wandel hängt zum einen davon ab, wie erfolgreich die Regierungen die anstehenden politischen Probleme durch mehrheitliche Entscheidungen zu lösen vermögen, ohne gleichzeitig die jeweils entstehenden Minderheiten unzumutbar zu benachteiligen, bzw. zu unterdrücken. Gelingt ihr dieses nicht, so steigen die Chancen von oppositionellen Parteien, bei den nächsten Wahlen Stimmen zu gewinnen. Die Wahrscheinlichkeit des Wechsels ist aber auch davon abhängig, wie überzeugend es den oppositionellen Parteien gelingt, über das Angebot alternativer Problemlösungen einen ausreichend großen Teil der Wählerschaft für sich zu mobilisieren. Die Mobilisierungschancen oppositioneller, alternativer Parteien werden darüberhinaus stark bestimmt von den ebenfalls im Wandel begriffenen politischen Wertorientierungen der Bevölkerung, der gewandelten politischen Kultur eines Landes.

Auf diese Prozesse der politischen Willensbildung zwischen und besonders unmittelbar vor den Wahlen bezieht sich der überwiegende Teil der Studien der empirischen Wahlforschung. Sie versuchen, die Frage zu beantworten, unter welchen Bedingungen Personen ihre Wahlentscheidung verändern und ob diese Veränderungen über nicht-effiziente Machtausübung (unzureichend gelöste Sachprobleme) oder die Verletzung des Konsensgebotes (unzureichende Berücksichtigung politischer Minderheiten) zustande gekommen sind. Sie stellen auch die Frage, wie es im Prozeß der Willensbildung zur Veränderung von Parteipräferenzen von vormals politisch festgelegten, typischen Wählergruppen kommen kann und welche Rolle dabei politische Wertorientierungen spielen. Der Gegenstandsbereich der empirischen Wahlforschung liegt damit schwerpunktmäßig auf den Prozessen der politischen Willensbildung, deren Ergebnisse jeweils an Stichtagen, den Wahlterminen, amtlich festgehalten werden. Der Prozeß der Willensbildung setzt sich jedoch bruchlos fort — ein Zusammenhang, der von Politikern mit dem Spruch charakterisiert wird: „Der nächste Wahlkampf beginnt am Tag nach der Wahl."

Der überwiegende Teil der Wahlforschung fragt nach Gründen des Wechsels

1.2 Wahlen im Kontext politischer Willensbildung und Partizipation

Indem die Wahlforschung nicht nur das Wahlergebnis zu einem bestimmten Stichtag analysiert und erklärt, sondern auch den Prozeß, durch den dieses Ergebnis zustande gekommen ist, erweitert sich auch der analytische Fokus der Wahlforschung.

Der Prozeß der politischen Willensbildung ist durch eine Vielzahl politischer Beteiligungsformen beeinflußt. Diese sind prozeßorientiert und lassen sich nach einer international vergleichenden Studie in konventionelle und unkonventionelle politische Beteiligungsformen differenzieren (vgl. *Barnes/Kaase* 1979).

Beteiligungsformen am demokratischen Prozeß:

— Zu den konventionellen Formen zählen beispielsweise politische Diskussionen mit dem Ziel der Überzeugung von Freunden und Bekannten, die Teilnahme an politischen Versammlungen, der Versuch der Beeinflussung von politischen Kandidaten, das Schreiben von Leserbriefen oder auch der persönliche Einsatz im Wahlkampf. Diese Aktivitäten sind darauf gerichtet, in der Mobilisierungsphase demokratischer Wahlkämpfe den politischen Willensbildungsprozeß zugunsten einer jeweils präferierten Partei oder eines Kandidaten zu verändern.

— Konventionelle Formen

— Unkonventionelle Formen
— Zu den unkonventionellen Beteiligungsformen zählen z.B. friedliche Demonstrationen, das Verfassen von Petitionen, Boykotts, wilde Streiks, Gebäudebesetzungen, Verkehrsblockaden, das Schreiben von Parolen auf Häuserwände bis hin zum Einsatz von Gewalt gegen Personen und Sachen. Diese unkonventionellen Beteiligungsformen werden sehr viel häufiger von oppositionellen Gruppierungen oder politischen Minderheiten, die keinen wirksamen Zugang zum politischen Entscheidungsprozeß haben, eingesetzt. Diese Gruppen versuchen daher, den Prozeß der politischen Willensbildung zugunsten ihrer Anliegen und Interessenpositionen zu beeinflussen. Unkonventionelle politische Beteiligungsformen sind folglich auch viel seltener darauf ausgelegt, den Willensbildungsprozeß zugunsten einer politischen Partei und insbesondere einer regierenden Partei, sondern eher zu deren Ungunsten zu beeinflussen. Unkonventionell agierende politische Gruppierungen haben primär die Funktion der Machtkontrolle. Sie versuchen, Unzufriedenheit innerhalb der Wählerschaft zu mobilisieren und dadurch den demokratischen Wechsel bei den nächsten Wahlen zu beschleunigen.

Auf diesem Hintergrund entspricht es auch den Erwartungen, daß in allen international vergleichenden Studien eine relativ hohe Unabhängigkeit der individuellen Wahlentscheidungen von den anderen Formen konventioneller und unkonventioneller politischer Beteiligung feststellbar ist. Folglich tritt die Untersuchung der Wahlentscheidung als singulärer Akt politischer Beteiligung gegenüber den eher prozeßorientierten Verhaltensweisen in den Hintergrund. Dies findet seine Entsprechung in den neueren Wahlstudien, in denen der analytische Schwerpunkt auf den Prozeß der Meinungsbildung gelegt wird (vgl. *Kaase/Klingemann* 1983, S. 7ff., *Klingemann/Kaase* 1986).

Kurz- und langfristige Effekte politischer Mobilisierung

Diese Studien untersuchen dabei nicht nur die relativ kurzfristigen Einflüsse politischer Mobilisierung, sondern mit zunehmendem Interesse auch die langfristigen Effekte der unterschiedlichen „Agenten politischer Sozialisation". Neben der Rolle der Massenmedien wird zunehmend die Bedeutung des Elternhauses und der Schule für die Sozialisation grundlegender politischer Wertorientierungen und Verhaltensweisen thematisiert. Damit stellt sich dann auch die Frage nach den Faktoren, die die langfristige Veränderung gesellschaftlicher Integration bedingen, so z.B. der Wandel der Sozialstruktur oder der großen gesellschaftlichen Konfliktlinien, die die Grundlage für die Ausprägungen politischer Loyalitäten darstellen.

Zusammenfassung

Fassen wir zusammen: Aufgabe der Wahlforschung ist es, die Bedingungen zu ermitteln, unter denen in einem Regierungssystem ein Optimum an politischer Beteiligung der Bevölkerung und verschiedener sozialer Gruppen verbunden werden kann mit der effizienten Machtzuweisung an die Regierung, um deren Handlungsfähigkeit zu gewährleisten. Die Wahlforschung fragt darüberhinaus nach den kurz- und langfristigen Ursachen für die (gestiegenen) Partizipationsforderungen der Bevölkerung, auf deren Grundlage demokratische wie nichtdemokratische Protestparteien Wähler mobilisieren und damit die Stabilität der Zuordnung zwischen Wählern und den traditionellen Parteien auflösen können.

2 Theorien und Konzepte der empirischen Wahlforschung

2.1 Wissenschaftstheoretische Grundlagen der Wahlforschung

Die Sozialwissenschaften sind weit davon entfernt, über eine generalisierte Theorie menschlichen Verhaltens zu verfügen. Es existieren bisher lediglich Theorien mittlerer Reichweite, die sich entweder nur auf Teilbereiche menschlichen Verhaltens beziehen (z.B. politisches Verhalten) oder nur für bestimmte geographische Räume (z.B. westliche Gesellschaften) oder historische Perioden (z.B. die Zeit nach dem Zweiten Weltkrieg) gelten.

Eine allgemeine Theoriebildung wird darüber hinaus dadurch erschwert, daß sich bestimmte wissenschaftliche Disziplinen dagegen sperren, menschliches Verhalten überhaupt als gesetzmäßig anzunehmen. Typisches Beispiel ist hier die traditionelle Geschichtswissenschaft, die davon ausgeht, daß Geschichte als „geronnenes menschliches Verhalten" die Summe einer Vielzahl willkürlicher persönlicher Einzelentscheidungen sei und sich daher einer systematischen sozialwissenschaftlichen Theoriebildung entziehe (vgl. z.B. *Ranke* 1879/81 und 1943). Dieses Wissenschaftsverständnis wird entsprechend auch geteilt von den Vertretern einer Politikwissenschaft, die stärker ideen- oder zeitgeschichtlich orientiert ist.

Die systematisch-erfahrungswissenschaftliche (empirische) Politikwissenschaft unterscheidet sich von diesem Verständnis. Sie ist schon insofern stärker an einer systematischen Theoriebildung interessiert, als sie die Frage nach den Bedingungen stellt, die das politische Verhalten von einzelnen Personen und sozialen Gruppen beeinflussen.

<small>Frage nach den Bedingungen des politischen Verhaltens</small>

Ein Beispiel mag das verdeutlichen: Für die Untersuchung und Vorhersage des Ausganges eines Interessenkonfliktes, z.B. zwischen Arbeitgebern und Arbeitnehmern, würde die traditionelle Geschichtswissenschaft danach fragen, wie sich etwa die Beteiligten in diesem Konflikt verhalten, ob sie große Schläue und Verhandlungsgeschick zeigen, ob die Verhandlungen durch externe Ereignisse gestört werden und vieles andere mehr. Die Politische Wissenschaft[3] dagegen fragt nach den Rahmenbedingungen und den Regeln, unter denen der Konflikt ausgetragen wird. Diese Rahmenbedingungen können sein: Gesetze, die Möglichkeit, die verschiedenen abgestuften Mittel der Auseinandersetzung einzusetzen (z.B. Gerichtsentscheidungen, Streiks), oder auch die bestehenden Möglichkeiten der politischen Repräsentation der verschiedenen sozialen Interessen.

Regeln steuern Verhalten über Anreize und Hindernisse

Hinter dieser spezifischen Problemsicht steht die theoretische Annahme, daß die unterschiedlichen Regeln, Ge- und Verbote das menschliche Verhalten durch Anreize und Hindernisse steuern: Die Konfliktgegner werden mit größerer Wahrscheinlichkeit jene Lösung eines Konfliktes anstreben, die ihnen die geringsten Kosten verursacht, bzw. bei gegebenen Kosten den höchsten Nutzen einbringt. Unter dieser Annahme läßt sich aus einer bekannten Gesetzmäßigkeit menschlichen Verhaltens (hier z.B. die Nutzentheorie) durch Umformulierung eine Sozialtechnologie zur Steuerung dieses Verhaltens gewinnen. Eine entsprechende Empfehlung der Politischen Wissenschaft an die zu Aufstellung von Regeln (Gesetzen) legitimierten Politiker würde dann etwa lauten: Verändere die Nutzenerwartung einer Handlung, durch

Umformulierung einer Gesetzmäßigkeit zur Sozialtechnologie

— Anreize, das heißt Erhöhung des Nutzens für erwünschtes Verhalten,
— Beiträge, das heißt Erhöhung der Kosten für das unerwünschte Verhalten oder
— Verbot und unter Strafestellung des unerwünschten Verhaltens.

Wie diese Empfehlung im einzelnen aussehen wird, hängt von den jeweils wirksamen Faktoren des Verhaltensmodells ab. Erst die Kenntnis der individuellen Motive ermöglicht die Formulierung einer wirksamen Sozialtechnologie. Wäre z.B. eine politikwissenschaftliche Analyse zu dem Ergebnis gekommen, daß politisch extreme Gruppierungen nur dann zum Mittel politischer Gewalt greifen, wenn ihnen die Möglichkeiten konventioneller Interessenvertretung nicht mehr offenstehen, würde man daraus folgern, daß der Einsatz politischer Gewalt durch extreme Gruppierungen dadurch verhindert werden kann, daß ihnen entsprechende Wege der Interessenvertretung eröffnet werden. In anderen Fällen wird sich eine Verhaltensänderung vielleicht nur dadurch erreichen lassen, daß das sozial nicht erwünschte Verhalten per Mehrheitsbeschluß (Gesetz) unter Strafe gestellt wird, bzw. die Strafen dafür erhöht werden. In vielen wirtschaftspolitischen Fragen wird es wiederum genügen, die Veränderung der Ertragslage etwa durch zusätzliche Steuern und Abgaben in Aussicht zu stellen, um weitere Investitionen in sozial nicht erwünschte Güter zu verhindern (z.B. PKW ohne Abgasreinigung).

Voraussetzung: quantifizierbare Modelle für politisches Verhalten

In jedem Fall jedoch muß die Politische Wissenschaft, um solche Empfehlungen auf einer sachgerechten Basis formulieren zu können, das heißt mit einiger Sicherheit annehmen zu können, daß die aufgestellten Ge- und Verbote auch tatsächlich zum gewünschten Erfolg führen, zunächst die zugrundeliegenden Gesetzmäßigkeiten politischen Verhaltens erforschen und zu diesem Zwecke jeweils quantifizierende Meßmodelle entwickeln. In dieser theoretischen Fragestellung hat sich die Politische Wissenschaft und hier insbesondere der Bereich, der sich mit Hilfe der quantitativen Methoden der empirischen Sozialforschung mit den Grundlagen menschlichen Verhaltens beschäftigt, zu einer der am weitesten fortgeschrittenen Sozialwissenschaften entwickelt.[4]

Im Kernbereich dieses Wissenschaftsverständnisses steht die empirische Wahlforschung, deren theoretische Konzeptualisierungen und statistische Schätzverfahren, besonders stark im letzten Jahrzehnt, einen hohen Grad der Professionalisierung erreicht haben. Diese hohe Professionalisierung hat zwischenzeitlich in einigen Bereichen allerdings bereits dazu geführt, daß die komplexen mathematisch-statistischen Modelle und Schätzverfahren nur noch einem sehr kleinen Kreis von Politikwissenschaftlern verständlich bleiben. Auf diesem Hintergrund wird von den führenden empirischen Wahlforschern gefordert, daß der zukünftige Arbeitsschwerpunkt der empirischen Wahlforschung nicht in der weiterführenden quantifizierenden Ausdifferenzierung von häufig unverknüpften und widersprüchlichen Einzelhypothesen liegen kann, sondern in der theoretischen Kumulation der verschiedenen Ansätze (vgl. *Kaase/Klingemann* 1983, S. 7ff.) Weitere Aufgabe: Kumulation von Forschungsergebnissen

Man kann diese Aufgaben, deren Ziel die Formulierung einer umfassenden Theorie politischen Verhaltens ist, sehr gut dadurch veranschaulichen, indem man, wie der Wissenschaftstheoretiker Karl R. *Popper* (1975, S. 322), das Verhältnis zwischen verschiedenen Theorien und der sozialen Realität mit der „Scheinwerferfunktion" von Theorien beschreibt. Unterschiedliche Theorien „beleuchten" einen sozialen Sachverhalt aus einer jeweils anderen Perspektive. Der Forscher sieht mit verschiedenen Theorien jeweils unterschiedliche Aspekte dieses Sachverhaltes. Die von dieser Fragestellung ausgeblendeten Aspekte bleiben auf diese Weise jeweils im Dunkeln. Das kann dazu führen, daß einzelne Theorien einen Sachverhalt nur unvollständig oder sogar falsch beschreiben. Die Kumulation von Theorien würde in diesem Bild bedeuten, daß zunächst mehrere, dann alle verfügbaren und schließlich alle theoretischen Scheinwerfer gleichzeitig auf dasselbe Objekt gerichtet werden. Erst bei dieser vollen Beleuchtung kann letztendlich entschieden werden, ob die aus der jeweiligen theoretischen Sichtweise entwickelten Hypothesen über den Zustand des sozialen Tatbestandes der Realität entsprechen oder ob, um in diesem Bild zu bleiben, sich verschiedene wahrgenommene Konturen nur als Schlagschatten ungenügender Ausleuchtung erweisen. Die „Scheinwerferfunktion" von Theorien

Mit Hilfe dieses Schweinwerfergleichnisses läßt sich auch sehr einfach nachvollziehen, warum die in der kurzen Geschichte der empirischen Wahlforschung aufgestellten Theorien zu (später noch darzustellenden) teilweise sehr unterschiedlichen Hypothesen und Schlußfolgerungen gekommen sind. Sie haben jeweils unterschiedliche Fragestellungen an die Realität herangetragen und deshalb unterschiedliche Sachverhalte gesehen; oder sie haben zwar dieselben Sachverhalte untersucht, aber nur jeweils die Aspekte gesehen, die zu ihrer Theorie paßten.

Die unterschiedlichen Theorien zum politischen Verhalten und insbesondere zum Wahlverhalten lassen sich nach mehreren Kriterien systematisch ordnen: Klassifizierung theoretischer Ansätze zum Wahlverhalten

— nach der Methode, mit deren Hilfe die Ergebnisse gewonnen werden;
— nach der Art der Daten, die in die Schätzverfahren eingehen;
— nach den jeweils vertretenen theoretischen Konzepten und Fragestellungen, d.h. nach den wissenschaftlichen „Schulen" der Wahlforschung, die jeweils unterschiedliche Vorstellungen dazu entwickelten, über welche Faktoren politisches Verhalten determiniert sei.

Diederich (1965) schlug auf diesem Hintergrund sogar noch eine weitere, nationale Differenzierung der verschiedenen historischen Traditionen der Wahlforschung vor. Er unterschied zwischen einem französischen, amerikanischen, britischen und deutschen Beitrag zur Wahlforschung, die sich in der Vergangenheit über die jeweils typischen Methoden und Theorien voneinander unterscheiden ließen.

So ertragreich diese Systematisierungsvorschläge zur Beschreibung der Geschichte der Wahlforschung auch gewesen sein mögen, so wenig können sie heute zur Differenzierung der verschiedenen Ansätze verwendet werden: Der intensive wissenschaftliche Austausch in der Vergangenheit (eine Reihe der heute führenden amerikanischen Wahlforscher emigrierte in der Zeit des Nationalsozialismus in die USA) wie auch in der Gegenwart, die Angleichung der professionellen Standards in der Datenerhebung und -analyse, die Einführung der elektronischen Datenverarbeitung und die Verwendung weltweit standardisierter sozialwissenschaftlicher Analyseprogramme, sowie die Verfügbarkeit und der extensive internationale Austausch von Datensätzen haben die vormals über Datenbasis und Analysemethoden entstandenen nationalen Differenzierungen weitgehend aufgehoben. Instrumente, Forschungsmethoden wie theoretische Fragestellungen der modernen Wahlstudien sind heute von Frankreich über die USA und Japan bis zur Bundesrepublik international weitgehend angeglichen.

International methodische Angleichung

Am besten lassen sich die unterschiedlichen theoretischen Ansätze sowie deren geschichtliche Entwicklung danach differenzieren, wie sie die Entstehung und Veränderung der Beziehungen zwischen Wählern und Parteien theoretisch interpretieren und welche Rolle sie entsprechend den unterschiedlichen Faktoren sozialen Wandels dabei zusprechen. Diese Ansätze reichen vom Konzept des rationalen Wählers bis zur Cleavage-Theorie.

2.2 Ansätze zu einer Theorie des Wahlverhaltens: Vom rationalen Wähler bis zur Cleavage-Theorie

Die individuelle Wahlentscheidung, das heißt der Entschluß des Wählers, mit seiner Stimme einer Partei politische Macht zu übertragen, ist das zum Stichtag der Wahl bilanzierte Ergebnis des politischen Willensbildungsprozesses. Zwischen den verschiedenen Schulen der Wahlforschung herrscht dabei Einigkeit darüber, daß die der Wahlentscheidung vorgelagerten Prozesse der Meinungsbildung nicht als einfache Entscheidungsstruktur zu verstehen sind, sondern als Ergebnis von sich wechselseitig beeinflussenden kurz-, mittel- und langfristigen Faktoren. Deutliche Differenzen gibt es jedoch in der Einschätzung der Gewichte, sowie der kausalen Wirkungsanordnungen der wahlentscheidenden Faktoren (vgl. ausführlich unten 4.4).

Die Mehrzahl der politikwissenschaftlichen Theoretiker stimmt darin überein, daß es zu einer Veränderung des Wahlverhaltens immer dann kommt, wenn im Verhältnis der bestehenden Parteien zum Wähler irgend etwas nicht mehr stimmt, daß es also zu Repräsentationsdefiziten einzelner Wähler oder auch ganzer sozialer Gruppen gekommen sein muß. Die Hypothesen darüber, was jeweils als Ursache dieser Entwicklung anzusehen ist, gehen andererseits weit auseinander und lassen sich auf zwei große metatheoretische Erklärungsmuster zurückführen: den stratifikationstheoretischen und den institutionellen Ansatz (vgl. *Janowitz* 1970).

In der Perspektive des stratifikationstheoretischen Ansatzes wird als ursächlich für die Entstehung politischer Loyalitäten das System gesellschaftlicher Klassen- und Schichtungsstrukturen angenommen. Prozesse der Änderung von Parteibindungen sind in dieser Perspektive weitgehend auf die geänderten sozialen Strukturen zurückführbar. In der Forschungstradition der frühen Columbiaschule um *Lazarsfeld* hat dieses theoretische Verständnis seinen Ausdruck in dem bekannten Zitat gefunden: „A person thinks, politically, as he is, socially." In dieser Perspektive wird die individuelle Parteibindung durch die über die Position der Eltern vorbestimmte Lage in der Sozialstruktur und über die Prozesse der primären politischen Sozialisation als auf Dauer stark vorbestimmt gesehen. In dieser Konzeption, die man als schichtspezifische Sozialisationshypothese bezeichnen könnte, sind Änderungen des Wahlverhaltens, bzw. der zwischen den Parteien bestehenden Kräfteverhältnisse, letztlich nur über Änderungen auf der Makroebene, d.h. des sozialen Kontextes denkbar. In dieser theoretischen Perspektive ist das Verhalten der parteipolitischen Eliten weitgehend unerheblich. Ob sie die anstehenden Sachprobleme gut oder schlecht lösen und ob die von ihnen vorgeschlagenen Kandidaten über große oder geringe Kompetenz verfügen, bleibt weitgehend ohne Einfluß auf die Wahlentscheidung.

In der Tradition des institutionellen Ansatzes dagegen rücken die sozialen Bestimmtheiten der Wahlentscheidung weitgehend in den Hintergrund. Stattdessen wird hier das Verhalten der politischen Elite und die darauf bezogene institutionelle Verarbeitungskapazität politischer Konflikte verstärkt thematisiert. Parteien und Parteiführungen werden hier als weitgehend unabhängige Akteure der Steuerung und Verarbeitung politischer Konflikte gesehen. Veränderungen der Wahlentscheidung werden folglich zurückgeführt auf die unzureichende Qualifikation der politischen Eliten, gesellschaftliche Interessengegensätze politisch konsensfähig zu integrieren.

Der institutionellen Theorie entsprechen auch die in der ökonomischen Theorie der Politik vertretenen Vorstellungen von der Existenz des „rationalen Wählers" (*Downs* 1957).[5] Von den Vertretern dieser Sichtweise werden Wähler als Akteure verstanden, die die jeweiligen Kosten und Nutzen der Politikprogramme der verschiedenen Parteien abwägen und dann nach dem Prinzip der Nutzenmaximierung vorurteilslos die Partei wählen, die ihrer eigenen Bedürfniskonstellation am nächsten kommt. Ändert sich diese Kosten-Nutzen-Relation, so sind entsprechende Änderungen des Wahlverhaltens zu erwarten, die dann wiederum unabhängig von früheren Entscheidungen getroffen werden. Mögliche und empirisch feststellbare Stabilitäten im Wahlverhalten werden in dieser Theorie ebenfalls als individuelles Nutzenkalkül interpretiert, die jeweils notwendigen Kosten für die Informationsbeschaffung durch Festlegung auf eine Partei zu reduzieren.

Aus der Unzufriedenheit über die Unvollständigkeit dieser beiden einseitigen Erklärungskonzepte heraus—hier eine um parteipolitische, dort um sozial-

Marginalien:
Zwei Ansätze zur Erklärung von Repräsentationsdefinition:
— Der stratifikationstheoretische Ansatz

Schichtspezifische Sozialisation der Wähler

— Der institutionelle Ansatz

Verhalten politischer Eliten

Der „rationale Wähler"

strukturelle Faktoren verkürzte Erklärung des Wahlverhaltens — versuchten *Lipset* und *Rokkan* (1967) die Synthese beider Ansätze zu einer Theorie der Zuordnung zwischen Parteien und Wählern auf der Basis von Konflikten, die als

Cleavage-Theorie: Änderungen nur auf der Grundlage tradierter politischer Konflikte

strukturelle langfristige politische Hauptspannungslinien (cleavages) im politischen System einer Gesellschaft verankert sind. Die Autoren gehen davon aus, daß unterschiedliche Politikprogramme zwar durchaus zu Änderungen politischer Orientierungen führen können, daß diese Änderungen aber durch die stabilisierenden Effekte tradierter Sozialstrukturen sehr stark erschwert werden.

Als Hauptstabilisierungselemente verweisen *Lipset* und *Rokkan* zum ersten auf die fortdauernde, auch organisatorisch vermittelte Existenz des traditionellen Parteiensystems und der für dessen Entstehung ursächlichen Konfliktgegnerschaften und zum zweiten auf die in der institutionellen Struktur eines Regierungssystems eingebauten Schwellen der Repräsentation neuer Konfliktgegnerschaften und dazugehöriger Parteien.

Ihre in der politikwissenschaftlichen Literatur immer wieder zitierte Einschätzung, daß ,,the party systems of the 1960's reflect, with few but significant exceptions the cleavage structures of the 1920's" (1967, S. 50), hat sie dazu veranlaßt, auch von einer zukünftig hohen Stabilität der Zuordnung von Parteien und Wählern auszugehen. Mit dem zusätzlichen Verweis darauf, daß in fast allen europäischen Parteiensystemen die konkurrierenden Parteialternativen und in vielen Fällen sogar die Parteiorganisationen selbst älter sind als die meisten Wähler, untermauern sie die These der ,,eingefrorenen Parteiensysteme" (frozen party systems).

,,Eingefrorene Parteiensysteme"

Diese Parteiensysteme sind — und das soll weiter unten auch am Beispiel der Bundesrepublik gezeigt werden — parallel zur Entstehung und Politisierung von vier großen gesellschaftlichen Konflikten entstanden, wobei sich darüber sozial-strukturell abgrenzbare Konfliktgegnerschaften herausbildeten, die parallel zur schrittweisen Ausweitung des Wahlrechts von den politischen Parteien mobilisiert werden konnten. Diese vier in den europäischen Parteiensystemen auch

Vier Hauptspannungslinien:

heute noch mit unterschiedlichem Gewicht wirksamen Hauptspannungslinien sind:

— Zentrum vs. Peripherie

1. der Zentrum-Peripherie-Konflikt, der sich auf den Reformationskonflikt im 16. und 17. Jahrhundert, den daran anschließenden Prozeß der Nationenbildung und die damit verbundenen Machtverschiebungen von den alten auf die neuen Willensbildungszentren bezieht;

— Staat vs. Kirche

2. der Konflikt zwischen Staat und Kirche, der sich über die Konfliktfelder Säkularisierung sowie kirchlicher gegenüber staatlicher Kontrolle des Bildungswesens spannt;

— Stadt vs. Land

3. der Stadt-Land-Konflikt, der in der entstehenden Industrialisierung die Differenzen zwischen Landbevölkerung und städtischem Bürgertum widerspiegelt (primärer versus sekundärer Sektor der Wirtschaft);

— Arbeit vs. Kapital

4. der heute noch in fast allen europäischen Staaten wirksame Klassenkonflikt zwischen Arbeitern und Besitzern von Produktionsanlagen.

Auf der Grundlage dieser vier Hauptspannungslinien ordnen *Lipset* und *Rokkan* die unterschiedlichen europäischen Parteien nach ethnischen, sprachlichen, regionalen, religiösen und klassenspezifischen Positionen. Ihre Hypothese, daß die europäischen Konfliktkonstellationen trotz kleinerer Abweichungen, etwa über die Herausbildung von Minderheiten- oder Protestparteien, weitgehend stabil bleiben werden, stützen sie auf die empirische Tatsache, daß in modernen, hochindustrialisierten Staaten der Prozeß der erstmaligen parteipolitischen Mobilisierungen sozialer Gruppen abgeschlossen ist. Die letzte große Ausdehnung des Wahlrechts auf die Arbeiterschaft bzw. auf die Frauen war in Europa bis auf wenige Ausnahmen, wie etwa der Schweiz, in den 20er Jahren dieses Jahrhunderts abgeschlossen.

Weiterhin verweisen die Autoren darauf, daß in nächster Zukunft keine weiteren großen und ungelösten Konflikte, die etwa mit den von ihnen beschriebenen fundamentalen Umwälzungen vergleichbar wären, anstünden. Selbst wenn es zu einer solchen neuen Revolution käme—etwa in Form der von Eric *Allardt* (1968) prognostizierten neuen Klassenspaltung durch die ‚Bildungsrevolution' nach dem Zweiten Weltkrieg in technologisch Hoch- und Niedriggebildete, so müßten diese neuen sozialen Klassen und die auf dieser Grundlage mobilisierenden neuen Eliten insgesamt vier institutionelle Schwellen überschreiten, bis sie zu einem neuen Bestandteil des Parteiensystems werden könnten (vgl. *Lipset/Rokkan* 1967, S. 27f.): Vier Schwellen politischer Repräsentation

Die erste Schwelle ist die der Legitimation. Dabei geht es um die Frage, ob die von diesen Gruppen vorgetragenen Proteste von den bestehenden Parteien als unbegründet zurückgewiesen werden können oder ob ihre Kritikpunkte und die daraus abgeleitete Opposition als gerechtfertigt erscheinen. — Legitimation

Im letzteren Fall hätten sie die Schwelle der Legitimation übersprungen und stünden dann vor der Schwelle der Einbindung in das politische System. Die Alternativen heißen hier wiederum Ausschluß und formelle oder informelle Beteiligung der Kritiker im System der politischen Willensbildung. — Einbindung

Ist die Entscheidung zum Einschluß gefallen, so taucht als nächstes die Schwelle der Repräsentation auf. Die Frage lautet hier, ob sich die neue politische Bewegung den alten oder größeren Bewegungen anschließen muß, um politisch vertreten werden zu können, oder ob die personellen, interessenbezogenen oder ideologischen Abgrenzungspunkte ausreichen, um sich der Wählerschaft als neue politische Alternative darzustellen. — Repräsentation

Gelingt der neuen Bewegung auch dieses, so steht sie schließlich vor der Schwelle der Mehrheitsmacht. Hier ist entscheidend, ob die Anzahl der gewonnenen Stimmen hinreicht, möglicherweise zusammen mit einem Koalitionspartner, die in Aussicht gestellten politischen Änderungen mehrheitlich durchzusetzen. — Mehrheitsmacht

Die Schwelle zur Mehrheitsmacht ist im wesentlichen über die unterschiedliche Ausgestaltung des Wahlrechts sowie über etwaige Sperrklauseln konkretisiert (vgl. ausführlich *Jesse* 1985):

Elektorale Sperrklauseln—in der Bundesrepublik sind dies bei Landtags- und Bundestagswahlen fünf Prozent—haben die Funktion, einer Zersplitterung der politischen Willensbildung auf eine Vielzahl von Kleinstparteien entgegenzuwirken. Erreicht wird dies dadurch, daß Parteien, deren Stimmanteile bei einer Wahl unterhalb der Sperrklausel liegen, von der Mandatsverteilung ausge- Funktion elektoraler Sperrklauseln: Erziehung des Wählers

schlossen bleiben. Elektorale Sperrklauseln haben sowohl auf Wähler als auch auf parteipolitische Eliten verhaltenssteuernde Wirkung. Sie erschweren die Entstehung neuer Parteien oder Parteiabspaltungen, indem sie die möglichen Wähler einer neuen Partei vor die Alternative stellen, entweder eine der bestehenden Parteien zu wählen oder aber, falls die neue Partei die Sperrklausel nicht überschreitet, die Stimme zu verschenken. Hat in diesem Fall ein Wähler zwischen den bestehenden Parteien Sympathiepräferenzen („größeres" vs. „kleineres Übel") verringert die verfallene Stimme die Gewinnchancen für die sonst von ihm präferierte Partei. Für politische Eliten, die mit den Standpunkten der bestehenden Parteien nicht übereinstimmen und daher eine neue Partei gründen wollen, stellen Sperrklauseln negative Anreize dar. Da jede Parteiabspaltung oder -neugründung bei zukünftigen Wahlen an der Sperrklausel scheitern kann, droht ihnen der Verlust eines sonst möglicherweise erreichbaren Mandats. Es wird für sie daher lohnender sein, politische Konflikte zunächst innerhalb bestehender Parteien auszutragen und erst dann, wenn sich ihre Standpunkte in einer bestehenden Partei wiederholt nicht durchsetzen lassen, den Weg der Parteineugründung zu gehen. Die kurzfristigen Wahlerfolge der NPD Mitte der 1960er Jahre wie die der Grünen in den 1980er Jahren verdeutlichen diesen Zusammenhang: Fehlt es an Alternativen *innerhalb* des Parteiensystems, kommt es zur Entstehung von Alternativen *zum* Parteiensystem. Damit relativiert sich auch die Bedeutung elektoraler Sperrklauseln: Sie begünstigen—in Abhängigkeit von den Verhaltensanreizen der sozialen Konfliktstruktur und dem Verhalten der politischen Eliten—die Konzentration politischer Willensbildung im Parteiensystem.

<small>Funktion von Wahlverfahren: Konzentration der Machtzuweisung</small>

Eine höhere Schwelle zur Mehrheitsmacht neuer Parteien und damit auch eine höhere Chance zur Bildung handlungsfähiger Regierungsmehrheiten kann über die verschiedenen Wahlverfahren, mit denen die abgegebenen Stimmen in Mandate umgerechnet werden, aufgestellt werden.

<small>Romanisches Wahlrecht</small>

Unter der Annahme, daß die Wählerschaft für eine neue Partei sich nicht nur in wenigen Regionen zusammenballt, sondern über das ganze Wahlgebiet relativ gleichmäßig verteilt ist, besteht die höchste Schwelle zur Mehrheitsmacht bei der Anwendung des personalisierten Romanischen Wahlrechts (absolute Mehrheitswahl in Einerwahlkreisen). Dabei ist in jedem Wahlkreis nur der Kandidat gewählt, der die absolute Mehrheit der Stimmen auf sich vereinigen kann. Die auf die anderen Parteien entfallenden Reststimmen werden bei der Verteilung von Mandaten nicht mehr berücksichtigt. Das Romanische Wahlrecht wurde z.B. im ersten Wahlgang zur französischen Nationalversammlung und im Deutschen Kaiserreich angewendet.

<small>Germanisches Wahlrecht</small>

Eine mittlere Schwelle stellt das Germanische Wahlrecht dar, wie es etwa im englischen und amerikanischen System bzw. im zweiten Wahlgang zur französischen Nationalversammlung angewandt wird (relative Mehrheitswahl in Einerwahlkreisen). Dabei ist der Kandidat gewählt, der die relative Mehrheit der Stimmen auf sich vereinigen kann; die Reststimmen entfallen wiederum für die Berechnung der zu verteilenden Mandate. Über diese Verfahren sinkt die Schwelle zur Mehrheitsmacht relativ zur Anzahl der zur Wahl stehenden Parteien. Bei etwa vier Kandidaten in einem Wahlkreis reicht dann eine Stimme mehr als 25 Prozent der gültigen Stimmen zur Erreichung des Mandats. Dennoch besteht auch bei diesem Wahlrecht eine starke Neigung zur Konzentration des Parteiensystems, da neue Parteien beträchtliche Mobilisierungsanstrengungen unternehmen müssen, um in einem Wahlkreis die Mehrheit der Mandate zu erhalten. Zweitens ist es in diesem System auch für parteipolitische Eliten weniger lohnend, über Parteiabspaltungen oder Neugründung von Parteien den eigenen Machteinflußbereich zu vergrößern. Gleichwohl gilt auch hier, daß die Konzentrationswirkung des Mehrheitswahlrechts nur bei homogener Konfliktstruktur und offenem Parteiensystem voll zum Tragen kommen kann.

Im Vergleich dazu begünstigt ein Verhältniswahlsystem eher die Herausbildung mehrerer, auch kleinerer Parteien. Bei der Verhältniswahl werden die auf die Parteien abgegebenen Stimmen über ein Listensystem proportional auf die zu verteilenden Mandate umgerechnet. Jede kleine Partei kann damit, sofern sie über das gesamte Wahlgebiet die Stimmenzahl für mindestens ein Mandat erreicht und die Schwelle elektoraler Sperrklauseln überspringt, im Parlament vertreten sein. (Vgl. zur Wirkung von Wahlsystemen *Vogel* et al. 1971, *Nohlen* 1978, 1983 und *Kaltefleiter/Nissen* 1980). Verhältniswahlsystem

Für die politikwissenschaftliche Forschung kommt der Arbeit von *Lipset* und *Rokkan* das unbestreitbare Verdienst zu, auf die langfristig hohe Stabilität der Zuordnung zwischen Wählern und Parteien hingewiesen und dafür eine systematische Erklärung angeboten zu haben. Einer der Schwachpunkte ihrer Analyse ist allerdings, daß sie mit ihrem langfristigen, sozialstrukturellen Erklärungsmodell kurzfristige Abweichungen von der erwartbaren Stärke der Parteien zueinander sowie die Entstehung neuer Parteien nur unzureichend erklären können. Dies liegt an den spezifischen Annahmen der Cleavage-Theorie, die besagen, daß die politischen Bindungen zwischen Parteien und Wählern über gruppenspezifische Repräsentationsangebote der politischen Parteien zustande kommen.[6] Stärken und Schwächen des Cleavage-Konzepts

Von diesem gruppenbezogenen Erklärungsansatz unterscheidet sich der große Bereich der individualpsychologischen Ansätze, die zwar ebenfalls von einer hohen Stabilität des Verhältnisses zwischen Parteien und Wählern ausgehen, die Stabilität aber durch die bei jedem einzelnen Wähler durch Sozialisation und politische Erfahrung entstandene positive Grundeinstellung zu einer der politischen Parteien erklären. In diesem theoretischen Konzept dient die Struktur der individuellen Einstellungen zur Erklärung von Stabilität und Wandel politischen Verhaltens und der Wahlentscheidung. Sind die Einstellungen eines Wählers zu einer Partei, zu deren Spitzenkandidaten sowie zu ihrer wahrgenommenen Kompetenz zur Lösung der politischen Sachfragen über einen längeren Zeitraum untereinander deckungsgleich, so ist eine hohe Stabilität der Wahlentscheidung zu erwarten; dies gilt selbst für die Gruppe der Wechselwähler. Fallen diese Einstellungen auseinander, so nimmt mit zunehmendem Zeitablauf die Wahrscheinlichkeit zum Wechsel der Parteipräferenzen zu. Individualpsychologischer Ansatz: Stabilität individueller Einstellungen

Die Entwicklung und Ausdifferenzierung der unterschiedlichen Theorien zur Erklärung politischen Verhaltens steht in engem Zusammenhang mit der Entwicklung der Datenerhebungs- und Verarbeitungstechniken. Die Beziehung zwischen unterschiedlichen Formen und Methoden der Wahlforschung und ihren theoretischen Inhalten ist heute wegen der umfassenden Verfügbarkeit der unterschiedlichsten Daten und Analysemethoden nicht mehr so stark ausgeprägt.[7] Er war jedoch in der Anfangsphase der Entwicklung der jeweiligen Methoden der Wahlforschung bestimmend. Auf diesem Hintergrund ist es sinnvoll, die Entwicklung der Theorien politischen Verhaltens zu verknüpfen mit der Darstellung der verschiedenen Formen und Methoden der Wahlforschung.

3 Formen und Methoden der Wahlforschung

Die verbreitetsten Formen der Wahlforschung sind: die früh entwickelte, inzwischen veraltete Wahlgeographie, die Aggregatdatenanalyse (politische Ökologie), die Wahlkampfbeschreibung und die Umfrageforschung.

3.1 Die Wahlgeographie

Die Wahlgeographie ist die älteste Form der wissenschaftlichen Wahluntersuchung. Sie wurde begründet durch den französischen Wahlforscher André *Siegfried*, dessen Buch „Tableau Politique de la France de l'Ouest Sous la IIIe République" 1913 erschienen ist und zum Standardwerk der französischen Wahlforschung, insbesondere der Methode der Wahlgeographie, wurde. Der Begriff der Wahlgeographie (géographie électoral) leitet sich dabei vom theoretischen Verständnis *Siegfrieds* und seiner Schüler ab, daß die Entstehung und Herausbildung politischer Grundhaltungen stark vom sozialen Kontext einer Region und einer Reihe von Faktoren, die sich aus der Geographie und der Wirtschaft des Landes ergeben, abhängen. Geographische Faktoren als Ursache politischer Grundhaltungen

Zur Aufdeckung des Zusammenhangs zwischen politischen Grundhaltungen, die im wesentlichen über die Stimmanteile für entsprechende Parteien gemessen wurden, und den geographischen Faktoren verwendete *Siegfried* das Verfahren der Kartographie. Dazu wurden für jeden Wahlkreis bzw. jede Region die Karten, in denen die Stimmanteile für die jeweiligen Parteien eingetragen waren, mit einer Serie geographischer Karten verglichen, in denen beispielsweise nach Höhenlagen, klimatischen Faktoren, Bodenqualitäten etc. unterschieden wurde. Der Vergleich dieser Karten wurde dabei nur visuell, d.h. per Augenschein vorgenommen. Diese Methode ist zwar wissenschaftlich wenig exakt, sie ermöglichte *Siegfried* allerdings bereits die Entwicklung einer differenzierten Theorie politischen Verhaltens. Verfahren: Kartographie

Siegfried unterschied vier Bestimmungsgründe des Wahlverhaltens (vgl. *Siegfried* 1949, S. 45, sowie zusammenfassend *Diederich* 1965, S. 16ff.): Vier Bestimmungsgründe des Wahlverhaltens nach Siegfried

— die geschichtlich erfahrene verwaltungsmäßige und politisch-soziale Formung eines Landes,
— die gegenwärtige Sozialstruktur,
— die Religion und

— den Widerstandsgrad, den das jeweilige lokale Milieu gegenüber möglichen Einflüssen der Außenwelt hat.

Typisch für *Siegfried* ist allerdings, daß er all diese Faktoren jeweils aus geographischen Elementen zu erklären suchte. Mit Hilfe klimatischer Faktoren, der Bodenqualität und der Höhenlage weist er jeder Region eine geographische Persönlichkeit zu und benutzt diese als Begründung für die Existenz der diesen Regionen entsprechend typischen politischen Persönlichkeiten. Auch in seiner Analyse der Wahlen im Departement Ardèche diskutiert *Siegfried* eine Reihe historischer wie soziologischer Faktoren, wie etwa die Struktur des Bodeneigentums, die Größe der Höfe oder die Existenz von Industriebetrieben, Bevölkerungsdichte und Siedlungsform; er verweist darüber hinaus auf die Einflüsse der Sozialstruktur und die Wirkungen des Ausgesetztseins gegenüber Einflüssen eines fremden Milieus auf die politischen Grundhaltungen.

Viele seiner Forschungsergebnisse, so z.B. der von ihm festgestellte Zusammenhang, daß veränderungsorientierte, linke Ideen in katholisch-konservativen Gebieten immer dann politisch nicht wirksam werden konnten, wenn dort der Einfluß des „Meinungsklimas" stark genug war, werden auch heute noch unter sozialpsychologischer Perspektive ähnlich gesehen. Nicht mehr zu halten ist allerdings der bei *Siegfried* und seinen Schülern immer wieder vollzogene direkte Regreß auf die geographischen Strukturen, die als Ursache der entsprechenden Meinungsverteilung angesehen werden (Geodeterminismus). Das geht bei *Siegfried* gar so weit, daß er im Ardèche eine politische Grundtypologie der Bewohner in Abhängigkeit vom Vorkommen der Eßkastanie entwickelt oder etwa zum Schluß kommt, daß in Höhenlagen über 1000 m die Bevölkerung traditionell rechts, in niederen Lagen unter 300 m beständig links wählt.

Siegfrieds géographie électoral ist ein hervorragendes Beispiel für die oben angeführte selektive Theoriebildung. Er untersuchte vor allen Dingen ländlich-agrarische Gebiete, also Regionen, die selbst nach der Industrialisierung durch einen geringen sozialen Wandel und eine hohe Stabilität der Siedlungs- und Kommunikationsstrukturen gekennzeichnet waren. In diesen Gebieten waren die Menschen in starkem Maße von den Erträgen des Bodens abhängig und wurden dadurch geprägt. Auch in der heutigen Zeit sind diese Einflüsse auf die Landbevölkerung — in geringerem Maße — noch wirksam und nachweisbar. Dies kann vor allen Dingen damit erklärt werden, daß selbst im modernen Wohlfahrtsstaat, in dem die ökonomischen Risiken eines Großteils der Bevölkerung von den sozialen Sicherungssystemen aufgefangen werden, dem Ernterisiko der landwirtschaftlichen Produktion durch Versicherungen nur teilweise begegnet werden kann.

Diese Einflüsse lassen sich entsprechend in industrialisierten Regionen immer weniger nachweisen. Erwartungsgemäß haben die in der Nachfolge *Siegfrieds* angestellten wahlgeographischen Studien (z.B. *Goguel*) mit immer geringerem Erfolg und für die Analyse des Wahlverhaltens in Industriegebieten ohne Erfolg die geographische Bedingtheit politischen Verhaltens finden können.

Analog dazu ging die Bedeutung der wahlgeographischen Methode in der Nachfolge *Siegfrieds* immer stärker zurück; sie wandelte sich in ihrer Funktion von einem analytischen Instrument zur Entdeckung der Bestimmungsgründe politischen Verhaltens zu einem Instrument der Illustration der wichtigsten Ergebnisse, die mit anderen Methoden gefunden wurden.

Heute: Methode der Illustration

Die Gründe dafür sind relativ einfach. Zum einen war das kartographische Verfahren der Wahlgeographie außerordentlich aufwendig (es mußten eine Vielzahl von Karten für unterschiedliche Regionen, für jede Wahl, für alle interessierenden geographischen und soziologischen Merkmale gezeichnet werden — eine Aufgabe, die heute über das Verfahren der Computer-Kartographie stark vereinfacht ist); zum zweiten bleibt diese Methode im wesentlichen auf den visuellen Vergleich der unterschiedlichen Karten beschränkt. Nicht möglich ist mit diesem Verfahren eine über diesen visuellen Vergleich hinausgehende Bestimmung der Stärke der verschiedenen Einflüsse sowie die Berechnung von Effekten, die sich gegenseitig überlappen oder verstärken, wie sie heute über mehrere Verfahren, wie z.B. das der multiplen Regression, möglich geworden sind. Auf diesem Hintergrund hat sich in der Folgezeit sehr rasch das Verfahren der statistischen Aggregatdatenanalyse entwickelt.

3.2 Die statistische Aggregatdatenanalyse

Die statistische Aggregatdatenanalyse steht mit der Wahlgeographie in enger Verwandtschaft, sie stellt in ihren frühen Formen im wesentlichen eine theoretische und methodologische Fortschreibung dieser Methode dar. Wie die Wahlgeographie geht auch die statistische Aggregatdatenanalyse davon aus, daß sich das politische Verhalten eines Individuums aus der „Umwelt", in der es lebt, vorhersagen lasse.

Umwelt- (=Kontext-)effkte

Ausgangspunkt auch dieser theoretischen Formulierung war die bereits in der frühen Wahlgeographie gewonnene Erkenntnis, daß es zur Erklärung des politischen Verhaltens — beispielsweise eines Arbeiters — einen erheblichen Unterschied macht, ob er in einem ländlichen Gebiet in einer strukturellen Minderheitenposition lebt oder in einem mehrheitlich von Arbeitern bewohnten Stadtteil eines industriellen Ballungszentrums. Im letzteren Fall wird es nicht nur sehr viel wahrscheinlicher zur Ausprägung eigenständiger, schichtspezifischer Formen politischer Kultur kommen, sondern auch zu einem organisatorischen Netz gesellschaftlicher und politischer Interessenvertretung und damit letztlich zu einer höheren Mobilisierungsfähigkeit der entsprechenden Bevölkerungsgruppen.

Die Aggregatdatenanalyse unterscheidet sich von der Wahlgeographie in mehreren Punkten:

1. Sie verzichtet weitgehend auf geographische Faktoren zur Beschreibung des Kontextes von Wählern und verwendet stattdessen soziologische, wirtschaftliche und politische Merkmale. Die Umorientierung fand bereits relativ früh in den ersten Nachfolgestudien von André *Siegfrieds* Géographie Electoral statt. Diese Studien unterscheiden sich von der *Siegfried*schen Tradition darin,

Keine geographischen Faktoren

daß sie nicht mehr nur auf rein ländliche Gebiete bezogen waren, sondern die durch den sozialen Wandel entstandenen gemischtindustriellen städtischen Regionen in die Analyse miteinbezogen. Dort allerdings waren die in ländlichen Gebieten feststellbaren Zusammenhänge zwischen geographischen Faktoren und politischem Verhalten nicht mehr nachweisbar. Es entspricht dem Übergang von der agrarischen zur Industriegesellschaft, daß individuelle Lebenschancen zunehmend weniger von natürlichen, gottgegebenen und dafür immer stärker von sozialen Bestimmungsgründen abhängen. Als Ausdruck dieses Wandels der theoretischen Perspektive schlug *Goguel* (1947, S. 4) vor, den Begriff ,,Wahlgeographie" durch ,,Wahlsoziologie" zu ersetzen. Dieser Begriff und das entsprechende theoretische Verständnis haben sich bis heute gehalten.

Statistische Methoden

2. Die frühe Wahlgeographie benutzte vornehmlich die kartographische Methode, die Aggregatdatenanalyse die quantitativ-statistische Methode, um Konexteffekte, d.h. Effekte der ,politischen Umwelt' auf das individuelle politische Verhalten von Individuen, zu entdecken. Das Verfahren der Aggregatdatenanalyse wird daher auch als quantitative Ökologie (Ökologie = Beziehung des Menschen zu seiner Umwelt) bezeichnet. Dabei wurde die Quantifizierung der in die Meßmodelle eingehenden Variablen, d.h. der Übergang von klassifikatorischen zu kontinuierlich-diskreten Merkmalsbeschreibungen auf Intervallskalenniveau, bis vor wenigen Jahren als wichtigste Voraussetzung für die Verwendung statistischer Schätzverfahren vorausgesetzt; diese restriktiven Annahmen wurden allerdings in den letzten Jahren durch die Entwicklung nonmetrischer Verfahren erheblich gelockert (vgl. z.B. *Goodman* 1978, *Küchler* 1979, *Arminger* 1983).

Dennoch läßt sich an dieser Gegenüberstellung sehr gut verdeutlichen, wie die Analysemethode das Skalenniveau und damit auch die Genauigkeit der Schätzung von Effekten beeinflußt. So lassen sich mit der kartographischen Methode mehrere regional verteilte Merkmale nur noch dann mit der visuellen Methode gleichzeitig verarbeiten, wenn die Merkmale hinreichend deutlich gerastert (klassifiziert) sind, so daß die Differenzierungen unmittelbar ,,ins Auge springen". Viele Effekte werden überhaupt erst dann erkennbar, wenn es dem Primärforscher gelingt, die optimalen Schnittpunkte für die Gruppierung einzelner Merkmale, an denen ihre Variation am augenfälligsten wird, zu finden und mit einer entsprechenden Karte des zu erklärenden Merkmals (z.B. Stimmenanteil) in Beziehung zu setzen.

Aussagen über die Stärke eines Zusammenhangs

Der große Nachteil der kartographisch vergleichenden Methode—selbst wenn sie über kontinuierliche Merkmale, wie z.B. farblich abgestufte Darstellungen durchgeführt wird—liegt darin, daß auf ihrer Grundlage jeweils nur Tendenzaussagen möglich werden, wie z.B. ,,es existiert kein bzw. ein starker Zusammenhang zwischen den untersuchten Merkmalen". Aussagen dieser Art mögen für eine Reihe von Fragestellungen ausreichend sein. Ist es allerdings das Untersuchungsziel, Aussagen über die Stärke des Zusammenhangs zu machen oder etwa die Stärke dieser Effekte über unterschiedliche Regionen, Bevölkerungsgruppen oder gar international zu vergleichen, so müssen diese Effekte quantifiziert werden können.

Bei der Schätzung von Zusammenhängen auf Aggregatdatenebene mit Hilfe der Regressionsrechnung wird die zeitraubende und häufig willkürliche Suche nach dem besten Zusammenhangswert durch ein statistisches Modell ersetzt. Dies geschieht in der Aggregatdatenanalyse auf zwei Stufen:

a) durch die Berechnung von Mittelwert und Standardabweichung der diskret verteilten Merkmale,
b) durch die Berechnung der Kovarianzen zwischen diesen Merkmalen.

Mit diesen drei Kennzahlen läßt sich eine quantitativ exakte Beschreibung der interessierenden Aggregate durchführen:

— Die Standardabweichung bzw. die Varianz gibt an, wie homogen das Merkmal jeweils verteilt ist, d.h. wie groß die Gesamtabweichung vom Mittelwert ist.
— Die Kovarianz bzw. Korrelation zwischen zwei Merkmalen gibt an, wie stark die Variation eines Merkmals mit der Variation eines anderen Merkmals zusammenhängt.
— Mit solchen Korrelationskoeffizienten wird es möglich, Zusammenhänge zwischen Variablen nicht nur generell als „stark" oder „schwach" zu interpretieren, sondern mit einer vergleichbaren Kennziffer anzugeben, wie stark die Zusammenhänge exakt sind.
— Die auf dieser Basis berechneten Korrelationskoeffizienten sind wiederum Grundlage für weiterführende Schätzverfahren, wie das im folgenden skizzierte Verfahren der multiplen Regression, mit deren Hilfe es möglich wird, Zusammenhänge zwischen mehreren Variablen zu berechnen (vgl. zur Technik der Aggregatdatenanalyse *Pappi* 1977).

Die Ergebnisse von Regressionsanalysen auf Aggregatdatenebene können entsprechend in sogenannten „Wenn-Dann-Sätzen" formuliert werden, wie z.B. „Wenn sich das Merkmal x um eine Einheit (%) erhöht, so wird sich das Merkmal y auf der Grundlage eines fixen Ausgangswerts um einen entsprechenden Anteilswert (%) erhöhen bzw. vermindern." Diese Formulierung des Zusammenhangs der Variablen entspricht der allgemeinsten Form einer (linearen) Regressionsgleichung $Y=a+bX$. *Quantifizierung der Zusammenhänge*

Auf ein praktisches Beispiel übertragen könnte eine solche Regressionsschätzung etwa für den Zusammenhang zwischen Arbeiteranteil (x) und dem Stimmenanteil für die SPD (y) zu den Werten geführt haben: % SPD = 0,20 + 0,50 x % Arbeiter. Mit dieser Gleichung läßt sich dann für jede Untersuchungseinheit, z.B. für jeden Wahlkreis, der wahrscheinliche Stimmenanteil für die SPD berechnen: Wohnen in einem Wahlkreis keine Arbeiter (0 %), so ist dort nur der Wert für die SPD zu erwarten, den diese unabhängig vom Arbeiteranteil aufgrund anderer Begünstigungsstrukturen zu erwarten hat. Das sind in diesem Fall 20 % (0,20 + 0,50 x 0). Leben in einem Wahlkreis 80 % Arbeiter, so kann die SPD dort mit einem Stimmenanteil von 60 % rechnen (60 = 0,20 + 0,50 x 80). *Beispiel*

Multivariate Schätz- 3. Das dritte Unterscheidungsmerkmal zwischen der Wahlgeographie und der
verfahren möglich statistischen Aggregatdatenanalyse liegt in der Möglichkeit, eine fast unbegrenzte Anzahl von Merkmalen gleichzeitig in die Analyse einzubeziehen. Diese Erweiterung entspricht dem Übergang von der graphischen Darstellung zur n-dimensionalen Datenmatrix und damit zur Ermöglichung multivariater statistischer Schätzverfahren.

Eines dieser Verfahren ist das der multiplen Regression. Es unterscheidet sich von der einfachen Regression durch die gleichzeitige Aufnahme weiterer Schätzparameter. So könnte beispielsweise aus früheren empirischen Studien bekannt sein, daß der Stimmenanteil einer Partei, beispielsweise der SPD, nicht nur vom Arbeiteranteil in einem Wahlkreis abhängt, sondern zusätzlich vom Anteil der protestantischen Bevölkerung, dem Urbanisierungsgrad und dem Anteil der in Industriebetrieben Beschäftigten (Industrialisierungsgrad). In diesen Fällen könnte man sowohl mit der kartographischen Methode als auch mit bivariaten Regressionsschätzungen die Einzeleffekte jeweils berechnen, nicht aber das Problem lösen, daß sich diese Effekte jeweils wechselseitig bedingen, das heißt statistisch nicht unabhängig voneinander sind.

So ist z.B. klar, daß der Arbeiteranteil in einem Wahlkreis bzw. einer Region abhängig ist vom Industrialisierungsgrad dieser Region: je höher der Industrialisierungsgrad, desto höher tendenziell der Arbeiteranteil. Darüber hinaus ist der Arbeiteranteil vom Ausmaß der Urbanisierung abhängig. Der feststellbare Zusammenhang, daß mit steigender Bevölkerungsdichte auch der Arbeiteranteil steigt, läßt sich dabei auf die großen Bevölkerungsbewegungen während der Industrialisierung im 19. und 20. Jahrhundert zurückführen. Die Mehrzahl der heutigen deutschen Städte sind in dieser Phase dadurch zu Großstädten geworden, daß sich die Arbeiter in unmittelbarer Nähe der Betriebe niedergelassen haben. Die markantesten Beispiele hierfür sind Krupp/Essen und VW/Wolfsburg.

Auf diesem Hintergrund führt jedes bivariate Berechnungsverfahren zu verfälschten, in der Regel überhöhten Schätzwerten, weil jedes einzelne Merkmal teilweise durch ein anderes erklärt wird (Multikollinearität). Gleichzeitig hat aber jeder der genannten Faktoren einen unabhängigen Erklärungswert, so daß auf diese zusätzlichen Merkmale zur Erklärung erhöhten Stimmenanteils auch nicht vollständig verzichtet werden kann. So bedeutet z.B. der Urbanisierungsgrad nicht nur einen tendenziell höheren Arbeiteranteil, sondern auch eine höhere Ausgesetztheit der Bevölkerung gegenüber neuen Ideen oder auch eine höhere Erreichbarkeit für Aktionen politischer Mobilisierung etc.

Die statistische Aggregatdatenanalyse — zumindest in ihrer fortentwickelten Form — bringt für diese Probleme multivariate Schätzverfahren zum Einsatz, mit deren Hilfe alle Effekte gleichzeitig und auf ihren eigenständigen Erklärungsbeitrag überprüft werden können.

Kontrolle von Dritt- Alle multivariaten Verfahren verwenden zur Berechnung des eigenständigen
variablen möglich Erklärungsanteils jeder Variablen das Verfahren der „Kontrolle von Drittvariablen". Bei diesem Verfahren werden bei der Berechnung eines Faktors die jeweils anderen statistisch in ihrem Effekt konrolliert (vgl. zum Verfahren *Blalock* 1972, *Opp* und *Schmidt* 1976). Ein typischer Anwendungsfall für multiva-

riate Analyseverfahren ist die Berechnung des eigenständigen Erklärungswerts der Schichtzugehörigkeit (z.B. Arbeiter vs. Nicht-Arbeiter) auf die Wahlentscheidung unter Kontrolle des Effekts des Verstädterungsgrades. In diesem Fall werden zunächst die Korrelationen zwischen Stimmenanteilen der Parteien und Anteilswerten von Arbeitern sowie dem Verstädterungsgrad berechnet; in einem zweiten Analyseschritt wird dann geprüft, ob die festgestellten bivariaten Korrelationen nach Einführung von Drittvariablen in das Schätzmodell bestehen bleiben oder sich verändern. Würde eine solche Analyse z.B. ergeben, daß die Korrelation zwischen Verstädterungsgrad und Stimmanteil für die SPD dann verschwindet, wenn nach dem Arbeiteranteil kontrolliert wird, so folgte daraus, daß der höhere SPD-Anteil in den Städten allein auf die dort höheren Arbeiteranteile zurückzuführen ist. Die Kenntnis der Wohnortgröße würde in diesem Fall keinen zusätzlichen Erklärungswert erbracht haben; die Korrelation zwischen Verstädterungsgrad und SPD-Stimmanteilen wäre durch die entsprechend variierenden Arbeiteranteile „erklärt".

Diese Schätzverfahren sind allerdings sehr rechenintensiv, so daß es nicht verwundert, daß die Weiterentwicklung der quantitativen Aggregatdatenanalyse in engem Zusammenhang mit der Einführung der elektronischen Datenverarbeitung (EDV) und einer Reihe von jeweils auf sozialwissenschaftliche Fragestellungen zugeschnittenen Analyseprogrammen steht. Entsprechend unterscheiden sich die frühen Aggregatdatenanalysen von den neueren Studien im wesentlichen durch den Einsatz verfeinerter multivariater Methoden.

3.2.1 Anwendungsbereiche der Aggregatdatenanalyse

Der Gegenstandsbereich ökologischer Analysen ist weit gespannt und reicht von der klassischen Studie Emile *Durkheim*s (1897), der zur Erklärung von Selbstmordraten die ethnische und religiöse Zusammensetzung verschiedener Regionen (Bayern, Preußen, Schweiz) heranzog, über die Vorschläge der multivariaten Klassifikation von Wohngebieten in Großstadtregionen (z.B. *Sweetser* 1969) bis hin zur ökologischen Wahlanalyse. *(Weit gespannte Anwendung)*

Als erklärende Faktoren sind entsprechend eine Vielzahl von Variablen, mit deren Hilfe eine Untersuchungseinheit charakterisiert werden kann, vorgeschlagen worden. Diese reichen von der berufsstrukturellen Zusammensetzung, die sich über den Anteil von Arbeitern, Angestellten, Landwirten etc. ausdrücken läßt, über die konfessionelle, ethnische oder sprachliche Zusammensetzung einer Untersuchungseinheit bis hin zu Angaben über den Organisationsgrad von Parteien oder Gewerkschaften. Diese Liste von Merkmalen läßt sich fast beliebig fortsetzen und wird lediglich begrenzt durch die Verfügbarkeit geeigneter Daten.

Eine Übersicht über die unterschiedlichen Problembereiche, in denen im deutschsprachigen Raum politische Aggregatdatenanalysen eingesetzt wurden („makroquantitative Politikforschung"), gibt *Eberwein* in dem Sammelband „Politische Stabilität und Konflikt" (1983). Die dort behandelten Forschungsfragen beziehen sich auf folgende Gebiete: innerstaatlicher Konflikt, politische

Stabilität und wirtschaftliches Wachstum, staatliche Strategien zur wirtschaftlichen Entwicklung und äußeren Sicherheit, Arbeitslosigkeit und politische Stabilität, Konflikt und Kooperation zwischen Staaten, militärische Konfrontation und Eskalation zum Krieg und schließlich auf das relativ neue Gebiet der quantitativen Simulationsmodelle über innenpolitische und weltwirtschaftliche Entwicklungen.

Pionierstudie von Heberle: Landbevölkerung und Nationalsozialismus

Eine der Pionierstudien im Bereich der politischen Ökologie ist die von Rudolf *Heberle* vorgelegte Analyse über ,,Landbevölkerung und Nationalsozialismus" (1963). In dieser Studie, die die sozioökonomischen Bedingungen der nationalsozialistischen Machtergreifung in Schleswig-Holstein untersucht, knüpft *Heberle* an die theoretischen Vorarbeiten der französischen Wahlgeographie an, vermeidet aber jeglichen geodeterministischen Bezug. Diese Bezüge hätten sich in der *Siegfried*schen Tradition durchaus angeboten, da *Heberle* einen engen Zusammenhang zwischen Bodenqualität und den Erfolgen des Nationalsozialismus in Schleswig-Holstein feststellen konnte. Seine Analysen konnten verdeutlichen, daß die Bevölkerung der fruchtbaren Marsch dem Nationalsozialismus länger widerstand als die der weniger fruchtbaren Geest.

Auf dieser Basis entwickelte *Heberle* allerdings eine differenzierte Theorie, die politisches Verhalten auch in ländlichen Regionen nicht durch die geographische Charakteristik, sondern durch die daraus abgeleiteten Konsequenzen erklärt. Die geographische und klimatische Bedingung ist bei ihm etwa neben der infrastrukturellen Erschlossenheit eines Gebietes und damit dessen Zugang zu den Märkten, dem Ausmaß der Industrieansiedlung oder der Entwicklung des Transportwesens nur ein Faktor, der die ökonomische Entwicklung einer Region bestimmt. Die ökonomischen Strukturen haben ihrerseits maßgebliche Einflüsse auf die Entwicklung der politischen Klassenstruktur. Deren Hauptwirkung wiederum resultiert aus dem Mehrheits-/Minderheitsstatus der verschiedenen sozialen Klassen zueinander; und darüber bestimmt sich schließlich das politische Klima einer Region, die politischen Streitfragen und die Reaktion der Bevölkerung auf die unterschiedlichsten, von außen kommenden Einflüsse. Auf diesem Hintergrund erst wird die Entwicklung des Systems von Interessengruppen und politischen Parteien verständlich.

Berücksichtigung mehrerer sozio-ökonomischer Faktoren

In dieser theoretischen Perspektive korreliert *Heberle* entsprechend die Stimmenanteile für den Nationalsozialismus mit einer Reihe sozio-ökonomischer Einflüsse, wie die Struktur der landwirtschaftlichen Betriebsgröße, die davon abhängigen Anteile von Lohnarbeitern, die wirtschaftlichen Ertragsstrukturen, die Verschuldungsquoten der Betriebe und schließlich den stabilisierenden Faktor der politischen Tradition, den er über die bei früheren Wahlen abgegebenen Stimmenanteile für die etablierten Parteien definiert.

In dieser Gesamtschau kommt *Heberle* zum Schluß, daß einer der wesentlichen Faktoren der Anfälligkeit für politischen Radikalismus die ökonomisch unsichere Situation der Landbevölkerung und deren, über steigende Verschuldung und abnehmende landwirtschaftliche Erträge, sich verschlechternde Zukunftsperspektive war. Auf diese Verschlechterung reagierte erwartungsgemäß am schnellsten die Bevölkerung in den Gebieten, in denen die Ertragslage traditionell schlechter und daher die ökonomischen Reserven am geringsten waren;

dies allerdings am stärksten in den Fällen, in denen die politische Vertretung der verunsicherten Bevölkerungsteile über traditionelle Parteien und berufsständische Interessenorganisationen nicht mehr hinreichend gewährleistet war.

Gemessen an den heutigen Möglichkeiten ökologischer Analyse sind *Heberle*s statistische Methoden relativ einfach und bestehen in der Regel aus der Analyse bivariater Zusammenhänge. Die statistisch-multivariate Analyse ersetzt *Heberle* durch eine sehr informierte theoretische Gesamtschau. Er gewann diese Gesamtschau allerdings nicht aus der Datenanalyse, sondern über die zahlreichen Gespräche, die er als Kieler Privatdozent bei seinen vielen Wanderungen durch Schleswig-Holstein mit der Landbevölkerung führte. Wenn auch auf diesem Hintergrund seine statistischen Analysen eher illustrativ-nacherzählenden Charakter haben und entsprechend der eingesetzten Verfahren auch keine Aussagen über die Stärke dieser Effekte erlauben, kommt seiner theoretischen Perspektive über den Einfluß von Umweltfaktoren auf politisches Verhalten, die umfassend in seinem Buch „Social Movements" (1951) formuliert ist, in ihren zentralen Kategorien auch heute noch theorieleitende Bedeutung zu.

Die Studie von *Heberle* hat insbesondere in den USA eine Reihe von Nachfolgestudien angeregt (vgl. dazu *Diederich* 1965, S. 78ff., *Dogan/Rokkan* 1969). Diese Studien, und das wird insbesondere aus der von *Dogan* und *Rokkan* vorgelegten Zwischenbilanz zum Stand der Aggregatdatenforschung deutlich, sind in der Folgezeit dadurch charakterisiert, daß sich in ihnen die berichteten statistischen Zusammenhänge von einer illustrativen zu einer analytischen Funktion wandeln. Das heißt, die qualitativen Daten werden zunehmend nicht mehr zur Illustration eines Zusammenhangs zitiert, sondern werden zur Basis der Theoriebildung. Die Anzahl der Aggregatdatenanalysen ist seither entsprechend der Verbreitung der EDV so stark gewachsen, daß sich selbst Überblickartikel zum Forschungsstand auf die Darstellung der für die Forschungsentwicklung richtungsweisenden Studien beschränken müssen (vgl. z.B. *Eberwein* 1983).

Von der illustrativen zur analytischen Funktion

Die bedeutendste Fortentwicklung hat die Aggregatdatenanalyse in einem Bereich genommen, der nicht durch die ursprüngliche theoretische Annahme der Kontextbedingtheit politischen Verhaltens vorstrukturiert ist: die Analyse von Zeitreihen und dynamischen Modellen. Beide Verfahren sind stärker als die ursprünglichen polit-ökologischen Ansätze darauf ausgelegt, politisch-sozialen Wandel zu erklären. Entsprechend rücken in diesen Ansätzen die statistischen Größen, die einer zeitabhängigen Veränderung unterliegen, stärker in den Vordergrund, während die für die Querschnittsanalysen typische zeitpunktbezogene Ausdifferenzierung in den Hintergrund tritt.

Zeitreihenanalyse und Analyse dynamischer Modelle

Ein gutes Beispiel für eine solche Zeitreihenanalyse ist die von *Clubb, Flanigan* und *Zingale* (1980) vorgelegte Studie zur Veränderungsdynamik des amerikanischen Parteiensystems. Für ihre Analyse greifen die Autoren auf die inzwischen über 150 Jahre lange Zeitreihe der amerikanischen Kongreß- und Präsidentschaftswahlen zurück. Entsprechend ihrer theoretischen Fragestellung, nach der sich das amerikanische Parteiensystem nach Ablauf von jeweils etwa 30 Jahren über einige sogenannte „kritische Wahlen" in Personal- und Vertretungsstrukturen jeweils neu konstituiert, untersuchen sie die Wahlergebnisse in hochaggregierter Form, das heißt auf der Ebene von Einzelstaaten bzw. dem

Beispiel für Zeitreihenanalyse

Gesamtstaat. Aus diesem empirisch feststellbaren Muster entwickeln sie auf der Basis historischer Vorarbeiten, die ebenfalls dieses Muster entdecken konnten (z.B. *Burnham* 1970, *Sundquist* 1973), eine zyklische Theorie der Neugruppierung (partisan realignment) des amerikanischen Parteiensystems.

Einen zweiten großen Bereich der Aggregatdatenforschung stellen die politökonomischen Studien dar, die auf der Basis von Zeitreihenanalysen den Zusammenhang zwischen ökonomischen Faktoren, wie z.B. Arbeitslosigkeit, Inflations-, Wachstums-, Spar- oder Investitionsraten und den Wahlergebnissen bzw. den Popularitätsraten für die Regierung untersuchen (z.B. *Frey/Schneider* 1979, *Tufte* 1978). Mit der Zeitreihenanalyse wird es darüber hinaus möglich, auch kausale Hypothesen, die eine zeitverzögerte Wirkung verschiedener Effekte annehmen, zu prüfen. Ein Beispiel dafür ist die Hypothese, nach der etwa eine steigende Inflationsrate zu einem Zeitpunkt t nach einer gewissen Anpassung zum Sinken der Popularitätsrate zum späteren Zeitpunkt t+1 führt.

Widersprüchliche Hypothesen und Forschungsergebnisse bei politökonomischen Studien

Die Hypothesen wie die Forschungsergebnisse in diesem Bereich sind allerdings, wie die beispielhafte, bisher nicht entschiedene Auseinandersetzung zwischen *Norpoth/Yantek* (1983) und *Kirchgässner* (1983) über den Einfluß der Wirtschaftslage auf die Popularität von Kanzler und Parteien zeigt, sehr widersprüchlich:

So kommen *Norpoth* und *Yantek* nach der Diskussion des Zusammenhangs zwischen Arbeitslosigkeit, Inflation und Regierungspopularität zu dem Schluß, daß diese Probleme zwar wichtig sind und es sich keine Regierung leisten könne, wirtschaftspolitische Probleme zu ignorieren, daß sie aber für die Höhe der Regierungspopularität letztlich nicht entscheidend seien. Es genüge daher, wenn die Regierungen glaubhaft versuchten, eines der beiden Schlüsselprobleme Arbeitslosigkeit und Inflation in den Griff zu bekommen.

Norpoth/Yantek: Objektive ökonomische Faktoren sind nicht entscheidend für Wählerverhalten

> „Mit anderen Worten: So lange sich Regierungen um die Wirtschaftslage aktiv bemühen, haben sie weder um ihre Popularität zu fürchten, wenn diese Lage sich verschlechtert, noch sollten sie Beifall erwarten, wenn diese Lage sich verbessert. Insgesamt bezieht die Wählerschaft die allgemeine Wirtschaftslage nicht in ihre Beurteilung der Regierung ein" (*Norpoth/Yantek* 1983, S. 216ff.).

Aus diesem Zusammenhang folgern die Autoren weiter, daß die wichtigste Leistung der Politiker nicht die Lösung der Probleme sei, sondern deren plausible Erklärung. Gelingt es den Politikern, die Entscheidungen, mit denen die Wähler nicht einverstanden sind, zu erläutern, wird sich ihre Popularität nicht verschlechtern.

Genau zum umgekehrten Schluß kommt *Kirchgässner*, der zur Schätzung derselben Zusammenhänge ein alternatives Verfahren verwendet. Er interpretiert das Ergebnis seiner Analyse als

Kirchgässner: Enger Zusammenhang zwischen Wirtschaftslage und Wählerverhalten

> „starke empirische Evidenz für den Einfluß der wirtschaftlichen Variablen insbesondere der Arbeitslosenquote auf die Einschätzung der Wirtschaftslage sowie für den Einfluß der Einschätzung der Wirtschaftslage auf die Parteienpopularität. Diese neuen Verfahren bestätigen damit den schon aus früheren Studien bekannten Zusammenhang zwischen Wirtschaftslage und Wählerverhalten" (*Kirchgässner* 1983, S. 250).

Ursachen: Unterschiedliche Schätzverfahren und Daten

Daß nicht nur die unterschiedlichen Schätzverfahren, sondern auch die verwendeten Aggregatdaten zur Widersprüchlichkeit der Ergebnisse beitragen, zeigt *Jung* (1985) in seiner Übersicht über den Forschungsstand zum Zusammenhang zwischen ökonomischen Variablen und politischem Verhalten. Die Operationalisierung der abhängigen Variablen reicht dabei von den amtlichen Wahlergebnissen zu Landtags-, Bundestags-, (amerikanischen) Präsidentschaftswahlen über die in Umfragen festgestellten Popularitätswerte für die Regierungen oder die jeweiligen Kanzlerkandidaten bis zu den aus Umfragen gewonnenen aggregierten Wahlabsichten. Noch unterschiedlicher sind die verschiedenen Vorschläge zur Definition und Operationalisierung der unabhängigen Variablen, die die ökonomischen Einflüsse beschreiben sollen. Sie reichen von Inflations- und Arbeitslosenquoten über Kennziffern der Einkommensentwicklung, Wachstumsraten, Einschätzungen der (eigenen und allgemeinen) wirtschaftlichen Lage bis zu sozialstrukturellen Kontextmerkmalen auf Wahlkreisebene. Entsprechend wenig vergleichbar und zur Kumulation von Forschungsergebnissen geeignet sind die Ergebnisse dieser Studien, die von der Bejahung bis zur absoluten Verneinung eines Zusammenhangs reichen.

3.2.2 Probleme der Aggregatdatenanalyse

Obwohl die Methode der Aggregatdatenanalyse sowohl über die Fortschreibung der theoretischen Perspektive als auch die Verfeinerung der Methoden einen eigenständigen Forschungsbereich darstellt, ist ihre Verwendung nicht unproblematisch. Die Hauptursache dafür ist die Bereitschaft und Tendenz von Aggregatanalytikern, aus Kontextmerkmalen auf individuelles Verhalten zu schließen. Diese Forschungsstrategie wirft eine Reihe von Problemen auf:

a) das Problem der Ermöglichung des Schlusses von Aggregat- auf Individualebene (Fehlschlußproblematik);
b) die davon abhängende Frage der Bestimmung der Größe des Kontextes, der als verhaltensleitend angenommen werden kann (Aggregationsniveau);
c) das Problem der Angemessenheit der analysierten Daten und
d) das Problem der damit verbundenen notwendigen Beschränkung der Analyse politischen Verhaltens auf Kontexteffekte.

Zu a): In der Vergangenheit sind die Ergebnisse von Aggregatdatenanalysen sehr häufig über direkte Schlüsse von den Kontextmerkmalen zur Erklärung individuellen Verhaltens verwendet worden. Ein solcher Schluß von der Aggregat- auf die Individualebene liegt etwa dann vor, wenn aus dem Forschungsergebnis „je höher der Arbeiteranteil in einem Wahlkreis, desto höher der Anteil für die SPD" gefolgert wird: „Arbeiter wählen häufiger SPD als andere Bevölkerungsgruppen." Dieser Schluß wird sehr häufig gezogen, er muß allerdings nicht unbedingt richtig sein. Wenn man beispielsweise feststellt, daß in einem Wahlkreis mit geringem Arbeiteranteil die SPD geringe Wähleranteile, in einem Wahlkreis mit hohem Arbeiteranteil hohe Wähleranteile erzielt hat, so erscheint es zwar plausibel, muß aber nicht zwangsläufig so sein, daß die SPD-Stimmen tatsächlich von den Arbeitern kommen. Beispielsweise könnten in Wahlkreisen mit hohem Arbeiteranteil die höheren Stimmanteile für die SPD

1. Problem
Fehlschlußproblematik

primär von Angestellten und Beamten kommen (sofern dort die Angestellten-/ Beamten-Anteile genügend groß sind). In diesem Fall wäre der Schluß von der Aggregat- auf die Individualebene falsch, man spricht dann von einem „ökologischen Fehlschluß" (*Robinson* 1950; *Alker* 1969, S. 78).

Ökologische Fehlschlüsse treten nur dann nicht auf, wenn die individuelle Korrelation zwischen zwei Merkmalen innerhalb der verglichenen Regionen im Mittel gleich ist. Das bedeutet, daß es keine typischen Kontexteffekte gibt, etwa daß Arbeiter in Regionen mit niedrigem Arbeiteranteil weniger stark geneigt sind, die SPD zu wählen, als in Regionen mit hohem Arbeiteranteil. Daß diese Kontexteffekte jedoch relativ häufig existieren, war gerade das Ergebnis politisch-ökologischer Analysen.

Beispiel: Arbeitslosigkeit und Nationalsozialismus

Ein jüngeres Beispiel der Diskussion der Fehlschlußproblematik ist die kürzlich wieder aufgenommene Debatte darüber, ob die Massenarbeitslosigkeit in der Weimarer Republik tatsächlich den Aufstieg des Nationalsozialismus bewirkt hat, ob Arbeitslose also nationalsozialistisch gewählt haben. Diese These wurde von *Frey* und *Weck* (1981) auf der Basis einer Aggregatdatenanalyse und in Übereinstimmung mit der Mehrzahl der heutigen Historiker aufgestellt. Die Autoren verwiesen dazu auf den engen Zusammenhang zwischen der rapide steigenden Arbeitslosenquote und dem NSDAP-Stimmenanteil, wie er aus der folgenden Abbildung deutlich wird.

Enger Zusammenhang bei Frey/Weck

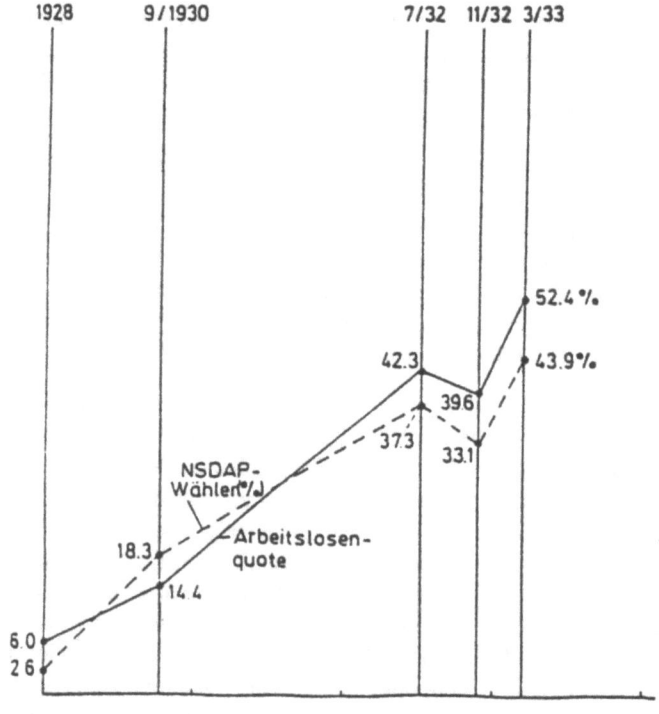

Abb. 1: Arbeitslosigkeit und NSDAP-Wähler 1928-1933, Arbeitslosenquote bzw. Prozent der gültigen Stimmen (aus *Frey/Weck* 1981, S. 2)

Aufgrund dieser Parallelität zwischen dem Anstieg der Arbeitslosigkeit und den Erfolgen des Nationalsozialismus behaupten und errechnen *Frey* und *Weck* einen fast perfekten statistischen Zusammenhang zwischen diesen beiden Merkmalen und werten das Ergebnis als Bestätigung des engen Zusammenhangs zwischen Arbeitslosigkeit und Wahlverhalten.

Ihre Interpretation muß jedoch, wie die Analyse von *Falter* u.a. (1983) ergab, im wesentlichen als ökologischer Fehlschluß bezeichnet werden. Diese Autoren konnten nachweisen, daß sich der enge statistische Zusammenhang zwischen Arbeitslosigkeit und Wahlverhalten in dieser Stärke nur auf der höchsten Aggregationsstufe, im gesamten Deutschen Reich, ergibt. Schon die Disaggregation auf der Ebene der 13 Arbeitsamtsbezirke ließ den Zusammenhang sehr schwach werden, und die Untersuchung des Zusammenhangs auf 865 Stadt- und Landkreiseinheiten des Deutschen Reiches führte sogar zu einem deutlich negativen Zusammenhang. Das heißt, daß im Durchschnitt der Kreise, in denen die Arbeitslosenquote überdurchschnittlich hoch war, der NSDAP-Stimmenanteil deutlich unter dem Durchschnitt lag. Fazit:

> „Zwischen der Höhe der Erwerbslosigkeit und den Wahlerfolgen der NSDAP in den Reichstagswahlen von 1932 und 33 besteht (...) ein negativer statistischer Zusammenhang. Sowohl von ihrer absoluten Stärke als auch von ihrem Stimmenzuwachs her gesehen, war die NSDAP tendenziell dort erfolgreicher, wo die Arbeitslosigkeit niedriger als im Reichsdurchschnitt lag und umgekehrt" (*Falter* u.a. 1983, S. 549).

Negativer Zusammenhang bei *Falter* u.a.

Die Autoren schließen auf dieser Grundlage auch direkte, radikalisierende „Ansteckungseffekte", die von den Arbeitslosen in den Wahlkreisen hätten ausgehen können, aus und kommen stattdessen zu einem höchst mittelbaren Modell der von der Erwerbslosigkeit ausgehenden Einflüsse:

> „Ohne Zweifel trugen sie zum allgemeinen Klima der Angst und der Hoffnungslosigkeit bei, von dem auch Wähler in Gebieten erfaßt worden sind, die von der Geißel der Arbeitslosigkeit (wenn auch nicht unbedingt von den Folgen der generellen Wirtschaftskrise) eher verschont blieben. Aufgrund der sozialstrukturellen Gegebenheiten und der — zumindest in den protestantischen Landstrichen dominierenden — ‚rechten' politischen Traditionen dieser Kreise neigten deren Einwohner dazu, ihr erschüttertes Vertrauen in die wirtschaftliche Problemlösungskompetenz der Parteien durch die Wahl der für sie in Frage kommenden Opposition, die am Ende der Weimarer Republik von einer so radikalen anti-parlamentarischen Alternative wie der NSDAP, also der rechten Anti-System Partei schlechthin verkörpert wurde, zu manifestieren" (*Falter* u.a. 1983, S. 551).

Theoretische Folgerung: Erwerbslosigkeit wirkte indirekt, nicht (allein) über individuelle Betroffenheit

Zu b): An diesem letzten Beispiel läßt sich gleichzeitig der Zusammenhang zwischen Aggregationsniveau und Aussagekraft politisch-ökologischer Analysen verdeutlichen. Dabei gilt zunächst generell, daß die Festlegung des Aggregationsniveaus nicht von vornherein möglich ist, sondern immer davon abhängt, wo der theoretische Einfluß des Merkmals vermutet werden kann. So ist es z.B. nicht sehr plausibel, die Variablen „Popularität des Bundeskanzlers" oder „Inflationsrate", d.h. beides Merkmale, die sich auf die Ebene eines gesamten Systems beziehen, weiter zu disaggregieren. Das gilt umgekehrt gleichermaßen für die Merkmale, die zur Prüfung einer Theorie der regionalen oder lokalen Bedingtheit politischen Verhaltens erhoben werden. Nimmt man an, daß diese Effekte auf lokaler Ebene wirksam werden, und stellt entspre-

2. Problem
Wahl des Aggregationsniveaus

chend eine Differenzierung der Merkmale über verschiedene Gemeinden fest, dann wird die Zusammenfassung der Merkmale etwa auf Kreisebene die theoretisch bedeutsame lokale Erklärungskomponente zum Verschwinden bringen.

In dem oben zitierten Beispiel konnten *Falter* u.a. die Erklärungskraft ihres Modells dadurch erhöhen, daß sie eine zusätzliche regionale Differenzierung (Disaggregation) nach Gebieten mit hoher und niedriger Arbeitslosigkeit vornahmen. Das optimale Aggregationsniveau ist immer dann gegeben, wenn die Aggregateinheiten in bezug auf die interessierenden Merkmale möglichst homogen und die Differenzen zwischen den zu vergleichenden Aggregaten möglichst groß sind. Nur in diesem Fall ist sichergestellt, daß die Kontexteffekte tatsächlich im Schätzverfahren berücksichtigt werden können.

Durch die Wahl eines niedrigeren Aggregationsniveaus — falls dieses theoretisch angemessen ist — erhöht sich überdies die Anzahl der Fälle für die statistische Analyse, und mit steigender Fallzahl sinkt der Schätzfehler bei der Berechnung der Effekte der unterschiedlichen Merkmale. Der Wunsch nach Festlegung möglichst kleiner Untersuchungseinheiten wird in der Praxis jedoch häufig beschränkt durch die nur auf höherem Aggregationsniveau zur Verfügung stehenden Daten.

3. Problem: Angemessenheit der analysierten Daten

Qualität der Daten nicht beeinflußbar

Zu c): Die Qualität und die theoretische Angemessenheit der zur Untersuchung verwendeten Daten stellt den dritten großen Problemkreis der Aggregatdatenanalyse dar. Anders als bei der Analyse von Individualdaten, bei der der Primärforscher den Prozeß der theoriegeleiteten operationalen Definition der interessierenden Variablen sowie die Datenerhebung und Aufbereitung selbst beeinflussen kann, muß die Aggregatdatenanalyse in der Regel auf bereits erhobene Datensätze zurückgreifen.

Ein Großteil der Daten wird dabei von der amtlichen Wirtschafts- und Sozialstatistik zur Verfügung gestellt. Diese Daten werden beispielsweise von den statistischen Ämtern im Rahmen von Volkszählungen oder Mikrozensen individuell erhoben und dann auf regionaler Ebene zusammengefaßt (das heißt aggregiert, daher die Bezeichnung Aggregatdaten). In die amtliche Sozialstatistik gehen Angaben über die Haushaltsgröße, den Beschäftigtenstatus, Alters-, Geschlechts- und Berufsstruktur, Bildungsabschlüsse, Religionszugehörigkeit usw. ein. Weitere Datenquellen sind die Bevölkerungsstatistiken, Steuerstatistiken sowie die umfangreichen weiteren Veröffentlichungen der statistischen Ämter, die etwa auch die Wahlstatistiken umfassen. Neben diesen amtlichen Daten, die teilweise in aufbereiteter Form auch für internationale Vergleiche zur Verfügung stehen, veröffentlichen auch Gewerkschaften, Parteien, Verbände oder Großunternehmen regelmäßig aggregierte Zahlen, die für Datenanalysen verwendet werden können.

Drei Grundprinzipien der Datenerhebung

Für all diese Daten, besonders aber für die aus dem nicht-amtlichen Bereich, besteht das Problem, daß vom Aggregatdatenanalytiker die Einhaltung der drei Grundprinzipien der Datenerhebung nicht überprüft werden kann:

— Vergleichbarkeit,
— Vollständigkeit,
— Klassifizierbarkeit (vgl. *Galtung* 1967, S. 11ff.)

Vergleichbar sind Aggregatdaten nur dann, wenn sie mit demselben Instrument erhoben und nach denselben Kriterien aggregiert wurden; d.h., daß jeweils dieselben Skalen mit der gleichen Anzahl von Kategorien Verwendung finden. Ein Beispiel ist hier die in der Sozialstatistik immer wieder veränderte Form der Berufsklassifizierung oder des Berufsstatus oder die in verschiedenen Ländern unterschiedliche Erhebung wirtschaftlicher Indikatoren wie z.B. die der Arbeitslosigkeit. — Vergleichbarkeit

Ein zweites Defizit der amtlichen Sozialstatistik, das die Vergleichbarkeit der Aggregatdaten stark einschränkt, liegt in der immer wieder vorgenommenen Veränderung der Aggregationsgrundlage. Ein Beispiel in der deutschen Sozialstatistik ist die nach jeder der zahlreichen Gebietsreformen vorgenommene Anpassung der Aggregationseinheiten an die amtliche Gebietseinteilung, wodurch die Untersuchungseinheiten im Zeitvergleich nicht mehr oder nur nach komplizierten Umrechnungsverfahren vergleichbar sind.

Das Prinzip der Vollständigkeit der Datenerhebung heißt zunächst einmal ganz einfach, daß alle in der Wirklichkeit vorhandenen Merkmale auch in der Datenerhebung erfaßt werden. Dieses Prinzip ist in der Realität so gut wie nicht einzuhalten, da bei allen Erhebungen Befragte entweder nicht angetroffen werden, ganz oder teilweise die Antwort verweigern oder einzelne Fälle bei der Aggregation einfach vergessen werden. Erst die Vollständigkeit der Datenerhebung ermöglicht allgemeingültige Aussagen über die Grundgesamtheit. — Vollständigkeit

Das Prinzip der Klassifizierbarkeit oder Genauigkeit der Datenerhebung bedeutet, daß sämtliche in der Realität vorgefundenen Merkmale eindeutig und intersubjektiv einheitlich jeweils einer Kategorie des Erhebungsinstruments zugewiesen werden können. — Klassifizierbarkeit

Erst die in jeder Datenerhebung berücksichtigten Prinzipien der Vergleichbarkeit, Vollständigkeit und Klassifizierbarkeit sind die Voraussetzungen für internationale und zeitvergleichende Aggregatdatenanalysen.

Zu d): Das vierte Hauptproblem der Aggregatdatenanalyse ist grundsätzlicher Natur und besteht darin, daß politisches Verhalten nur zu einem Teil auf die Wirkung von Umweltfaktoren bzw. des Kontextes reduziert werden kann. Der ganze Bereich der individuellen Präferenz- und Motivationsstrukturen sowie die individuell verschiedene Verarbeitung der objektiven Kontexteinflüsse kann mit Hilfe von Aggregatdatenanalysen nicht geprüft werden. Dies gilt insbesondere für die in der politischen Ökologie zentralen Kategorien der „politischen Tradition", bzw. des „politischen Meinungsklimas" einer Region, die in diesen Ansätzen nur indirekt, nämlich über die Stimmenanteile für die entsprechenden Parteien, nachgewiesen werden können. Der indirekte Nachweis solcher Grundorientierungen auf individueller Ebene entzieht sich der Aggregatdatenanalyse weitgehend und bleibt der Individualdatenanalyse vorbehalten. 4. Problem: Beschränkung der Analyse politischen Verhaltens auf Umwelteinflüsse

Auf diesem Hintergrund ist insbesondere nach der rasch einsetzenden Popularisierung der Umfrageforschung nach dem Ende des Zweiten Weltkriegs wiederholt die Frage gestellt worden, ob die Aggregatdatenanalyse durch die Individualdatenanalyse ersetzt werden kann bzw. sollte (vgl. *Linz* 1969, S. 91ff.). Diese Diskussion kam allerdings sehr rasch zu dem Ergebnis, daß beide Metho-

Vorteile der Aggregatdatenanalyse den jeweils spezifische Vorteile haben, die sie zur Lösung jeweils unterschiedlicher Forschungsfragen besser geeignet sein läßt. Nach *Linz* (1969, S. 93ff.) sind Aggregatdatenanalysen immer dann vorzuziehen,

— wenn eine vollständige Erfassung der Bevölkerung, insbesondere aber relativ kleiner sozialer Gruppen, die überdies regional verstreut sind, ermöglicht werden soll; in diesen Situationen liefert die Umfragemethode zu wenige Fälle, bzw. wird bei ausreichender Fallzahl unverhältnismäßig teuer;
— wenn Informationen nicht durch Umfragen erhoben werden können, weil entweder in einem unfreien politischen System die Regierung dies nicht zuläßt oder in einer Region keine Interviewörganisation besteht oder weil es in der Bevölkerung Widerstände gegenüber Befragungen gibt;
— wenn die Forschungssituation noch relativ unstrukturiert ist, so daß zunächst auf dem Wege der Exploration Hypothesen gebildet werden müssen;
— wenn Kontexteffekte politischen Verhaltens untersucht werden sollen; ein Großteil dieser Kontexteffekte kann über die Umfrageforschung nicht erhoben werden;
— wenn Individualdaten nicht verfügbar sind; damit ist die Analyse aller politikwissenschaftlichen Fragestellungen, die sich auf die Zeit vor dem Zweiten Weltkrieg beziehen, ausschließlich über die Aggregatdatenanalyse zugänglich;
— wenn das Gewicht lokaler oder regionaler Geschichte zum Verständnis politischer Situationen Voraussetzung ist;
— wenn Parteibindungen stärker über räumliche oder Kontextfaktoren und weniger durch überregionale Faktoren bedingt sind.

Vorteile der Individualdatenanalyse Die Methode der Individualdatenanalyse ist vorzuziehen,

— wenn Hypothesen über individuelle Wandlungsprozesse geprüft und daher immer dieselben Personen zu untersuchen sind;
— wenn untersucht werden soll, welche intervenierenden Variablen, auch individualpsychologische, die direkte Umsetzung von Kontexteffekten in politisches Verhalten beeinflussen;
— wenn individuelle Motive vermutet werden und daher eine direkte Hypothesenprüfung statt eines ökologischen Schlusses angebracht ist;
— wenn der Zusammenhang zwischen objektiven Faktoren und der subjektiven Wahrnehmung dieser Faktoren durch unterschiedliche Wählergruppen (in Form von „subjektiven Realitäten" untersucht werden soll;
— wenn angenommen werden kann, daß verschiedene Bevölkerungsgruppen auf dem Hintergrund ihrer sozialen Erfahrungen und ihrer Situation in der gesellschaftlichen Schichtung unterschiedliche soziale Vergleichskriterien entwickeln, mit denen sie Parteien, Regierungen und ihre Umwelt vergleichend bewerten.
— Schließlich spricht für die Umfrageforschung, daß die von amtlicher Seite durchgeführte Datenerhebung in der Bevölkerung oft auf Mißtrauen stößt und daß sie darüber hinaus sehr häufig mit geringer wissenschaftlicher Professionalität durchgeführt wird.

Vor diesem Hintergrund plädiert *Linz* für die verstärkte Kombination beider Verfahren in Form der Mehrebenenanalyse, die es ermöglicht, Kontext und Individualeffekte gleichzeitig zu berücksichtigen und zu einer Theorie politischen Verhaltens zusammenzufassen (vgl. etwa *Pappi* 1976, *Hummel* 1972). Erst über diese Verfahren wird es möglich, die zwei Gruppen von Effekten auf das politische Verhalten gegeneinander abzuschätzen,

<small>Mehrebenenanalyse: Kombination von Individual- und Aggregatanalyse</small>

— der beharrend stabilisierende Effekt lokaler und regionaler politischer Kultur und politisierter Sozialstruktur, wie er sich auch am Beispiel der Bundesrepublik nachweisen läßt (vgl. Kap. 5.3), und
— die Effekte, die für die kurzfristigen Schwankungen des Wählerverhaltens herangezogen werden müssen, wie z.B. die Einschätzung der politischen Parteien und deren Problemlösungskompetenzen für die jeweils individuell für am wichtigsten gehaltenen politischen Sachfragen, die Sympathie bzw. Popularität der wichtigsten Politiker und der Kanzlerkandidaten und die Wirkung von Wahlkämpfen, die die Funktion haben, die den jeweiligen Parteien nahestehenden Wählergruppen zu mobilisieren.

3.3 Wahlkampfbeobachtung

Die Entwicklung der Methode der Wahlkampfbeobachtung stellt gegenüber der Wahlgeographie und der politischen Ökologie eine Öffnung der theoretischen Perspektive im Hinblick auf prozeßorientierte kurzfristige Effekte dar. Das Verfahren der Wahlkampfbeobachtung geht zurück auf die frühen Wahlstudien in Großbritannien, wo regelmäßig zu jeder Wahl eine Wahlkampfmonographie mit dem jeweiligen Titel „The British General Election of 1945" usw. vorgelegt wurde (vgl. z.B. *McCallum/Readman* 1945, *Butler* 1952). Diese Methode fand auch in den USA, Frankreich und Deutschland Verbreitung und stellt heute noch einen wichtigen Beitrag zur politischen Geschichtsschreibung dar.

<small>Theoretische Öffnung für kurzfristige Effekte</small>

Das Verfahren der Wahlkampfbeobachtung basiert auf der theoretischen Annahme, daß politisches Verhalten und insbesondere Wahlverhalten nicht nur auf dem Hintergrund der von Wahlgeographie und politischer Ökologie stark hervorgehobenen Stabilität der regionalen Wählerstruktur, der „politischen Tradition" einer Region verstanden werden kann, sondern daß der Ausgang jedes einzelnen Wahlkampfes entscheidend vom „politischen Klima", in dem er stattfindet, abhängt. Dieses politische Klima wiederum wird als Summe einer großen Zahl von innen- und außenpolitischen Faktoren und Einzelereignissen, dem Verhalten der parteipolitischen Eliten oder der Massenmedien gesehen. Im Unterschied zu den systematisch-theoriebildenden Formen der Wahlforschung ist die Wahlkampfbeobachtung stärker als Verfahren der historisch-deskriptiven Einzelfallanalyse charakterisiert. In diesem Verständnis ist jeder einzelne Wahlkampf durch die jeweils besondere Konstellation der Faktoren des Meinungsklimas gekennzeichnet. Es ist daher Aufgabe der Wahlforschung, das Klima der „öffentlichen Meinung", in dem der jeweilige Wahlkampf stattfindet, umfassend zu beschreiben.

<small>Politische Tradition und politisches Klima entscheidend für Wahlverhalten</small>

Struktur von Wahlkampfbeschreibungen: Aus dem theoretischen Verständnis, daß der Wahlkampf selbst nur ein jeweils abschließender Teil eines kontinuierlichen Meinungsbildungsprozesses ist, sind alle Wahlkampfstudien ähnlich strukturiert.

— *Beschreibung der Ausgangslage* 1. Sie beginnen mit der Beschreibung der Ausgangslage des Wahlkampfes, d.h. der Darstellung der innenpolitischen Entwicklung seit der vorangegangenen Wahl. Die Auswahl der Faktoren zur Beschreibung dieser Entwicklung — und das ist typisch für die Methode der Wahlkampfbeobachtung — findet dabei nicht auf dem Hintergrund der allgemeineren Theorie des Wahlkampfes oder der politischen Willensbildung statt, sondern liegt ausschließlich im willkürlichen Ermessen des jeweiligen Wahlforschers. Dieses Auswahlverfahren ist allerdings auch der Methode angemessen, da der jeweilige Wahlforscher die Aufgabe hat, in die Beschreibung der innenpolitischen Entwicklung nicht nur einige ausgewählte theoretische Perspektiven, sondern alle Faktoren einzubeziehen, die er für die Struktur des Meinungsklimas für bedeutsam hält. Auf diesem Hintergrund ist die Liste der Variablen, die zur Erklärung des Prozesses der politischen Meinungsbildung herangezogen werden können, sehr umfangreich und schließt z.B. die Entwicklung der Wirtschaftslage, innen- und außenpolitische Konflikte, das Verhalten einzelner Politiker oder auch die Berichterstattung der Medien mit ein.

— *Darstellung des Wahlkampfes* 2. Dieser Beschreibung folgt dann die Darstellung des eigentlichen Wahlkampfes. Dazu gehört die Darstellung der Strategien der Parteien und deren Wahlziele, die in der öffentlichen Diskussion vorgeschlagenen Lösungsmöglichkeiten für die in der Zwischenwahlzeit aufgetauchten politischen Probleme, das Verhalten der Spitzenkandidaten in der Wahlkampfauseinandersetzung, die Auswertung der Medienberichterstattung sowie Informationen über besondere Vorkommnisse während des Wahlkampfes. Dieser Teil der Analyse soll den vom entsprechenden Wahlkampf nicht unmittelbar betroffenen Leser in die Lage versetzen, die jeweilige Wahl in einen umfassenden Verständniszusammenhang zu bringen. Dies wird dadurch erreicht, daß aus der Presseberichterstattung zum Wahlkampf die markantesten wörtlichen Zitate von Politikern wiedergegeben oder noch einmal auf symbolische Aktionen verschiedener politischer Akteure (Politiker des In- und Auslandes, Wähler, Einzelpersonen), die in der Medienberichterstattung sichtbar wurden, hingewiesen wird. Diese allgemeine Wahlkampfbeschreibung wird in der Regel durch die Beschreibung des Wahlkampfes in einigen ausgewählten Wahlkreisen erweitert, wobei die Auswahl der Wahlkreise ebenfalls unsystematisch vorgenommen wird; sie richtet sich etwa danach, ob die Parteien dort entweder Hochburgen haben, in einem Kopf-an-Kopf-Rennen standen, ob sich in diesem Wahlkreis bedeutende Politiker gegenüberstanden, ob in diesem Wahlkreis ein besonders politisch brisantes Problem zur Entscheidung anstand oder ob dort eine der Parteien überdurchschnittlich hoch gewonnen oder verloren hat.

— *Auswertung der Wahlstatistik* 3. Dieser Teil der Beschreibung leitet über in die Auswertung der Wahlstatistik. Die Methode der Auswertung der Wahlstatistik variiert zwischen den verschiedenen Wahlkampfmonographien. Hier finden sich illustrative Elemente wie die kartographische Methode, Streudiagramme, Grafiken, die die Anteilswerte der Parteien im Zeitvergleich zeigen, oder die Darstellung in Tabellenform. Diese Darstellung kann in der Bundesrepublik auch auf die repräsentative Wahlstatistik (vgl. 6.2), in der Stimmenanteile von Männern und Frauen nach dem Alter getrennt erhoben werden, zurückgreifen. Ein zunehmender Teil der Wahlkampfmonographien benutzt darüber hinaus die Ergebnisse von Bevölkerungsumfragen vor der Wahl. Vorteil dieser Umfragen ist, daß damit auch das Wahlverhalten von sozialen Gruppen, die nicht über die nach regionalen Gesichtspunkten aggregierten Wahlergebnisse bestimmt werden können, feststellbar ist. Die Auswertung der Wahlstatistik ist in der Regel geleitet von den jeweils spezifischen Hypothesen, die sich aus der Wahlkampfbeobachtung ergeben. Der nach verschiedenen Methoden vorgenommenen Auswertung der Wahlstatistik kommt bei dieser Methode daher die Funktion der „Hypothesenprüfung" zu. Diese Auswertungen haben den typischen Charakter von ex-post-facto-Experimenten (vgl. *Mayntz* u.a. 1972, S. 196), insofern dort abweichendes Wahlverhalten im nachhinein durch die jeweils herausgehobenen intervenierenden Faktoren „erklärt" wird.

4. Der Interpretation der Wahlergebnisse folgt schließlich die Diskussion der Auswirkungen auf die Sitzverteilung und die daraus resultierenden Probleme der Koalitions- und Regierungsbildung auf dem Hintergrund der im Wahlkampf klar gewordenen Konfliktlinien zwischen den Parteien. — Diskussion der Auswirkungen

Die Methode der Wahlkampfbeobachtung ist aus verschiedener Perspektive unterschiedlich zu bewerten. Unbestritten ist ihr Beitrag zur Dokumentation von Wahlkämpfen als Teil der politischen Geschichtsschreibung. Wahlkampfanalysen tragen die unterschiedlichsten Materialien und Quellen zusammen, die ansonsten bereits nach kurzer Zeit vergessen, verstreut und unerreichbar geworden wären. Indem sie das öffentliche Meinungsbild zum Zeitpunkt der Wahl beschreiben, geben sie darüber hinaus wertvolle Hinweise für die sozialwissenschaftliche Theoriebildung und zum Verständnis des Prozesses der politischen Willensbildung. Vorteile der Wahlkampfbeobachtung

Auf der anderen Seite ist der Beitrag der Wahlkampfbeobachtung für vergleichende Analysen sowie zur sozialwissenschaftlichen Theoriebildung recht gering anzusetzen. Dies liegt vor allem daran, daß die behaupteten Zusammenhänge zwischen einzelnen Ereignissen im Wahlkampf und dem Wahlergebnis nicht direkt geprüft, sondern nachträglich interpretativ zugeordnet werden. Diese Interpretationen, so plausibel sie auch sein mögen, sagen jedoch nichts über die tatsächlichen Motive der individuellen Wahlentscheidung aus. In der Mehrzahl der Studien bleibt darüber hinaus die Funktion des Wahlkampfes sowie die Wirkungsweise einzelner Elemente, wie z.B. Wahlversammlungen, mündliche und schriftliche Wahlwerbung, Parteiversammlungen, Medienberichterstattung usw., relativ unklar. Diese Elemente können in ihrer Wirkung auch nicht differenziert werden, da immer nur die Teilaspekte des Wahlkampfes, die in der öffentlichen Willensbildung sichtbar geworden sind, thematisiert Nachteile der Wahlkampfbeobachtung

werden. Daraus ergibt sich zwangsläufig eine für jeden Wahlkampf spezifische Konstellation von Faktoren, die in die Analyse einbezogen werden. Ob in der nächsten Wahlkampfbeobachtung dieselben Faktoren wiederum auf ihre Wirksamkeit „überprüft" werden, ist in der Regel dann nicht der Fall, wenn eine erste Überblicksanalyse sowie die Auswertung der unterschiedlichen Dokumente keine vergleichbaren Auffälligkeiten erkennen lassen. Damit entsteht das Problem, daß die unterschiedlichen Variablen bei verschiedenen Wahlen nicht vollständig erhoben werden und damit eine zeitvergleichende Analyse von Wahlkämpfen nicht mehr möglich ist.

Die beschriebenen Wahlkampfbeobachtungen bleiben deshalb „für sich genommen recht enttäuschend" (*Diederich* 1965, S. 52), da die Diskussion allgemeiner Arbeitshypothesen mit noch so viel Material durch eine lockere Kette von Hinweisen keine Beweisführung über die Wirkung von Wahlkämpfen ersetzt.

3.4 Individualdatenanalyse und Umfrageforschung

Die Einführung der Individualdatenanalyse und der dafür entwickelten Instrumente der Befragung und Stichprobentechnik stellt den bedeutsamsten Einschnitt in der Entwicklung der Wahlforschung bzw. der empirischen Sozialforschung überhaupt dar.

Erweiterung der theoretischen Fragestellung

Mit der Einführung der Umfrageforschung änderten sich die Fragestellungen der Wahlforschung sowie die theoretischen Ansätze zur Erklärung politischen Verhaltens: Stärker gewichtet wurden der Prozeß der politischen Willensbildung sowie die Analyse der individuell unterschiedlichen Bestimmungsgründe und deren Folgen für politisches Verhalten, die Wahlentscheidung und schließlich für das politische System.

Die Entwicklung der Umfrageforschung basiert auf drei Grundgedanken:

— Die für die Prüfung der differenzierten Theorien politischen Verhaltens notwendigen Daten werden mittels individueller Befragung vom Forscher selbst erhoben.
— Die erhobenen Individualdaten werden nicht aggregiert, sondern für die Prüfung von Zusammenhängen auf individueller Ebene analysiert.
— Die in der Befragung gefundenen Werte und Zusammenhänge gelten aufgrund der Möglichkeit des Repräsentationsschlusses mit einer bestimmten Wahrscheinlichkeit für den gesamten Personenkreis, aus dem die Stichprobe gezogen wurde.

Erweiterung des Forschungsbereiches

Gegenüber den traditionellen Formen der Wahlforschung ist damit für die Individualdatenanalyse eine Erweiterung des Forschungsbereiches verbunden, um:

— Probleme der Operationalisierung sozialwissenschaftlicher Theorien,
— die Entwicklung von Skalen und Indikatoren, mit denen die jeweils interessierenden Merkmale gemessen werden können,

— die Erarbeitung von Auswahlverfahren, mit denen bestimmt werden kann, welche Untersuchungspersonen in eine Befragung aufzunehmen sind.

Die für die Individualdaten entwickelten Analyseverfahren unterscheiden sich nicht grundsätzlich von denen der Aggregatdatenanalyse, sondern sind im wesentlichen erweitert um eine Reihe von Schätzverfahren, mit deren Hilfe angegeben werden kann, mit welcher statistischen Sicherheit von einem in einer Stichprobe gefundenen Wert auf die entsprechende Verteilung in der Grundgesamtheit geschlossen werden kann (vgl. *Wieken-Mayser/Koolwijk* 1974).

Die genannten Erweiterungen führten zu folgenden Vorteilen der Individualdatenanalyse:

Die Datenerhebung durch den Primärforscher selbst und die damit verbundene Möglichkeit, eine fast unbeschränkte Anzahl sozialer Merkmale einer Person bzw. einer Untersuchungseinheit zu erheben, stellt die grundlegende Voraussetzung für die Fortentwicklung und Ausdifferenzierung sozialwissenschaftlicher Theoriebildung dar. Statt die Aussage von Theorien entweder auf die verfügbaren, häufig lückenhaften Sekundärstatistiken einzugrenzen oder zur Prüfung der Theorien auf unangemessene Daten zurückgreifen bzw. auf die Prüfung überhaupt verzichten zu müssen, kann eine enge Übereinstimmung zwischen Theorie und Empirie hergestellt werden.

Während Sekundärstatistiken nur in festgesetzten Zeitabständen erhoben und erst nach Ablauf einer weiteren Zeitspanne veröffentlicht werden, können Umfragen — unter der Voraussetzung, daß die Finanzierung jeweils gesichert ist — zu jedem Zeitpunkt und in jedem beliebigen Zeitintervall durchgeführt werden. Erst dadurch wird es überhaupt möglich, kurzfristige Effekte politischen Verhaltens zu erfassen und in die Theoriebildung miteinzubeziehen: Der Test von Theorien mit sozialstatistischen Merkmalen, die nur in langen Zeitabständen erhoben werden, führt fast zwangsläufig zu einer theoretischen Einschätzung, die politisches Verhalten als sehr stabil und hoch kontextabhängig interpretiert.

In den veröffentlichten Sekundärstatistiken sind Informationen über politisches Verhalten ausgesprochen selten. Sie beschränken sich, abgesehen von einigen erst in jüngster Zeit erhobenen Zeitreihen über Demokratiezufriedenheit und Regierungspopularität, im wesentlichen auf die Wahlstatistik. Über das Wahlverhalten ist jedoch nur ein kleiner Ausschnitt des politischen Verhaltensrepertoirs der Bevölkerung abgedeckt. Durch die Möglichkeit der Umfrageforschung, alle Formen politischer Beteiligung bzw. die Bereitschaft dazu zu erheben, wurde eine der Voraussetzungen für die Ausweitung der Wahlforschung zur empirischen Demokratieforschung geschaffen.

Umfrageforschung ermöglicht direkte Meinungsforschung. Gingen die frühen Wahlforscher, wie etwa *Siegfried* oder *Heberle*, noch davon aus, daß die Stimmabgabe für bestimmte politische Parteien gleichgesetzt werden konnte mit bestimmten politischen Grundhaltungen („politisches Meinungsklima"), so wird in der Umfrageforschung der Zusammenhang zwischen der Wahlentscheidung und den politischen Grundhaltungen oder -einstellungen selbst zum Forschungsgegenstand. Erst über die Individualdatenanalyse erschloß sich die

Marginalien:
Vorteile der Individualdatenanalyse:
— Enge Übereinstimmung zwischen Theorie und Empirie möglich
— Datenerhebung zu jedem Zeitpunkt möglich
— Erhebungen zu allen Formen politischer Beteiligung möglich
— Direkte Meinungsforschung möglich

Möglichkeit, die unterschiedlichsten Hypothesen zu den Bestimmungsgründen politischen Verhaltens, die aus Aggregatdatenanalysen, Wahlkampfbeobachtungen etc. gewonnen wurden, einem direkten empirischen Test zu unterziehen.

Dies soll an einem Beispiel verdeutlicht werden: In einer Aggregatdatenanalyse würde man aus dem Forschungsergebnis, daß in einem statistischen Bezirk mit steigendem Angestelltenanteil der Zusammenhang zwischen der Preissteigerungsrate und den Stimmenanteilen für die Oppositionspartei enger wird, schließen, daß vor allem Angestellte wegen der negativen Folgen der Preissteigerung die Regierungspartei nicht mehr gewählt haben. In einer Individualdatenanalyse dagegen wird man den beruflichen Status eines Befragten, seine Wahlabsicht, die Bedeutung, die er dem Problem der Preissteigerung zumißt, sowie seine Einschätzung, ob Regierung oder Oppositionsparteien dieses Problem besser zu lösen vermögen, erheben und auf individuelle Zusammenhänge etwa derart prüfen: Wenn ein Wähler Angestellter ist und wenn er das Problem der Preissteigerung für wichtig hält und wenn er dieses Problem von der Regierung nicht hinreichend gelöst sieht, dann wird er mit einer (zu berechnenden) höheren Wahrscheinlichkeit die Oppositionspartei wählen. Erst durch diese Differenzierung entsteht die Möglichkeit, zwischen der Wirkung objektiver Faktoren und ihrer subjektiven Wahrnehmung in bestimmten Bevölkerungsgruppen zu unterscheiden und durch die gleichzeitige Berücksichtigung mehrerer Faktoren das Gewicht jedes einzelnen Einflusses quantifizierend zu bestimmen.

— Analyse individueller Veränderungen möglich

Durch die Möglichkeit der Umfrageforschung, eine Person mehrmals hintereinander zu befragen (Panel-Technik), wurde die Voraussetzung zur Erforschung des Prozesses der individuellen politischen Willensbildung geschaffen. Die Forschungsfragen, die dadurch in den Vordergrund rückten, waren entsprechend auf die Faktoren des kurzfristigen Wandels politischer Orientierung und der Wahlabsicht gerichtet: Was bringt Wähler dazu, ihre Wahlabsicht zu ändern? Welche Personentypen sind für Parteistrategien zur Wählerbeeinflussung besonders anfällig? Welche Rolle kommt dabei den Politikern, welche den Massenmedien zu? Diese sowie eine Reihe weiterer Fragestellungen der empirischen Wahlforschung sind bereits in den ersten vier Pionierstudien der amerikanischen Umfrageforschung sowie der deutschen Studie zur Bundestagswahl 1961 enthalten (siehe unten, Kap. 5).

4 Methoden, theoretische Fragestellungen und Konzepte der frühen Umfragestudien

Obwohl es in der amerikanischen Diskussion bereits 1924 mit der Studie von *Merriam* und *Gosnell* über die Gründe des Nichtwählens zum Einsatz der Stichprobentechnik gekommen war, und bereits 1928 Stuart *Rice* die Panel-Technik als neues Instrument vorschlug, wurden erst ab 1940 die ersten umfassenden Wahlstudien durchgeführt (vgl. zusammenfassend *Rossi* 1959). Die vier wichtigsten Studien sind „The People's Choice" von *Lazarsfeld/Berelson/Gaudet* (1940 Datenerhebung/ 1944 erste Veröffentlichung), „Voting" von *Berelson/ Lazarsfeld/McPhee* (1954), „The Voter Decides" von *Campbell/Gurin/Miller* (1954) sowie „The American Voter" von *Campbell/Converse/Miller/ Stokes* (1960). Ab 1940 erste umfassende Wahlstudien

Diese im folgenden diskutierten vier Studien lassen sich danach unterscheiden, durch welche Faktoren sie die Beziehung zwischen Wählern und Parteien strukturiert sehen und wie sie entsprechend den Wandel politischer Orientierungen und des Wahlverhaltens erklären.

— Die ersten beiden Studien von *Lazarsfeld* u.a. sehen diese Beziehung sehr stark vom sozialen Kontext, in dem eine Person aufgewachsen ist und seinen Institutionen vorgeprägt („A person thinks, politically, as he is, socially. Social characteristics determine political preference." *Lazarsfeld* u.a. 1949, S. 27); eine Änderung individuellen Verhaltens wird in dieser theoretischen Perspektive nur dann möglich sein, wenn die Person ihren sozialen Kontext verläßt oder innerhalb des Kontextes unterschiedlichen, widersprüchlichen Meinungen („cross-pressures"), die stärker sind als die angelegten Orientierungen, ausgesetzt ist. Soziale Vorprägung

— Von dieser soziologischen Betrachtungsweise unterscheiden sich die letztgenannten Studien, die aus der Tradition des Institute for Social Research (ISR) der University of Michigan kommen, durch ihre stark sozialpsychologische Orientierung. Dieses Konzept, das in diesem Zusammenhang auch als individualpsychologisches Modell bezeichnet wird, sieht den Wähler zwar auch in einer gewachsenen Beziehung zu den Parteien, nimmt aber an, daß diese Beziehung sehr viel stärker durch das aktuelle Erscheinungsbild der Parteien und der Kandidaten sowie durch die Problemlösungskompetenz der wichtigsten politischen Streitfragen (issues) bestimmt ist. (Vgl. zur Rolle des dritten Stabilisierungsfaktors, der politischen Wertorientierungen unten, Kap. 8.) Der Beitrag der einzelnen Studien, deren theoretische Relevanz bis heute aktuell ist, soll im folgenden dargestellt werden. Individualpsychologische Eeklärung

4.1 „The People's Choice" von Lazarsfeld u.a.

Obwohl methodologisch—sowohl im Hinblick auf die eher explorative als theoriegeleitete Entwicklung der Meßinstrumente als auch im Hinblick auf die häufig fehlenden Angaben über die Zuverlässigkeit der Ergebnisse—kritisch zu bewerten (vgl. *Rossi* 1959, S. 15ff.), ist „The People's Choice" die methodisch ertragreichste Studie. Sie verfolgte zwei Hauptforschungsfragen, eine inhaltliche und eine methodologische:

— Wie verändern Wähler in einem Präsidentschaftswahlkampf ihre Meinungen, und welches Gewicht kommt dabei den Massenmedien zu?
— Welche Probleme ergeben sich aus dem Einsatz der Panel-Technik? (Auf diese methodologische Fragestellung kann hier allerdings nicht weiter eingegangen werden.)

Für ihre Studie befragten *Lazarsfeld* u.a. anläßlich des Präsidentschaftswahlkampfes von 1940 in dem ländlichen Gebiet von Erie-County (Ohio) insgesamt 600 Personen über sieben Monate im monatlichen Abstand (sieben Panel-Wellen). Die Autoren konnten dazu an die Erkenntnisse der frühen wahlsoziologischen Arbeiten anknüpfen, die sowohl eine starke stabilisierende Komponente politischen Verhaltens durch den politischen Kontext eines Wählers als auch die

Kontextstabilität und Wandel durch neue Ideen

Möglichkeit der Abschwächung dieser Kontexteffekte durch konkurrierende Ideen und den Fluß politischer Information annahmen.

Von Einfluß für die Interpretation ihrer Ergebnisse waren dabei u.a. die Studien von *Siegfried,* die ergeben hatten, daß Kontexteinflüsse in ländlichen Regionen zwar hoch waren, mit zunehmender Heterogenität der Sozialmilieus etwa in durchmischten oder städtischen Gebieten aber abnahmen; analog dazu hatte Stuart *Rice* (1928) gezeigt, daß sich die Wahlergebnisse amerikanischer Wahlkämpfe nach dem Einsatz der Parteien im Wahlkampf unterschieden (je größer der Einsatz, um so höher der Stimmenanteil) und daß sich neben diesem kurzfristigen Effekt auch ein langfristiger Effekt, der sich über die Ermöglichungsstruktur der Verbreitung neuer Ideen vermittelte, nachweisen ließ. *Rice* konnte zeigen, daß sich diese Ideen netzwerkartig ausbreiteten und daß sich diese Ausbreitung am schnellsten und am stärksten entlang der großen Verkehrsverbindungen (Hauptverkehrsstraßen, Eisenbahn, Postweg) vollzog. Seine Schlußfolgerung: Neue politische Ideen und damit der Wandel politischer Einstellungen und des Wahlverhaltens diffundieren über neue Kommunikationswege und „stören" so den Tradierungszusammenhang etablierter politischer Kontexte.

Das Anliegen von *Lazarsfeld* u.a. war es, auf dieser Grundlage nach den Faktoren zu suchen, die politische Orientierungen auf der Ebene des individuellen Wählers tradieren bzw. die Tradierung erschweren. Sie entwickelten dabei ein

Anknüpfung an *Simmels* Theorie der sozialen Kreise

Konzept, das an die von Georg *Simmel* 1890 vorgeschlagene „Theorie der sozialen Kreise" anknüpft:

Danach befindet sich jeder Wähler in mehreren sozialen Kreisen, die über seine Wohngegend, seinen Arbeitsplatz, seine Religionszugehörigkeit sowie seine Zugehörigkeit zu Gleichaltrigen-Gruppen usw. gebildet werden. Die Mitgliedschaft in diesen sozialen Kreisen bringt durch die jeweiligen sozialen Normen, in die der einzelne eingebunden ist, eine individuelle Verhaltenssteuerung durch soziale Kontrolle mit sich. Dies gilt immer auch für politisches Verhalten. Diese Theorie basiert auf der Annahme, daß das Individuum danach strebt, mit seiner sozialen Umwelt in einem spannungsfreien Verhältnis zu leben. Der verhaltenssteuernde Kontexteffekt kann dabei um so größer angenommen werden, je stärker die Normen der verschiedenen sozialen Kreise, in denen sich ein Individuum befindet, deckungsgleich sind.

Die in den unterschiedlichen sozialen Kreisen vertretenen Normen müssen nun nicht alle in dieselbe Richtung weisen. Dies ist zwar bei relativ abgeschlossenen Kollektiven wie z.B. den von *Siegfried* untersuchten abgelegenen Landgemeinden im Departement Ardèche häufig der Fall, ändert sich aber durch Kommunikation und durch räumliche oder soziale Mobilitäten (Umzug, sozialer Aufstieg): Das System der „konzentrischen Kreise", in dem alle verhaltensleitenden Normen in dieselbe Richtung zeigen, ändert sich tendenziell zugunsten eines Systems der „sich kreuzenden" sozialen Kreise, bei dem der Wähler unter mehreren widerstreitenden Einflüssen steht. Diese Situation bezeichnen *Lazarsfeld* u.a. als „cross-pressures" und machen es zum Ziel ihrer Untersuchungen, die Inkonsistenzen und Konflikte zwischen den die Wahlentscheidung beeinflussenden Faktoren, die den Wähler in verschiedene Richtungen drängen, herauszuarbeiten. System sich kreuzender sozialer Kreise
Ziel: Analyse der Inkonsistenzen

Ein gern zitiertes Beispiel für eine politische cross-pressure-Situation ist die Lage eines strenggläubigen, katholischen, gewerkschaftlich organisierten Arbeiters in der Bundesrepublik der 1960er Jahre. Seine Religiosität und insbesondere die Zugehörigkeit zur katholischen Kirche drängen ihn dabei zur CDU, sein Arbeiterstatus und seine Gewerkschaftsmitgliedschaft aber zur SPD.

Zur Identifikation der Effekte der cross-pressures auf das Wahlverhalten klassifizierten *Lazarsfeld* u.a. die Mitglieder ihrer Untersuchung nach der Stärke ihrer Parteibindung. Sie bezeichneten dabei über die wiederholenden Befragungen die durchweg bei einer Partei verbliebenen Befragten als stabile „Crystallizers", die eher unsicheren, schwankenden als „Wavers" und die die Wahlentscheidung wechselnden als „Party-Changers", also Wechselwähler. Sie konnten zeigen, daß Personen, die sich in homogenen Sozialmilieus befanden, am frühesten in ihrer Wahlentscheidung festgelegt und ebenfalls am stärksten an politischen Fragen interessiert waren. Damit stellten *Lazarsfeld* u.a. eine der Grundannahmen der klassischen Demokratietheorie in Frage, wonach die Wechsler hochinteressiert, hochmotiviert und kompetent zwischen den verschiedenen demokratischen Alternativen unterscheiden. Die von ihnen identifizierten Wechsler waren jedoch genau durch die umgekehrten Charakteristika gekennzeichnet. Vorgehensweise: Klassifizierung nach der Stärke der Parteibindung

Für die Abbildung der langfristigen Faktoren der Wahlentscheidung entwickelten die Autoren einen Index der politischen Prädisposition (index of political predisposition). In diesen Index gingen die langfristig wirksamen Merkmale wie der über Einkommen, Wohnungseinrichtung und sprachliches Ausdrucksvermögen gemessene sozioökonomische Status, die Religionszugehörig- Indexbildung zur Erfassung langfristiger Faktoren

keit sowie der Wohnort ein. Dabei konnten sie zeigen, daß hoher Sozialstatus, protestantische Religionszugehörigkeit und ländliche Wohngegend den Stimmenanteil für die konservativen Republikaner jeweils deutlich erhöhten. Die politische Prädisposition verstanden die Autoren als vorgelagerte, stabilisierende Einflußgröße, die immer dann auch zu entsprechenden Wahlentscheidungen führte, wenn das politische Interesse hoch und die cross-pressures niedrig waren.

Einfluß von Wahlkampf und Massenmedien

Über die Frage, wie sich der Wahlkampf und der Einfluß der Massenmedien auf diese unterschiedlichen Wählertypen auswirken, kamen sie zu folgenden Überlegungen: Der Wahlkampf erhöht das politische Interesse, dieses wiederum erhöht die Bereitschaft, sich von den verschiedenen Kommunikationsmedien beeinflussen zu lassen. Dieser Einfluß war allerdings, wie die Autoren zeigen konnten, höchst selektiv: Die Befragten nahmen von den vielen Informationen und Argumenten nur jeweils die auf, die ihrer politischen Prädisposition entsprachen. Auf diese Weise kam es zur Herauskristallisierung der Wahlentscheidung. Sie folgerten daraus, daß Wahlkämpfe in erster Linie die Funktion hätten, die Wählerschaft zu aktivieren, bereits vorhandene Neigungen zu verstärken und nur zu ganz geringem Umfang Wähler zum Wechsel von einer Partei zu einer anderen zu bringen.

4.2 „Voting" von Berelson u.a.

Auf den methodischen und theoretischen Erfahrungen und Unzulänglichkeiten von „The People's Choice" basierte die Entwicklung der Studie zur Präsidentschaftswahl von 1948, zu der in der kleinen Industriestadt Elmira im Staat New York eine umfassende Analyse des Wahlkampfes mit insgesamt 1000 Befragten über vier Panel-Wellen durchgeführt wurde. Diese Studie, die die früheren Zusammenhänge zwischen politischem Interesse und cross-pressures in verfeinerter Form bestätigen konnte, war auf drei Themen ausgelegt:

— die Frage der sozialen Determination politischer Beteiligung und des Wahlverhaltens,
— die Rolle der politischen Themen im Wahlkampf,
— die Bedeutung der gesellschaftlichen und politischen Institutionen, von der Familie über Freundeskreis und Gewerkschaften bis zu den Parteiorganisationen.

Untersuchungsgegenstand: Politisches Interesse an Wahlen und am Wechsel

„Voting" setzte die Diskussion um die demokratietheoretischen Widersprüche des Parteiwechsels fort, so daß eine der vornehmlich interessierenden Variablen das politische Interesse an Wahlen und am Wechsel war. Als am höchsten interessiert, aber gleichzeitig am stabilsten in ihrer parteipolitischen Festlegung zeigten sich Mitglieder der höheren Sozialschichten, Männer, höher gebildete und ältere Wähler; wobei dies neben weißer Hautfarbe und protestantischer Religion ebenfalls die Faktoren für politisch stabile Einstellungen waren (vgl. *Berelson* u.a. 1954, S. 25ff.).

Während das Konstrukt der cross-pressures in „The People's Choice" erst in der Auswertungsphase „entdeckt" wurde, war die Untersuchungsanlage der Elmira-Studie bereits darauf ausgelegt, ein möglichst umfassendes System der sozialen und politischen Institutionen und sozialen Kreise zu beschreiben. Dabei konnte wiederholt, aber sehr viel ausdifferenzierter, ein über alle Gruppen hinweg bestehender Hang zur internen Homogenität gezeigt werden, der auch die Auswahl der persönlichen Kontakte bestimmte: Freundes- und Bekanntenkreise wurden verstärkt danach ausgesucht, ob sie mit den politischen Grundüberzeugungen übereinstimmten. Dasselbe galt für Parteiorganisationen. Örtliche Parteiorganisationen sowie die ebenfalls untersuchten Parteiaktivisten kontaktierten und beeinflußten im Wahlkampf vornehmlich Personen aus dem eigenen „Lager" bzw. waren nur dort erfolgreich. Interne Homogenität

Auf dieser Grundlage folgerten *Berelson* u.a., daß (in den frühen 50er Jahren) Parteiaktivisten im Wahlkampf eher die Funktion der Aktivierung der eigenen Wähler als der Überzeugung der Anhänger der gegnerischen Partei hatten.

Daß das Prinzip des Wunsches nach Homogenisierung der eigenen Sozialbeziehungen sehr weit reicht und über die Prozesse selektiver Wahrnehmung zur Etablierung eigener subjektiven Realitäten, die mit den objektiven gesellschaftlichen Zuständen nicht unmittelbar in Beziehung stehen müssen, führen kann, fanden *Berelson* u.a. durch die Experimente der Zuordnung zwischen Kandidaten für politische Ämter und politischen Streitfragen (issues) heraus: War ein Befragter einem bestimmten Kandidaten zugeneigt, präferierte aber andere Lösungen zu wichtigen politischen Streitfragen, so reduzierte er recht häufig diesen Spannungszustand durch die gewünschte, aber falsche Zuordnung von Kandidaten und issues. Diesen Zusammenhang hat wenige Jahre später in allgemeiner Form der Sozialpsychologe Leon *Festinger* als „Theorie der kognitiven Dissonanz" (1957) formuliert. Diese Theorie geht von der Annahme aus, daß Personen danach streben, ihr kognitives System, ihr Weltbild, widerspruchsfrei, d.h. im Zustand kognitiver Konsonanz zu halten und dazu bei Auftauchen unstimmiger Informationen u.a. bereit sind, diese falsch wahrzunehmen. Selektive Wahrnehmung

4.3 „The Voter Decides" und „The American Voter" von Campbell u.a.

Von den beiden soziologisch orientierten Regionalstudien „The People's Choice" und „Voting" unterscheiden sich die Studien, die von Angus *Campbell* u.a. am Institute for Social Research an der University of Michigan vorbereitet und durchgeführt wurden, vor allem in zwei Punkten:

— durch die erstmals angewandte national repräsentative Stichprobenziehung,
— durch die Verlagerung der Erklärung der Wahlentscheidung von gruppenbezogen-soziologischen Faktoren zu individualpsychologischen Variablen.

Das Verfahren der national repräsentativen Stichprobenziehung hatte gegenüber den Regional- bzw. Lokalstudien gleich zwei große Vorteile. So war es zum einen möglich, über die repräsentative Stichprobe nicht nur Aussagen über Repräsentative Stichprobenziehung die Bestimmungsgründe des Wahlverhaltens in regional begrenzten Gebieten, sondern im Hinblick auf das Gesamtergebnis der Wahl zu formulieren. Damit war die Möglichkeit gegeben, die soziale Basis der politischen Parteien über verschiedene Regionen, Kontexte und soziale Merkmale zu differenzieren sowie anzugeben, inwieweit sich die Bestimmungsgründe des Wahlverhaltens nach verschiedenen sozialen Schichten und Wählertypologien unterschieden. Zudem war es damit möglich geworden, die gesamte nationale Anhängerschaft einer Partei bzw. eines Kandidaten über zwei Zeitpunkte gültig zu vergleichen. (In „The Voter Decides" waren bereits erste repräsentative Vergleiche zwischen 1948 und 1952 möglich geworden.) Durch die Verwendung des Zufallsstichprobenprinzips (vgl. dazu *Mayntz, Hübner, Holm* 1972, 3. Kap., sowie *Kromrey* 1983, 6. Kap.) war es darüber hinaus möglich geworden anzugeben, in welchen Fehlergrenzen die jeweils gefundenen Werte im Hinblick auf das gesamte Elektorat interpretiert werden konnten und ob die nach verschiedenen Subpopulationen und im Zeitvergleich gefundenen Differenzen statistisch signifikant waren.

Individualpsychologische Erklärung: Sozialstruktur wirkt vermittelt über Einstellungen auf das politische Verhalten

Der Wandel von der soziologischen zur sozialpsychologischen Perspektive drückte sich darin aus, daß *Campbell* u.a. den bereits früher gefundenen Zusammenhang, nach dem das Verhalten von Individuen nicht so sehr in Abhängigkeit von den objektiven Umweltfaktoren erklärt werden kann, sondern eher danach, wie sie diese Umwelt subjektiv wahrnehmen, zu einem erweiterten und schließlich veränderten Erklärungsansatz umformulierten. Ihr Ansatzpunkt war, daß die Sozialstruktur nicht direkt auf politisches Verhalten wirke, sondern vermittelt über politische Einstellungen (attitudes).

Diese Einstellungen werden als das Produkt von wiederholten Erfahrungen in der Auseinandersetzung des Individuums mit seiner Umwelt respektive den sozialen Strukturen verstanden. Sie stellen gleichzeitig den Wahrnehmungsfilter dar, über den Personen ihre gegenwärtige und zukünftige Umwelt wahrnehmen. Diese Einstellungen intervenieren zwischen der realen Welt und dem persönlichen Verhalten. Da die reale Welt nur über diese (Vor-)Einstellungen vermittelt wahrgenommen wird, folgern die Autoren, daß man Angaben über den sozialökonomischen Status eines Befragten letztlich auch aus den Erklärungsmodellen zum politischen Verhalten herausnehmen könne.

„Kausalitätstrichter"

Diesen Wirkungszusammenhang veranschaulichten die Autoren durch das Bild eines Kausalitätstrichters (Funnel of Causality), nach dem sich die unterschiedlichsten früheren Erfahrungen eines Individuums, die etwa auch aus seinem sozio-ökonomischen Status herrühren, zu einem System aufeinander bezogener Einstellungen verdichten. Es genüge dann, am engen Ende des Trichters quasi als Destillat aller Erfahrungen eines Individuums die gegenwärtigen politischen Einstellungen zu erheben. Auf die Berücksichtigung des objektiven sozialen Hintergrundes könne, da dieser von jedem Individuum subjektiv vermittelt wahrgenommen werde und daher auch nur die subjektiv wahrgenommene Realität verhaltenswirksam werden könne, verzichtet werden.

Als die drei zentralen Einstellungen, die politisches Verhalten bzw. das Wahlverhalten strukturieren, identifizieren *Campbell* u.a. die Konstrukte

- Parteiidentifikation (party identification),
- Kandidatenorientierung (candidate partisanship),
- politische Sachfragen (issue partisanship).

Mit dem Konstrukt der Parteiidentifikation schlugen die Autoren ein psychologisches Äquivalent zum „index of political predisposition" von *Lazarsfeld* u.a. vor. Die Autoren fanden ebenfalls so deutliche Effekte von der Parteiidentifikation auf das Wahlverhalten, daß sie diesen Effekt einer Parteimitgliedschaft gleichsetzen. Sie meinen dabei allerdings nicht eine formale, aktive, über einen Parteiapparat organisierte, sondern eine psychologische Mitgliedschaft, eine psychologische Identifikation, die objektiver Bezüge zu einer Parteiorganisation nicht bedarf. Parteiidentifikation

Diese Identifikation strukturiert die beiden anderen Einstellungen zu den politischen Kandidaten und den Sachthemen: Eine starke Identifikation mit einer Partei wird dazu führen, daß eine Person auch eher die Standpunkte dieser Partei zu den unterschiedlichen Sachthemen bezieht und den Kandidaten dieser Partei positiver einschätzt. Die Autoren konnten zeigen, daß die Wahlentscheidung um so stabiler war, je eindeutiger und konsistenter diese drei Einstellungen zusammenpaßten. Die Parallele zum Konzept der cross-pressures ist augenscheinlich; allerdings mit dem Unterschied, daß *Lazarsfeld* u.a. nicht angaben, über welche subjektiven Begründungen der individuelle Wähler sich aus seiner politischen Prädisposition löst. Dies wird im sozialpsychologischen Konzept dadurch angenommen, daß er entweder den Kandidaten oder die vorgeschlagenen Problemlösungen einer anderen Partei höher bewertet (Auflösung des kognitiven Spannungszustandes). Politische Kandidaten und Sachfragen

4.4 Wechselbeziehungen zwischen Parteiidentifikation, Kandidaten und Sachfragen

Mit den Wechselwirkungen zwischen Parteiidentifikation, Kandidaten- und Issueeffekten ist das Problem der Kausalität, des Ursache-Wirkungs-Zusammenhangs zwischen diesen Faktoren angesprochen, das bereits sehr früh die Diskussion des sozialpsychologischen Erklärungsmodells bestimmte. Diese Diskussion läßt sich am besten anhand der folgenden Schaubilder graphisch verdeutlichen.

Wir gehen dabei zunächst von dem relativ einfachen sozialstrukturellen Erklärungsmodell von *Lazarsfeld* u.a. aus, das als einfaches Kausaldiagramm die folgende Form hat: Sozialstrukturelles Konzept

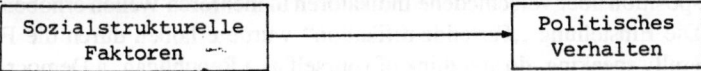

Die Stabilität der politischen Zuordnung zwischen Sozialstruktur und Parteien ist hier über die Homogenität der sozialstrukturellen Faktoren bestimmt.

Werden diese Faktoren zueinander inkonsistent (cross-pressures), so steigt die Wahrscheinlichkeit für politischen Wechsel.

Erstes individualpsychologisches Konzept

Im Vergleich dazu hat das von *Campbell* u.a. in „The Voter Decides" entwickelte sozialpsychologische Konzept die folgende Form:[9]

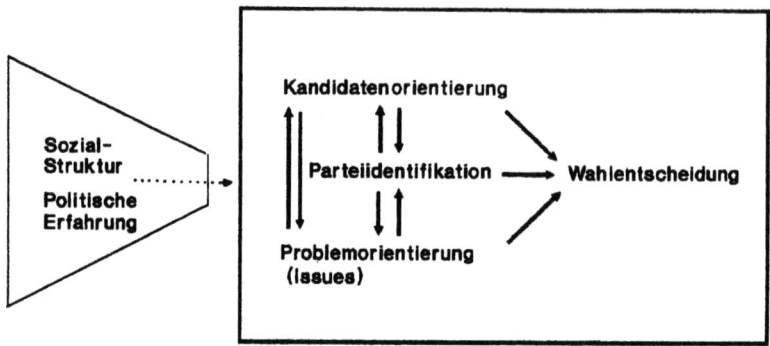

In diesem Konzept bleiben die sozialstrukturellen Faktoren, weil im Kausalitätstrichter vorgelagert, aus dem Erklärungsmodell ausgespart. Die drei Einstellungskomplexe wurden dabei zunächst als auf demselben analytischen Level liegend verstanden, was sich u.a. dadurch ausdrückt, daß es nicht nur Wirkungen von der Parteiidentifikation auf die Kandidatenorientierungen und die politischen Streitfragen geben kann, sondern auch umgekehrt veränderte Issue- und Kandidatenorientierungen Richtung und Stärke der Parteiidentifikation verändern können (vgl. *Rossi* 1959, S. 39ff.).

Diskussion über die Gewichtung der Effekte

Über diese Anordnung der Effekte gibt es in der empirischen Wahlforschung eine immer wieder auflebende Diskussion. Die zentrale Frage ist dabei, ob Parteiidentifikation denselben analytischen Status hat wie die eher kurzfristig einzuschätzenden Faktoren der jeweils unterschiedlichen Kandidaten und der wechselnden Probleme; oder ob das Konzept der Parteiidentifikation ähnlich wie das der politischen Prädisposition eher langfristig stabilen Charakter hat und daher den beiden kurzfristigen Faktoren kausal vorgelagert ist.

Neben dieser Diskussion um die Konstrukteigenschaft stellte das Problem der Operationalisierung des Konstrukts einen zweiten Gegenstand wissenschaftlicher Auseinandersetzung dar. Die Kritik bezog sich dabei vor allen Dingen darauf, daß mit einer einzigen Frage die Stabilität einer Einstellung nur unzureichend gemessen werden könne.

Operationalisierung von Parteiidentifikation in den sozialstrukturellen Studien

Im Vergleich dazu war in den soziologischen Panel-Studien die politische Prädisposition über verschiedene Indikatoren in mehreren Wellen erhoben worden. Die Einstellung „Parteiidentifikation" wurde erhoben durch die Frage: „Generally speaking, do you think of yourself as a Republican, a Democrat, an independent, or what?", wobei all die, die sich als Republikaner oder Demokrat klassifizierten, gefragt wurden: „Would you call yourself a strong (Republican, Democrat) or a not very strong (Republican, Democrat)?" Befragte, die sich als unabhängig einstuften, wurden zusätzlich gefragt: „Do you think of yourself as closer to the Republican or Democratic Party?" Über diese Fragen wurden die Befragten in einer siebenstufigen Skala klassifiziert in stark (1), schwach (2) und unabhängig (3) neigende Republikaner, Unabhängige (4), unabhängig neigende Demokraten (5), schwache (6) und starke (7) Demokraten.

Der entstehenden Unklarheit über den konzeptuellen Status der Parteiidentifikation (vgl. *Rossi* 1959, S. 41ff.) begegneten *Campbell* u.a., indem sie in der Folgestudie „The American Voter" (1960) Parteiidentifikation explizit als langfristig wirksame Einstellung bezeichneten, die nicht unmittelbar von einer spezifischen Wahlsituation beeinflußt ist und Kandidaten- und Problemorientierung strukturiert:

Zweites individualpsychologisches Konzept

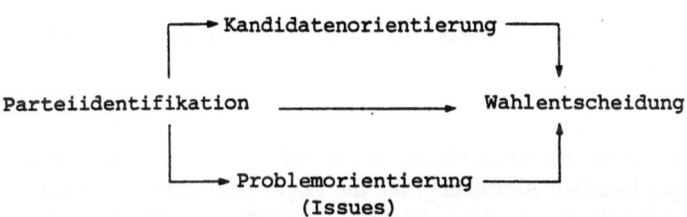

Die Autoren differenzierten in diesem Modell (Six-Component-Model) die Issue- und Kandidatenorientierungen in einen Satz von sechs Einstellungen zu politischen Parteien, die jeweils von der Parteiidentifikation beeinflußt seien: die Einstellung gegenüber dem republikanischen Kandidaten, dem demokratischen Kandidaten, Einstellungen zur Innenpolitik, zur Außenpolitik, gruppenbezogene Einstellungen und Einstellungen gegenüber den politischen Parteien in der Regierung (vgl. dazu auch *Fiorina* 1976).

Parteiidentifikation beeinflußt Einstellungen

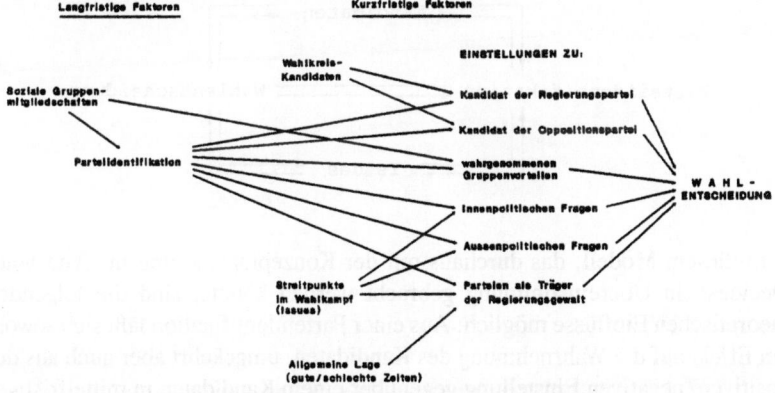

Die folgende, weiterentwickelte Version dieses Modells, in dem neben den sechs Einstellungs-Komponenten weitere kurz- und langfristige Effekte aufgenommen sind, wurde von *Budge, Crewe* und *Farlie* vorgeschlagen (1976, S. 6; s. auch bei *Falter* 1977, S. 480). In diesem Modell ist dargestellt, auf welche Weise die langfristigen Faktoren der sozialen Gruppenmitgliedschaften und der

Parteiidentifikation über den Einstellungsbereich auf die Wahlentscheidung wirkt. Zusätzlich ist hier die Bedeutung des Wahlkampfeinflusses sowie der allgemeinen wirtschaftlichen Lage in ihren mittelbaren Wirkungen auf die Wahlentscheidung berücksichtigt.[10]

Doch selbst gegen dieses ausdifferenzierte Modell wurden eine Reihe von Kritikpunkten vorgetragen, die sich im wesentlichen auf zwei Hauptkritikpunkte (vgl. *Asher* 1983, S. 342) reduzieren lassen:

— Die behaupteten Kausalitäten des Konzeptes seien so nicht zutreffend, d.h. es müßten nicht-rekursive Modelle entwickelt werden.
— Die Variablen seien nicht adäquat gemessen.

4.5 Nicht-rekursive Re-Formulierungen des sozialpsychologischen Basismodells

Der Reiz rekursiver Modelle, wie sie oben dargestellt sind, liegt in der eindeutigen kausalen Anordnung, die die Logik politischer Willensbildungsprozesse vereinfacht und damit leichter verständlich macht. Dazu kommt, daß diese Modelle durch ihre einfachen kausalen wenn-dann-Beziehungen (wenn das Kandidatenimage um x Punkte erhöht werden kann, erhöht sich der Stimmenanteil um y Punkte) zur Formulierung von Sozialtechnologien für Parteien und Regierungen (wenn du einen Stimmengewinn von y % haben willst, mußt du das Kandidatenimage etc. um soviel Punkte erhöhen) sehr viel eher einladen als nicht-rekursive Modelle, in denen alle Variablen in wechselseitigem Zusammenhang stehen. Ein solches Modell könnte etwa folgendermaßen aussehen:

Nicht-rekursives Modell

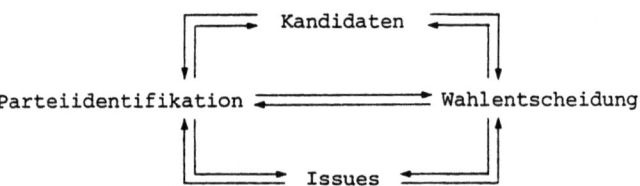

In diesem Modell, das durchaus mit der Konzeptualisierung in „The Voter Decides" in Übereinstimmung gebracht werden könnte, sind die folgenden theoretischen Einflüsse möglich: Aus einer Parteiidentifikation läßt sich sowohl ein Effekt auf die Wahrnehmung des Kandidaten, umgekehrt aber auch aus der positiven/negativen Einstellung gegenüber einem Kandidaten in mittelfristiger Perspektive die Einstellung zu einer Partei verändern. Dasselbe gilt für politische Sachfragen und im Zeitablauf sogar für den Zusammenhang zwischen Wahlentscheidung und Parteiidentifikation. So ist durchaus möglich, daß Wähler, wenn sie erst einmal eine andere Partei gewählt haben, zu einem späteren Zeitpunkt auch eine positive Einstellung dieser Partei gegenüber entwickeln.[11]

Für diese Modelle, die vermutlich am ehesten die gesellschaftliche Realität abbilden — wenn auch einige der Effekte sehr klein sein werden — können die Effektparameter jedoch nicht geschätzt werden; das Modell ist überidentifiziert, d.h. das Gleichungssystem besitzt mehr Gleichungen als Unbekannte. Dennoch lassen sich auf dieser Grundlage eine Reihe von zweitbesten Modellen entwickeln, die dadurch charakterisiert sind, daß die jeweils schwächsten Einflüsse nicht berücksichtigt werden. Die einzuschlagende Analysestrategie ist dabei, jeweils das Modell zu finden, das die verschiedenen Variablen in eine Anordnung bringt, die unter Einhaltung theoretischer Plausibilitäten den Anteil der erklärten Varianz maximieren.

Nicht-rekursive Modelle sind realitätstüchtiger

Eines der interessantesten nicht-rekursiven Modelle für diesen Komplex wurde von *Jackson* (1975) vorgeschlagen, der in das Schätzverfahren zum ersten Mal einen wechselseitigen Einfluß zwischen der Parteiidentifikation eines Befragten und dessen Wahrnehmung der politischen Standpunkte der Kandidaten und Parteien miteinbezog. *Jackson*s Modell hat folgende Form:

Nicht-rekursives Modell von Jackson

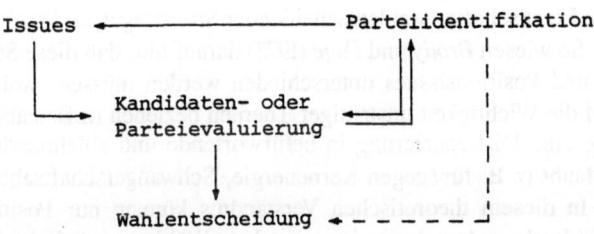

Auf der Basis dieses Modells, nach dem die Parteiidentifikation durch die Wahrnehmung von Parteien und Politikern beeinflußt wird und selbst nur geringe direkte Einflüsse auf die Wahlentscheidung hat, folgert *Jackson,* daß der Effekt der Parteiidentifikation in erster Linie über die Abwägung politischer Streitfragen auf das Wahlverhalten wirksam wird und daher Parteiloyalitäten sich auch ändern, wenn sich die Einstellungen zu den politischen Problemen ändern oder neue politische Probleme auftauchen, die nicht von den etablierten Parteien vertreten werden.

Aus diesem Modell folgt eine fast umgekehrte demokratietheoretische Einschätzung wie etwa aus „Voting" oder „The People's Choice". Bei *Jackson* wird das Bild des informierten, nach politischen Sachfragen entscheidenden, rationalen Wählers entworfen, wobei sich Stabilitäten in der Zuordnung zwischen Parteien und Wählern dann eben herleiten aus der Dauerhaftigkeit, mit der die Parteien und Kandidaten der gleichen Richtung dieselben politischen Standpunkte einnehmen. Sein Modell prüfte *Jackson* allerdings zunächst nur für die amerikanische Präsidentschaftswahl 1964, so daß eine Generalisierung seiner Ergebnisse bisher nicht möglich ist.

Zugrundeliegende Annahme: rationaler Wähler

In ähnlicher Weise lassen sich jedoch auch die Überlegungen von *Markus* und *Converse* (1979) interpretieren. Sie erweitern dieses Konzept durch ein Panel-Design, wodurch es ihnen möglich wird, Parteiidentifikation, Wahlentschei-

59

dung und Issue-Präferenzen zu zwei verschiedenen Zeitpunkten zu untersuchen und die jeweiligen Wechselwirkungen zu berechnen. Sie kommen neben der Feststellung, daß die individuelle Parteiidentifikation relativ stabil ist, d.h. zum großen Teil durch eine frühere Identifikation beeinflußt wird, ebenfalls zur Feststellung, daß die Issue-, Kandidaten- und Parteiidentifikationseffekte die Wahl nicht direkt beeinflussen, sondern daß diese Effekte die Wahrnehmung der Kandidaten steuern und daß darüber die Wahlentscheidung beeinflußt wird[12]. Sie folgern daraus, daß das Konzept der Parteiidentifikation zwar ein relativ stabiles Element darstellt, daß dieses aber erst über die Bewertung von Kandidaten und Parteien zum Bestimmungsgrund der Wahlentscheidung wird.

Aus diesen beiden letzten Beispielen, die teilweise auf der Basis derselben Daten durch eine unterschiedliche kausale Anordnung der analytischen Modelle zu einer grundlegend verschiedenen Konzeptualisierung des Prozesses der politischen Willensbildung kommen, wird deutlich, daß eine Entscheidung darüber, welcher Stellenwert den verschiedenen Faktoren in einer Theorie des Wahlverhaltens zukommen kann, in absehbarer Zeit nicht in Aussicht steht.

Eine Weiterentwicklung dürfte hier allerdings von den Ansätzen zu erwarten sein, die die Eigenschaften wahlentscheidender Streitfragen im Wahlkampf thematisieren. So wiesen *Brody* und *Page* (1972) darauf hin, daß diese Streitfragen in Valenz- und Positionsissues unterschieden werden müssen, wobei erstere sich nur auf die Wichtigkeit unstrittiger Themen beziehen (z.B. stabile Preise) und letztere eine Differenzierung in befürwortende und ablehnende Wählergruppen erlaubt (z.B. für/gegen Kernenergie, Schwangerschaftsabbruch, Todesstrafe). In diesem theoretischen Verständnis können nur Positionsissues wahlentscheidend werden, da sie dem einzelnen Wähler ermöglichen, seine eigene Position zu einer politischen Streitfrage mit der (von ihm wahrgenommenen) Position aller Parteien und Kandidaten zu vergleichen. Nach der Logik rationalen Wahlverhaltens wird er dann die Partei wählen, die seiner eigenen Position am nächsten steht, bzw. die er als am nächsten stehend wahrnimmt.

Dies soll an einem Beispiel verdeutlicht werden: Für den einfachsten Fall, daß vor einer Wahl zwischen den Parteien nur eine einzige Streitfrage kontrovers ist (hier: Position zur Kernenergie), würde ein Wähler, der die folgende Einschätzung der Position der Parteien zu dieser Streitfrage mit seiner eigenen vergleicht, nur die Grünen wählen können.

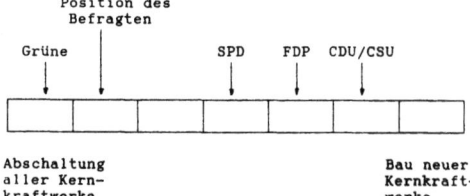

Dieses Konzept des über politische Streitfragen abwägenden Wahlverhaltens (der modifizierte „rationale Wähler") läßt sich auf Designs mit zwei und mehreren Positionsissues erweitern; es stellt dann die Grundlage dar für die Entwicklung von räumlichen Modellen des Wahlverhaltens (Vgl. dazu weiterführend *Enelow* und *Hinich* 1974, 1983).

5 Theoretische Konzepte der empirischen Wahlforschung in der Bundesrepublik Deutschland

Die nach dem Ende des Zweiten Weltkrieges in der Bundesrepublik kriegsbedingt verzögerte Entwicklung der empirischen Wahlforschung stand von Anfang an in der Tradition verschiedener theoretischer Ansätze.

So zeichnete sich die erste umfassende empirisch-quantitative Studie zur Bundestagswahl 1961 (vgl. *Scheuch/Wildenmann* 1968), die an den Universitäten Köln und später Mannheim durchgeführt wurde, dadurch aus, daß in ihr neben theoriegeleiteter Wahlkampfbeobachtung und der institutionellen Analyse der Wirkung verschiedener Wahlsysteme auf die Machtzuweisung in einem Regierungssystem auch die verschiedenen Elemente der soziologischen und sozialpsychologischen Theorie des Wählerverhaltens Eingang fanden. Diese Konzepte wurden allerdings—und das ist typisch für die weitere Entwicklung der empirischen Wahlforschung in der Bundesrepublik—nicht nebeneinander diskutiert, sondern es wurde der Versuch unternommen, die verschiedenen juristischen, wirtschaftlichen, soziologischen und sozialpsychologischen Aspekte miteinander zu verbinden.

Wahlstudie 1961:
— Wahlkampfbeobachtung
— Wirkung von Wahlsystemen
— Soziologische Ansätze
— Sozialpsychologische Ansätze

Die Studie knüpfte mit der Analyse des Wahlkampfes in einer Reihe ausgewählter Orte (München-Land, Heilbronn, Dortmund, Arnsberg-Soest) an die Tradition der *Lazarsfeld*schen „community studies" bzw. der vorangegangenen französischen Wahlgeographie an, setzte aber auch bereits die Panel-Technik ein. Die Analyse des Meinungsbildungsprozesses während des Wahlkampfes wurde ebenfalls sehr detailliert über die Befragung von Politikern, Interessenvertretern, Journalisten sowie über eine Inhaltsanalyse von Zeitungen und Fernsehsendungen erhoben.

In den Repräsentativbefragungen (drei-welliges Panel mit 2000 Personen) wurde schließlich eine Analyse der Parteiwechsler—in der Terminologie von Max *Kaase* „Wechselwähler" (1968, S. 113)—durchgeführt, eine Typologie der Wechselwähler entwickelt (ebenda), sowie der Versuch unternommen, das Konzept der „party identification"—in der Terminologie von Werner *Zohlnhöfer* „Parteiidentifizierung" (1968, S. 126ff.)—auf die Erklärung des politischen Willensbildungsprozesses der Bundesrepublik zu übertragen.

Sowohl die Bundestagswahlstudie 1961 wie alle darauf folgenden Studien, die jeweils anläßlich von Bundes- oder Landtagswahlen durchgeführt wurden, entwickelten sich entlang zweier großer Fragestellungen:

Zwei Fragestellungen:

— Übertragbarkeit	— Inwieweit lassen sich die in anderen Ländern, vor allem in den USA, entwickelten Konzepte der empirischen Wahlforschung auf deutsche Verhältnisse übertragen und entsprechend fortentwickeln?
— Meßprobleme	— Mit welchen Instrumenten lassen sich diese in der empirischen Realität vermuteten Konstrukte messen, d.h. quantitativ abbilden und ihre Effekte auf politisches Verhaltens berechnen? Diese Meßproblematik ist, wie im folgenden gezeigt werden soll, besonders ausgeprägt im sozialpsychologischen Modell.

5.1 Probleme der Operationalisierung von Parteiidentifikation

Wie in den Vereinigten Staaten läßt sich auch in der Bundesrepublik eine relativ hohe Stabilität von Wählerstrukturen feststellen. Auf diesem Hintergrund hat es auch in der Bundesrepublik verschiedene Versuche gegeben, dieses stabilisierende Element als individuellen Faktor der Wahlentscheidung analytisch zu bestimmen, um auf dieser Grundlage entsprechende Modelle der Wechselwirkung zu Kandidaten und politischen Streitfragen berechnen zu können.

Operationalisierung von Parteiidentifikation

Das erste Problem war dabei, wie man die amerikanische Frage nach der Parteiidentifikation im deutschen Sprachverständnis angemessen übersetzen könnte. Dabei war zunächst klar, daß eine direkte Übersetzung etwa der Art „Würden Sie sich eher als Christdemokrat oder Sozialdemokrat bezeichnen?" bei der in der Bundesrepublik noch immer verbreiteten Anti-Parteien-Haltung nur den ganz harten Kern der Parteianhängerschaft und nicht die beabsichtigte, weitergefaßte psychologische Mitgliedschaft erfassen würde. Auf diesem Hintergrund schlug *Zohlnhöfer* zur Messung die Frage vor: „Würden Sie mir bitte sagen, welche politische Partei Ihnen am besten gefällt?", und falls eine Partei genannt wird anschließend: „Würden Sie sagen, daß Sie ein überzeugter Anhänger der (angegebenen Partei) sind, oder würden Sie eher sagen, daß Sie die (angegebene Partei) bevorzugen, weil sie Ihnen bei der jetzigen Situation besser geeignet erscheint?"

Mit dieser Fragestellung erfaßte *Zohlnhöfer* 1961 72,5 % „Parteianhänger" in der Bundesrepublik. Da dieser Wert der amerikanischen Verteilung (76,5 %) sehr ähnlich war, folgerte er, daß die jeweils analysierten Erscheinungen in beiden Systemen von gleichem Gewicht seien (vgl. *Zohlnhöfer* 1968, S. 133).

Durch veränderte Fragestellung: 54% bzw. 29% statt 73%

Die Gültigkeit dieser Fragestellung wie auch des Konzepts wurden allerdings nachhaltig in Frage gestellt, als 1967 eine etwas veränderte, der amerikanischen Frage angenäherte Frageform nur noch einen Anteil von 54 % Parteianhängern ergab. Diese Frage lautete: „Ganz allgemein gesprochen — betrachten Sie sich als CDU/CSU-Anhänger, als SPD-Anhänger, als FDP-Anhänger, als NPD-Anhänger, als Anhänger einer anderen Partei oder fühlen Sie sich keiner Partei besonders verbunden?" Wenn Anhänger: „Sind Sie überzeugter Anhänger der... oder sind Sie nicht besonders überzeugt?" (vgl. *Kaase* 1976, S. 86ff.).

Die Zweifel am Konstrukt erhöhten sich, als sich in der zweiten Welle dieser Panelstudie im August 1969 nach einer erneut veränderten Fragestellung nur noch knapp 29 % als Parteianhänger bezeichneten. Dieses Ergebnis war zunächst inhaltlich als drastische Verringerung der Gruppe der Parteianhänger gewertet worden. Ein anschließend durchgeführter Test, bei dem man in einem ansonsten gleichen Interview der Hälfte der Befragten die ursprüngliche und der anderen Hälfte die veränderte Frage vorlegte (split-half test), zeigte jedoch, daß die erneute Abweichung darauf zurückzuführen war, daß in der zweiten Frage die Parteinamen weggelassen wurden. Diese Frage lautete: „Ganz allgemein gesprochen, betrachten Sie sich als Anhänger einer bestimmten politischen Partei oder fühlen Sie sich keiner Partei besonders verbunden? (Falls ja und Partei genannt:) Halten Sie sich für einen überzeugten Anhänger der... oder nicht?" (Vgl. dazu *Kaase* 1976; S. 86ff., *Falter* 1977) Neue Fragestellung nach „Parteineigung"

Aus diesem Dilemma, mit der Anhängerfrage die Gruppe der Identifizierer zu klein, mit der Frage danach, welche Partei am besten gefällt, zu groß zu schätzen, wurde eine Frage entwickelt, in der die Nähe zu einer Partei als „Parteineigung" bezeichnet wurde. Diese Frage hat den Wortlaut: „Viele Leute in der Bundesrepublik neigen längere Zeit einer bestimmten politischen Partei zu, obwohl sie auch ab und zu einmal eine andere Partei wählen. Wie ist das bei Ihnen: Neigen Sie — ganz allgemein gesprochen — einer bestimmten politischen Partei zu? Wenn ja, welcher?" und falls der Befragte einer Partei zuneigte: „Wie stark oder wie schwach neigen Sie — alles zusammengenommen — dieser Partei zu: sehr stark, ziemlich stark, mäßig, ziemlich schwach oder sehr schwach?" Da diese Fragestellung sowohl hinreichend explizit war, indem sie den gemeinten Sachverhalt (längere Neigung, die auch einmal kurzfristig durch andere Faktoren beeinflußt werden kann) konkret ansprach, als auch etwa 3/4 der Wähler als Parteineiger klassifizierte, hat sie sich als eine der Standardfragen in der deutschen Wahlforschung durchgesetzt.

Diese Art der Fragestellung stand allerdings erst ab 1972 zur Verfügung, so daß davorliegende Analysen zur Stärke der Parteiidentifikation mit anderen Indikatoren durchgeführt werden mußten. Eine solche Alternative zur Parteiidentifikationsfrage sind die seit 1961 regelmäßig erhobenen Sympathieskalometer für die politischen Parteien. Diese Sympathieskalometer sollen die auf der Sympathie-Antipathie-Dimension liegende psychologische Nähe zu einer Partei abbilden. Das gemessene Konstrukt ist daher auch als „affektive Parteiorientierung" bezeichnet worden. Die entsprechende Fragestellung lautet: Affektive Parteiorientierung

„Und nun würde mich interessieren, wie Sie heute über die folgenden Parteien, die CDU, die CSU, die SPD, die FDP (und ab 1980 die GRÜNEN) denken: Hier haben wir eine Skala, mit deren Hilfe Sie Ihre Meinung abstufen können. Je weiter Sie auf den hellen Kästchen nach oben gehen, umso mehr halten Sie von der betreffenden Partei; je weiter Sie auf den dunklen Kästchen nach unten gehen, umso weniger halten Sie von der Partei. Ganz allgemein: Wie würden Sie die einzelnen Parteien einstufen? Was halten Sie von der...?" Sympathieskalometer

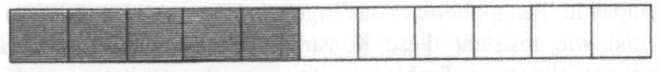

In einer alternativen Form hat diese Skala die Form eines Thermometers, auf dem die Negativtemperaturen mit dunklen und die Positivtemperaturen mit hellen Kästchen angegeben sind. Diese gewählte Anordnung basiert auf den Erfahrungen der Meßtheorie, nach denen abstrakte theoretische Begriffe in ein numerisches System übertragen (gemessen) werden können, wenn zu letzterem ein unmittelbarer Bezug hergestellt werden kann. Die Thermometereinteilung hat darüber hinaus den Vorteil, daß dieser Bezug auch noch über die zwei großen Kategorien Wärme (=Zuneigung) und Kälte (=Ablehnung) hergestellt werden kann.

<small>Sieben-Punkte-Skala von *Baker* u.a.</small> Auf dieser Grundlage sind verschiedene Schätzverfahren für die Messung von Parteiidentifikation entwickelt worden, wovon die von *Baker*, *Dalton* und *Hildebrandt* (1981, S. 199ff.) entwickelte Sieben-Punkte-Skala dem amerikanischen Vorbild am nächsten kommt:

Um eine Übereinstimmung in der Weise herzustellen, daß die Skala von CDU/CSU stark (1), mäßig (2) und schwach (3) über indifferent (4), SPD schwach (5), mäßig (6) und stark (7) reichen kann und damit auch für Analysen mit ordinalen Zusammenhangsmaßen verwendet werden kann, mußten die Autoren allerdings auf die Einstufung der FDP verzichten.

Die Skala wird gebildet, indem alle Befragten, die eine Partei auf dem höchsten Wert (+5) einstufen, als „starke" Parteianhänger den Wert 1 bzw. 7 erhalten; alle die, die eine Partei mit +4 bewerten und der anderen vorziehen, erhalten die Werte 2 bzw. 6; alle die, die eine Partei mit Werten von 3 und darunter einstufen, diese aber noch immer der anderen Partei vorziehen, erhalten als schwache Parteieiger die Werte 3 und 5; und alle die, die die beiden Parteien gleich einstufen, den Wert 4. Über dieses Einstufungsverfahren, das ab 1972 sehr eng mit der Parteiidentifikationsfrage korreliert, klassifizieren die Autoren durchschnittlich 85 % der deutschen Wählerschaft als Parteieiger (vgl. *Baker* u.a. 1981, S. 203).

<small>Aufstellen einer Parteien-Rangordnung</small> Als eine dritte Alternative der Operationalisierung von Parteibindung wurde die von einem Befragten vorzunehmende Rangordnung der Parteien vorgeschlagen. Diese Rangordnung wird etwa mit der folgenden Frage erhoben (vgl. *Kaase* 1976, S. 88): „Hier sind (nochmals) 5 Karten. Auf diesen Karten stehen die Namen von politischen Parteien. Würden Sie bitte diese Karten danach ordnen, wie Ihnen die Parteien gefallen. Ganz oben soll dann die Partei liegen, die Ihnen am besten gefällt usw. Ganz unten liegt dann die Partei, die Ihnen am wenigsten gefällt." Auch diese Rangordnungen stehen mit der Parteiidentifikationsfrage in engem Zusammenhang: In einer 1969 durchgeführten Umfrage stuften alle Befragten, die eine starke Neigung zur CDU/CSU angaben, diese Partei auch auf dem ersten Rang ein.

<small>Problem: Validität</small> Das Problem bei der Verwendung von Sympathieskalometern wie von Rangordnungen ist, daß darüber — und hier wird die Verwandtschaft zum amerikanischen Vorbild deutlich — nicht entscheidbar wird, ob die gemessene Einstellung (Sympathie, Rangpräferenz) das Ergebnis lang- oder kurzfristiger Faktoren ist und wie resistent diese Konstrukte entsprechend sind. Das hier angesprochene, allgemeine Problem im Zusammenhang mit den verschiedenen

zur Messung von Parteiidentifikation ist das der Validität der verschiedenen Erhebungsinstrumente, d.h. die Frage, ob diese Instrumente tatsächlich das messen, was sie vorgeben. Im Fall der Parteiidentifikation soll das eine längerfristig stabile politische Prädisposition sein, die von aktuellen Tagesfragen oder jeweiligen Kandidaten der Parteien unabhängig ist. Die Ungewißheit darüber, was die verschiedenen Instrumente zum Konstrukt der Parteiidentifikation tatsächlich messen, ist dabei so alt wie die Parteiidentifikationsforschung in der Bundesrepublik selbst.

Auf diesem Hintergrund trägt ein Vorschlag von *Gluchoswki* (1983), die Inhalte des Konstrukts der Parteiidentifikation mit einer multiplen Indikatorenanalyse zu untersuchen, zur konzeptionellen Klärung der theoretischen Zusammenhänge bei. *Gluchowski* ging in Anlehnung an die Vorüberlegungen der Michigan-Schule davon aus, daß das Konzept der Parteiidentifikation durch fünf Elemente beschrieben werden kann: *Multiple Indikatorenanalyse*

Fünf Komponenten der Parteiidentifikation

— eine affektive Kompomente, die auch als Sympathiekomponente bezeichnet werden kann;
— die Komponente des Bezugsgruppeneinflusses, die dadurch beschrieben ist, daß ein Individuum die politischen Argumente der Partei übernimmt und darüber das eigene Einstellungssystem entwickelt;
— eine konative Komponente, die dadurch beschrieben ist, daß das Individuum die Partei normalerweise wählt;
— eine Stabilitätskomponente, die die Dauerhaftigkeit der psychischen Beziehung ausdrückt;
— die Komponente des individuellen Nutzens, die die Notwendigkeit der Bezugsgruppenbeziehung mit der Senkung von Informationskosten für das Individuum erklärt (vgl. *Gluchowski* 1983, S. 467ff.).

Um zu prüfen, welches Gewicht diesen Elementen in der Parteiidentifikationsfrage im einzelnen zukommt, legte *Gluchowski* in einer Studie allen Befragten, die im Interview angaben, einer Partei zuzuneigen, zusätzlich die folgende Liste von Begründungen vor, mit der Bitte, jeweils den Grad der Zustimmung mitzuteilen:

1. Mir bedeutet diese Partei viel. Es ist mir nicht gleichgültig, was mit ihr passiert. *Gründe für Parteineigung*
2. Ich fühle mich dieser Partei schon länger verbunden.
3. Ich unterstütze bei fast jeder Wahl diese Partei mit meiner Stimme.
4. Ich kann mich der Meinung fast immer anschließen, die die Partei in wichtigen politischen Fragen vertritt.
5. Die Meinung, die diese Partei in wichtigen politischen Fragen vertritt, hilft mir, um mich in der Politik zurechtzufinden.
6. Die Partei an sich bedeutet mir weniger, aber sie macht zur Zeit die bessere Politik.
7. Die Partei an sich bedeutet mir weniger, aber sie hat zur Zeit die besseren Politiker.
8. Ich mag keine Partei besonders, aber diese ist für mich das kleinere Übel.

9. Im Grunde sind mir alle Parteien egal, aber man muß sich ja für eine entscheiden.
10. Ich fühle mich dieser Partei nicht besonders verbunden, allerdings habe ich sie in der Vergangenheit oft gewählt.

Parteineigung = Parteiidentifikation und/oder situative Parteipräferenz und/oder habituelle Parteipräferenz

Auf dieser Liste entsprechen die ersten fünf Items den oben genannten fünf Komponenten, die zusammengenommen als eigentliche Parteiidentifikation bezeichnet werden können. Die Statements 6 und 7 stellen die Operationalisierung einer situativen Parteipräferenz dar, die durch das Abwägen der politischen Alternativen gekennzeichnet ist. Die Statements 8, 9 und 10 wurden entwickelt als Indikatoren für die habituelle Parteipräferenz, die sich darin ausdrückt, daß man diese Partei eben schon immer gewählt hat.

Diese drei Begründungskomponenten ließen sich auf der Grundlage einer Faktoranalyse als jeweils eigenständige Bedeutungsdimensionen nachweisen, wobei der erste Faktor (Parteiidentifikation) 31,8 %, der zweite 20,6 % und der dritte 10,5 % der Varianz erklärten. Dies bedeutet, daß der Meßfehler für dieses Konstrukt eine nicht zu vernachlässigende Höhe aufweist:

„Bei dem Indikator ‚Parteineigung' sind 18 % der gemessenen Parteipräferenzen keine Parteiidentifikation im engeren Sinne" (*Gluchowski* 1983, S. 471f.).

Das Ergebnis dieser Analyse kann als starke Bestätigung des Konzepts der Parteiidentifikation für die Bundesrepublik gewertet werden. Ebenso ist die berichtete Meßgenauigkeit (82 %) für ein sozialwissenschaftliches Konzept außergewöhnlich hoch. Aus diesem Ergebnis folgt jedoch, daß dann, wenn die Parteieignerfrage zu 18 % situationsbedingte oder habituelle Parteibindung mißt, alle bisher gewonnenen Resultate über die langfristige Stabilität des Konzepts mit Vorsicht zu interpretieren sind. Das gilt auch für das auf der Grundlage des Konzepts der Parteiidentifikation entwickelte Modell der Normalwahlanalyse.

5.2 Die Normalwahlanalyse — Wechselbeziehungen zwischen Parteiidentifikation, Kandidaten und Sachfragen

Die im amerikanischen Kontext von *Converse* (1966) entwickelte Methode der Normalwahlanalyse (Normal-Vote-Analysis) stellt die technische Umsetzung des sozialpsychologischen Konzepts in ein quantitatives Meß- und Schätzmodell dar. Dieses oben dargestellte Konzept ist darauf ausgelegt, das Wahlergebnis in Abhängigkeit von Parteiidentifikation und Einstellungen zu politischen Sachfragen und Spitzenkandidaten der Parteien vorherzusagen, bzw. in einer ex-post Analyse Angaben darüber zu machen, wie stark die jeweiligen Einzeleffekte die Wahlentscheidung beeinflußt haben.

Dabei wird davon ausgegangen, daß die gemessene Parteiidentifikation eine langfristige Komponente darstellt, die die beiden kurzfristigen Elemente beeinflußt. Geschätzt werden die verschiedenen Parameter dadurch, daß zunächst die Wählerschaft (Stichprobe) eingeteilt wird nach starker und schwacher Identifikation mit den beiden Parteien und in Unabhängige, um dann zunächst die

Wahlbeteiligungsraten und die Anteile für die Parteien in diesen Gruppen zu berechnen. Die Normal-Vote in jeder dieser Gruppen wird berechnet durch einen Mittlungsprozeß über verschiedene Wahlen hinweg. Diese Normal-Vote kann prinzipiell auch für jede sozialstrukturell definierte Gruppe berechnet werden. Aus diesen Werten lassen sich dann durch Interpolation die für die darauffolgende Wahl zu erwartenden Werte in jeder der einzelnen Kategorien schätzen. Auf dieser Grundlage können dann die für jede Identifikationsgruppe (bzw. sozialstrukturell definierte Gruppe) typischen Abwanderungsraten und damit die Stärke der jeweiligen von Parteiidentifikation freien Kurzfrist-Effekte berechnet werden. Als Langfristeffekte können entsprechend die Differenzen in den Normalwahlverteilungen *zwischen* den einzelnen Wählergruppen interpretiert werden. Dazu können sowohl die Differenzen zwischen verschiedenen Identifikationsgruppen als auch zwischen sozialstrukturellen Gruppen herangezogen werden.

Eine solche Normalwahlanalyse haben *Falter* und *Rattinger* (1983) anläßlich der Bundestagswahl 1980 zum ersten Mal für die Bundesrepublik durchgeführt. Eine ihrer Fragestellungen war dabei, inwieweit der Wahlerfolg der SPD durch die Person des Bundeskanzlers *Schmidt* begünstigt wurde und wie etwa die CDU/CSU mit einem anderen Kanzlerkandidaten als Franz-Josef *Strauß* abgeschnitten hätte. Normalwahlanalyse von *Falter/Rattinger* zur Bundestagswahl 1980

Für die Übertragung des Konzepts auf das politische System der Bundesrepublik sahen sich die Autoren dabei vor drei Probleme gestellt: Übertragunsprobleme

— das Fehlen von Zeitreihen zur Parteiidentifikation, die über einen längeren Zeitraum mit demselben Meßinstrument erhoben worden sind,
— die Existenz der FDP als dritter Partei, die eine unmittelbare Übertragung des eindimensionalen Parteiskalometers erschwert,
— das wiederholt festgestellte Auseinanderfallen von erfragten Wahlabsichten und tatsächlichen Wahlergebnissen; ein Problem, das allerdings im deutschen Fall mit Hilfe der repräsentativen Wahlstatistik korrigiert werden konnte.

Neben der Parteiidentifikationsfrage wurden in dieser Analyse für den Kandidateneffekt Sympathieskalometer verwendet, die denen der Parteisympathieskalometer ähnlich sind. Analyse der Kandidateneffekte

Für die Berechnung der Issue-Effekte wurde u.a. die folgende Liste politischer Probleme vorgelegt: Berechnung der Issue-Effekte

— Alterssicherung,
— Sicherung der Preise,
— bessere Ausbildungsmöglichkeiten,
— gutes Verhältnis zu den USA,
— besseres Verhältnis zur Sowjetunion,
— Wiedervereinigung Deutschlands,
— Sicherung vor russischem Angriff,
— Sauberkeit im Staat,
— Sicherung der Arbeitsplätze.

Nachdem die Befragten zunächst gebeten wurden, die persönliche Bedeutung jedes dieser politischen Probleme anzugeben, wurde die Kompetenzzuschreibung zur Lösung dieser Probleme (Issue-Kompetenz) mit der Frage erhoben: „Und nun sehen Sie einmal völlig davon ab, welche Partei Ihnen persönlich am sympathischsten ist. Was meinen Sie: Welche Partei kann mit dem Problem (...) am besten fertig werden: die SPD; die CDU/CSU oder die FDP?"

Erhebung der Wahlabsicht   Zur Erhebung der Wahlabsicht verwenden die Autoren sowohl die sogenannte „Sonntagsfrage" als auch das Verfahren der Wahlsimulation:

— Die Sonntagsfrage hat ihre Bezeichnung von ihrer spezifischen Fragenformulierung: „Wenn am nächsten Sonntag Bundestagswahl wäre, welche Partei würden Sie dann wählen?" (danach: Vorlage einer Liste oder Verlesen der kandidierenden Parteien).

— Das Verfahren der Wahlsimulation wurde entwickelt aus der Vermutung, daß bei einer quasi-öffentlichen Situation, wie sie ein Interview darstellt, die Wahrscheinlichkeit besteht, daß Befragte sich in für ihre Partei ungünstigen Situationen nicht zu ihr bekennen und damit in der entsprechenden Umfrage deren Stimmenanteil unterschätzt wird. Bei der Wahlsimulation wird den Befragten deshalb ein Bundestagswahl-Stimmzettel vorgelegt, mit der Bitte, diesen Stimmzettel, während sich der Interviewer abwendet, anzukreuzen (Erst- und Zweitstimme) und dann im verschlossenen Umschlag zurückzugeben.

Es hat sich allerdings gezeigt, daß beide Verfahren zu etwa gleichen Ergebnissen führen, bzw. daß das Verfahren der Wahlsimulation nicht geeignet ist, die wiederholt feststellbaren Über- bzw. Unterschätzungen der Wahlergebnisse zu verhindern, womit die Korrektur der Wahlabsichtsfrage auch in dieser Analyse notwendig wurde.

Die Autoren kommen zum Ergebnis, daß in der Bundesrepublik Deutschland die Voraussetzungen für die Anwendung des „analytisch eleganten" Modells der Normalwahl gegeben sind und daß das Verfahren, wenn auch mit beträchtlichem methodischen und rechnerischen Aufwand, auf das Regierungssystem der Bundesrepublik übertragen werden kann.

Ergebnis: Stabilität der Parteibindung in der BRD höher als in den USA   Im Hinblick auf die zentrale Frage nach der Stabilität der Zuordnung zwischen Parteien und Wählern kommen sie zu Effektparametern, die die in den USA gefundenen Werte sogar noch übertreffen:

> „In der Bundesrepublik mit ihren in Parteiloyalitäten geronnenen Cleavage-Strukturen ist die Wirkung des durch die Parteiidentifikation definierten Langzeit-Faktors im Vergleich zu den kurzfristigen Einflüssen deutlich stärker ausgeprägt als in den Vereinigten Staaten. Mit anderen Worten: Kurzfristige Bestandteile der politischen Ausgangslage wie Kandidatenpersönlichkeiten und tagespolitische Auseinandersetzungen haben erheblich weniger Einfluß auf das Wahlverhalten 1980 gehabt als die tradierten Parteibindungen. Einen stärkeren Kurzzeit-Effekt haben vor allem die Zuweisung von Problemlösungskompetenzen an die Parteien, hauptsächlich auf sozial- und wirtschaftspolitischem Gebiet sowie die Einstellungen gegenüber den beiden Spitzenkandidaten von Koalititon und Opposition ausgeübt" (*Falter/Rattinger* 1983, S. 418).

Indem die Autoren in das Schätzverfahren die Kontrolle von Drittvariablen einführten, konnten sie darüber hinaus zeigen, daß

„1980 der Kandidateneffekt den Einfluß von Sachorientierungen bei weitem überwog. Man kann zwar aufgrund dieser Ergebnisse nicht sagen, daß die Unionsparteien wegen Franz-Josef Strauß die Wahl verloren haben, wohl aber kann als gesichert angesehen werden, daß die Union bei ansonsten unveränderter Ausgangslage mit einem beliebteren Kanzlerkandidaten 1980 besser abgeschnitten hätte" (*Falter/Rattinger* 1983, S. 418).[13]

Im Vergleich zu den oben skizzierten Verfahren der Wahlgeographie, politischen Ökologie und der Wahlkampfbeobachtung bringt die Normal-Vote-Analyse oder etwa auch die mit den gleichen Variablen durchgeführten regressionstechnischen Schätzungen der Effekte, wie sie etwa von *Klingemann* und *Taylor* (1977) anläßlich der Bundestagswahl 1976 durchgeführt wurden, den großen Vorteil, daß sie nicht nur lang- und kurzfristige Effekte politischer Willensbildung berücksichtigen, sondern diese Effekte quantitativ — in Form von Effektparametern oder Regressionskoeffizienten — ausdrücken und dadurch einen exakten Vergleich über die Wirkungen der verschiedenen Effekte über die Zeit und über verschiedene Länder hinweg ermöglichen.

Vorteil der Normalwahlanalyse

Abgesehen von der bereits erwähnten Meßproblematik ist gegen dieses Konzept eingewendet worden, daß es zwar zeigen kann, daß verschiedene Issues oder auch Kandidaten positive oder negative Effekte auf die Wahlentscheidung hatten, daß es aber nicht erklärt, warum diese Effekte bei einzelnen Personen auftreten, d.h. wie Personen dazu kommen, einen Standpunkt zu verschiedenen Issues einzunehmen. Hier wird, durchaus in Anknüpfung an die theoretischen Ausführungen von *Simmel, Siegfried* und *Lazarsfeld*, von den Vertretern der Cleavage-Theorie auf die vermittelnde Funktion der unterschiedlichsten sozialen Gruppen hingewiesen.

Kritik an der Normalwahlanalyse

5.3 Die Cleavage-Theorie — Wähler im Spannungsfeld sozialer Gruppen

Aus der Tatsache, daß die individualpsychologische Theorie des Wählerverhaltens die Effekte sozialer Strukturen, Kontexte politischer Tradition sowie politischer Institutionen nicht in die Erklärung politischen Verhaltens einbezieht, ist sie sowohl von einer eher historisch orientierten Politikwissenschaft als auch von Vertretern einer Bezugsgruppentheorie politischen Verhaltens unter Kritik geraten.[14]

Die Vertreter einer Bezugsgruppentheorie, wie sie etwa in der Cleavage-Theorie von *Lipset* und *Rokkan* formuliert ist, sprechen sich für eine Berücksichtigung der in einer Gesellschaft zentralen sozialstrukturell vermittelten Konflikte aus. Ihre Begründung dafür ist allerdings nicht, daß sozialstrukturelle Merkmale einen direkten, objektiven Einfluß auf politisches Verhalten hätten, sondern daß sie über die Deutungsleistungen der verschiedenen sozialen und gesellschaftlichen Gruppierungen, die sich entlang dieser Konfliktstrukturen organisieren, politisch wirksam werden. Diese Organisationen, wie z.B. Gewerkschaften, Mittelstandsvereinigungen, Kirchen, Bauern- und Vertriebenenverbände, aggregieren sektorale Sonderinteressen unterhalb der gesamtstaatlichen Ebene und artikulieren diese Interessen im nationalen Willensbil-

Berücksichtigung sozialstrukturell vermittelter Konflikte

dungsprozeß. Sind in bestimmten politischen Streitfragen die Interessenpositionen der entsprechenden sozialen Gruppierungen tangiert, so definieren sie, gegebenenfalls gestützt durch innerverbandliche Willensbildungsprozesse, die Issue- Position der sozialen Gruppierungen.

Diese hochaggregierte Form der Willensbildung, an der nur noch wenige kollektive Akteure teilnehmen (müssen) und die auch als „Neo-Korporatismus" bezeichnet worden ist (vgl. *Alemann/Heinze* 1979), ist für hochentwickelte Demokratien typisch; sie wurde beispielsweise in der Bundesrepublik unter dem damaligen Wirtschaftsminister Schiller in Form der „Konzertierten Aktion" sogar institutionalisiert.

<small>Cleavages = Koalitionen zwischen Parteieliten und gesellschaftlichen Gruppen</small>

Auf diesem Hintergrund ist von den Vertretern der Bezugsgruppentheorie vorgeschlagen worden, die gesellschaftlichen Konfliktstrukturen, die Cleavages, am besten als Koalitionen zwischen Parteieliten und bestimmten sozialen Gruppen aufzufassen. Grundlage dieser Partei-Wähler-Koalitionen sind dann die jeweils verschiedenen Interessenpositionen in Bezug auf die unterschiedlichsten politischen Streitfragen. Da in modernen Wohlfahrtsstaaten die Funktion des Parlaments und damit auch der sie tragenden Parteien zunehmend über die Rolle als „Richter über Sozialinteressen" definiert ist und die Berücksichtigung dieser Sozialinteressen über das Gesetzgebungsverfahren geregelt wird, müssen sich diese Gruppen an die Parteien wenden, die im parlamentarischen Gesetzgebungsverfahren ausschließlich entscheiden können. Sie vertreten die verschiedenen Interessenpositionen und können dafür mit der elektoralen Unterstützung aus den unterschiedlichen gesellschaftlichen Sektoren rechnen.

Die Koalitionen zwischen politischen Eliten und den entsprechenden gesellschaftlichen Gruppen werden dabei anläßlich neu auftauchender politischer Interessenkonflikte nicht jeweils neu ausgehandelt, sondern auf der Basis der vorher entstandenen Koalititon. Diese bereits bestehenden Koalitionen schränken somit den Handlungsspielraum der politischen Eliten erheblich ein. Sie können mit Rücksicht auf ihre Wähleranteile neue Koalitionen nur dann risikolos eingehen, wenn diese Interessen nicht den bisher vertretenen Gruppierungen entgegengesetzt sind. Daraus resultiert auf der anderen Seite die große Stabilität der politisierten Sozialstruktur in einem politischen System.

<small>Beispiel: Cleavages im deutschen Parteiensystem</small>

Dieser Zusammenhang sei an einem Beispiel verdeutlicht: In Deutschland existiert die traditionelle Koalition zwischen Arbeiterschaft und Sozialdemokratie. Diese Koalition reicht zurück in die beginnende Industrialisierung Mitte des letzten Jahrhunderts. In dieser historischen Phase bildete sich der neue „vierte Stand", die Arbeiterschaft. Parallel zur sozialen Erstarkung und gesellschaftlichen Organisation dieser sozialen Gruppierung gelang es der entstehenden Sozialdemokratie, diese Gruppe politisch zu mobilisieren und in allen weiteren sozialen Konflikten politisch zu vertreten. Da auf der anderen Seite dieses Konfliktes im wesentlichen die selbständige Unternehmerschaft, der alte Mittelstand, vertreten durch die konservativen Parteien, stand, konnte die Sozialdemokratie nach dem Ende des 2. Weltkrieges mit dem Bad Godesberger Programm von 1959 ihren politischen Vertretungsanspruch risikolos auf die in diesem Konflikt eher neutralen neuen Mittelschichten von Angestellten und Beamten ausweiten.

Dieser Ausweitung entspricht die Änderung von der Arbeiter- zur Arbeitnehmerpartei. Eine schwerpunktmäßige Vertretung der Unternehmerschaft oder des selbständigen Mittelstandes durch die SPD wäre dabei nicht möglich, ohne daß die Unterstützung der Kerngruppe des traditionellen Interessengegensatzes, der gewerkschaftlich organisierten Arbeiterschaft, zusammenbrechen würde.

Am Beispiel der Bundesrepublik läßt sich die Wirkungsweise der politisierten Sozialstruktur analytisch nachzeichnen.[15] Diese Analyse geht zunächst davon aus, daß Wähler-Parteien-Koalitionen auf individueller Ebene nur in dem Umfang politisch verhaltenswirksam werden können, wie sie in der Bevölkerung bekannt sind und auf diesem Wege dem einzelnen Wähler erlauben, eine Identifikation mit einer der Parteien herzustellen.

Um den Bekanntheitsgrad der Zuordnung zwischen Wählern und Parteien in der deutschen Bevölkerung zu quantifizieren und darüber Hypothesen zur Wirksamkeit politischer Konfliktstrukturen in der Bundesrepublik aufstellen zu können, wurden in den Kieler Bundestagswahlstudien von 1976 bis 1987 den Befragten eine aus der Konfliktstruktur der Bundesrepublik abgeleitete Liste gesellschaftlicher Gruppierungen vorgelegt mit der Frage: „Es wird oft behauptet, daß sich Parteien für einige Gruppen mehr, für andere Gruppen weniger einsetzen. Bitte sagen Sie mir nun zu jeder Gruppe, die ich Ihnen jetzt vorlese, welche Partei sich Ihrer Ansicht nach am ehesten für diese Personengruppe einsetzt: die CDU/CSU, die SPD, die FDP oder (ab 1983) die GRÜNEN?" Die sich aus dieser Fragestellung ergebenden Einstellungsverteilungen finden sich zusammengefaßt in Tab. 1.

Untersuchung über die Wahrnehmung von Wähler-Parteien-Koalitionen

Vergleicht man in Tab. 1 zunächst einmal alle Werte für 1976, so lassen sich daraus die traditionell gewachsenen und auch noch heute in dieser Deutlichkeit von der Wählerschaft wahrgenommenen Wähler-Parteien Koalitionen ablesen. Dies sind in der Bundesrepublik vor allem der konfessionelle und der Klassen-Cleavage.

Zwei traditionelle Cleavages:

So läßt sich aus der ersten Zeile dieser Tabelle ersehen, daß 81,9 % aller Befragten die SPD, aber nur 16,7 % die CDU/CSU und 1,5 % die FDP als Partei nennen, die sich für die Arbeiter einsetzt. Diese Verteilung ist genau spiegelbildlich im Hinblick auf die Unternehmer. Hier nennen nur 5,5 % die SPD als Partei, die sich für Unternehmer einsetzt, während dies für die CDU/CSU 81,0 % und für die FDP 13,5 % sind. Diese beiden Verteilungen korrespondieren mit dem zentralen, über Sozialstruktur und Parteiensystem auch noch heute wirksamen Klassenkonflikt in der Bundesrepublik.

– Klassenkonflikt

Der zweite große gesellschaftliche Konflikt, der in Deutschland im Laufe der letzten 100 Jahre seine politische Entsprechung gefunden hat, ist die konfessionelle Trennungslinie. Dieses Cleavage geht zurück auf die Mobilisierung des politischen Katholizismus durch die Zentrumspartei während des Kulturkampfes im Deutschen Kaiserreich. Diese Spannungslinie, auf der vor allem die liberalen Parteien dem Zentrum gegenüberstanden, hat sich über die Weimarer Republik hinweg bis zum Ende des Zweiten Weltkrieges erhalten. Auf der Basis der über die deutsche Teilung vollzogenen Ausgliederung des im Deutschen Reich dominanten protestantischen Preußen gelang in der Anfangsphase der

– Konfessioneller Konflikt

Tabelle 1: **Politische Cleavages im deutschen Parteiensystem 1976 - 1987**

Es setzt sich ein für:	Erhebungsjahr	CDU CSU %	SPD %	FDP %	GRÜNE %	Gesamt %
Arbeiter	1976	16,7	81,9	1,5	—	100
	1980	18,8	79,8	1,1	—	100
	1983	20,4	77,5	0,8	1,3	100
	1987	20,4	76,8	1,2	1,6	100
Unternehmer	1976	81,0	5,5	13,5	—	100
	1980	79,2	8,2	10,3	—	100
	1983	82,7	4,9	11,8	0,5	100
	1987	79,8	4,0	16,0	0,1	100
Protestanten	1976	36,8	52,8	10,5	—	100
	1980	32,0	58,0	6,7	—	100
	1983	40,1	50,7	5,7	3,5	100
	1987	37,0	52,6	4,7	5,7	100
Katholiken	1976	91,0	8,3	0,7	—	100
	1980	87,9	9,4	0,7	—	100
	1983	92,6	6,2	0,7	0,6	100
	1987	89,1	9,3	0,9	0,7	100
Beamte	1976	56,9	26,9	16,2	—	100
	1980	57,2	26,7	12,4	—	100
	1983	64,3	22,5	12,8	0,4	100
	1987	67,5	18,4	13,4	0,7	100
Angestellte	1976	46,6	36,7	16,8	—	100
	1980	42,3	37,7	16,0	—	100
	1983	50,0	37,2	12,1	0,7	100
	1987	51,0	38,1	10,0	0,8	100
Mittelstand	1976	52,2	24,9	23,0	—	100
	1980	49,7	25,2	22,3	—	100
	1983	52,1	24,8	22,7	0,4	100
	1987	48,3	23,8	26,6	1,3	100
Bauern	1976	61,4	21,7	16,9	—	100
	1980	62,2	18,9	15,9	—	100
	1983	64,5	14,5	13,1	7,8	100
	1987	64,1	17,4	9,9	8,5	100
Rentner	1976	32,2	64,2	3,6	—	100
	1980	39,0	51,8	5,3	—	100
	1983	35,3	62,2	1,2	1,3	100
	1987	63,3	59,4	2,4	1,9	100
alte Menschen	1976	39,8	55,9	4,3	—	100
	1980	45,1	45,5	6,1	—	100
	1983	42,4	52,2	2,5	2,8	100
	1987	41,9	51,6	2,4	4,1	100
junge Menschen	1976	30,6	60,1	9,4	—	100
	1980	26,8	60,4	9,1	—	100
	1983	27,5	41,4	2,7	28,5	100
	1987	28,6	37,1	1,7	32,1	100
Studenten	1983	17,8	50,1	3,6	28,4	100
	1987	22,3	35,4	2,4	39,4	100
Leute wie Befragter	1976	45,1	48,7	6,3	—	100
	1980	46,7	45,0	6,8	—	100
	1983	47,6	43,0	4,1	5,3	100
	1987	46,8	42,2	4,7	6,3	100

Quelle: Kieler Bundestagswahlstudien von 1976, 1980, 1983 und 1987 (repräsentativ gewichtete Daten). Diese Daten wurden im Auftrag des Primärforschers, Prof. Dr. Kaltefleiter, von GETAS, Bremen, erhoben. Ich danke Prof. Kaltefleiter für die Zurverfügungstellung der Daten. Die Verantwortung für die Analyse und Interpretation dieser Daten liegt allein bei mir.

Bundesrepublik durch die Gründung einer überkonfessionell christlichen Partei, der CDU, die Integration des politischen Katholizismus in eine neue, überkonfessionelle konservative Partei. Seither hat sich die CDU in allen entsprechenden Fragen zum Repräsentanten eines religiösen Traditionalismus gemacht. Entsprechend existiert auch heute noch in der Wählerschaft eine relativ enge Zuordnung zwischen Katholizismus und CDU (1976: 91 %; 1987: 89 %).

Daß die umgekehrte Zuordnung zwischen Protestantismus und SPD nicht in dieser Eindeutigkeit vorliegt, läßt sich dadurch erklären, daß auch viele praktizierende Protestanten in religiösen Fragen der CDU näher stehen als der SPD (vgl. z.B. Schwangerschaftsabbruch, Scheidungsrecht etc.). Die Ursache dafür ist, daß der ursprünglich konfessionelle Konflikt zwischen Katholizismus und Protestantismus sich zu einem Konflikt zwischen religiöser und nicht-religiöser Orientierung gewandelt hat (vgl. *Pappi* 1985). Dieser Konflikt führt noch heute zu einer tendenziell höheren Anbindung des politischen Katholizismus an die CDU/CSU, weil eine größere Zahl Katholiken über den häufigeren Besuch der Gottesdienste ihrer Kirche stärker verbunden sind als Protestanten. In diesem Zusammenhang reicht es dann auch aus, wenn nur eine der sich gegenüberstehenden Konfliktgruppen einer Partei eindeutig zugeordnet ist.

Vom konfessionellen zur religiösen Konflikt

Aus Tabelle 1 wird nun weiter erkennbar, daß es durchweg die gesellschaftlich und wirtschaftlich stärkeren Gruppierungen des Mittelstandes, der Beamten, Bauern etc. sind, die deutlicher der CDU/CSU zugeordnet werden, während die Gruppen mit geringem gesellschaftlichen Einfluß, wie etwa Rentner, junge Menschen oder Studenten, eher mit der SPD in Verbindung gebracht werden. Dies entspricht durchaus dem „Koalitionsangebot" der SPD-Führung, die Partei des schwächeren Teils der deutschen Gesellschaft sein zu wollen. Die FDP wird, ähnlich wie die CDU/CSU, überdurchschnittlich mit mittelständischen Gruppierungen in Verbindung gebracht (Beamte, Angestellte, Mittelstand allgemein, Bauern und Unternehmer).

Der Vergleich dieser Zuordnungen über drei Legislaturperioden (1976 - 1987) hinweg zeigt nun, daß die historisch gewachsenen Koalitionen in ihren Grundstrukturen erwartungsgemäß stabil sind. Zwar gibt es auch hier kleinere Abweichungen, diese pendeln sich jedoch in der Regel wieder ein, sobald die entsprechende Wähler-Parteien-Koalition in der öffentlichen Auseinandersetzung wieder einmal verstärkt politisiert worden ist. So ist etwa der graduelle Rückgang der Zuordnung zwischen Arbeitern und der SPD im wesentlichen darauf zurückzuführen, daß zwischen 1976 und 1983 dieses Cleavage von der SPD (als Regierungspartei) nicht prominent vertreten worden ist. Diese Zuordnung dürfte sich über die neuerlichen Auseinandersetzungen zwischen Arbeitgeberverbänden und Gewerkschaften, bei der die SPD sich eindeutig hinter die gewerkschaftliche Position stellte, wieder auf einem höheren Wert einspielen.

Am höchsten sind die Übergangsquoten bei den gesellschaftlichen Gruppierungen, die die geringsten politischen Bindungen an Gesellschaft und etabliertes Parteiensystem haben. Dies sind traditionellerweise die Bevölkerungsgruppen mit höheren Bildungsabschlüssen, insbesondere Studenten, junge Leute, Stadtbewohner sowie die Angehörigen des neuen Mittelstandes.

Für die geringer ausgeprägten politischen Bindungen in diesen Bevölkerungsschichten lassen sich verschiedene Ursachen anführen. Zum ersten sind jüngere Menschen in der Regel weniger stark in das politische System eingebunden als ältere. Zum zweiten sind Angehörige des neuen Mittelstandes von Angestellten und Beamten

— durchschnittlich besser gebildet,
— von den traditionellen Konfliktgegnern Arbeiter und Unternehmer etwa gleich weit entfernt und
— in der städtischen Bevölkerung überdurchschnittlich stark vertreten.

Dazu kommt schließlich, daß in den Großstädten, die meistens auch Universitätsstädte sind, neue Ideen sehr viel schneller diffundieren, unter anderem auch deswegen, weil dort die Verbindlichkeit traditionell beharrender politischer Einstellungen niedriger ist als in ländlichen Regionen.

Auswirkung von Alter, Bildung und Urbanität auf die Wahlentscheidung

Wie stark die Faktoren Alter, Bildung und Urbanität, über die die Auflösung traditionell dichter Sozialmilieus und damit auch der Stabilität traditioneller Cleavages vermittelt ist, zusammengenommen die Wählerschaft im Jahre 1983 differenziert haben, wird aus der folgenden Tabelle deutlich:

Tab. 2: Wahlentscheidung ausgewählter Wählertypen 1987

			Wahlabsicht[1]					
Alter	Bildung	Wohnort	CDU/CSU	SPD	FDP	GRÜNE	SUMME[2] %	(N)
18-35	hoch	städtisch	26	23	13	36	100	(84)
		ländlich	36	35	7	17	100	(31)
	niedrig	städtisch	33	49	5	13	100	(226)
		ländlich	36	32	11	20	100	(205)
älter	hoch	städtisch	50	18	20	8	100	(56)
		ländlich	28	18	42	9	100	(37)
	niedrig	städtisch	46	43	7	4	100	(683)
		ländlich	58	31	8	2	100	(397)
V=.21 Gesamt			44.3	37.0	9.1	8.3	100	(1954)

1 *Datenquelle:* Wahlstudie 1987 (*Panelstudie:* 1. Welle, Erhebungszeitraum: September 1986). *Primärforscher:* Forschungsgruppe Wahlen in Zusammenarbeit mit Max Kaase, Hans-Dieter Klingemann und Franz Urban Pappi. Diese Studie steht über das Zentralarchiv für Empirische Sozialforschung in Köln jedem interessierten Wissenschaftler zur Verfügung (ZA-Nr. 1537). Da die Randverteilung der Wahlabsichtsfrage vom späteren Wahlergebnis abwich, wurden diese Daten zur Verbesserung der Vergleichbarkeit nach dem tatsächlichen Wahlergebnis der Bundestagswahl 1987 gewichtet. (Gewichtungsfaktoren: CDU/CSU: 1.0231, SPD: 0.8352, FDP: 2.2195, GRÜNE: 1.0506, Sonstige: 1.3402. Zum Verfahren vgl. oben, Kap. 7).

2 Die Differenz zum 100 % sind jeweils Wahlabsichten für andere Parteien (insgesamt 1,3 %), die wegen zu geringer Fallzahlen hier nicht aufgeführt sind.

Grundlage dieser Tabelle sind die in der Wahlstudie erhobenen Individualmerkmale Alter, Bildung, Wohnort und Wahlentscheidung. Zur Verbesserung der Veranschaulichung wurden dabei die Merkmale Bildung und Alter (nachträglich) zu jeweils zwei großen Kategorien zusammengefaßt. Dadurch ergaben sich acht klar voneinander differenzierte Wählertypen, die vom Typ des jungen, hochgebildeten Stadtbewohners bis zum älteren, niedrig gebildeten Landbewohner reichen. Über diese Art der Typenbildung lassen sich nicht nur die Einzeleffekte von Alter, Bildung und Urbanität berechnen, sondern auch die Effekte, die sich aus dem Zusammentreffen aller drei Faktoren ergeben.

Im Hinblick auf die Bundestagswahl 1987 haben diese drei Effekte die Wählerschaft der GRÜNEN, aber auch der CDU, am stärksten differenziert. So erhielt die CDU in der Gruppe der jungen, hochgebildeten Stadtbewohner nur 26 % der Nennungen, während dies bei der älteren Landbevölkerung mit niedrigerem Ausbildungsgrad 58 % waren. Die Anteile der GRÜNEN liegen mit 36 % zu 2 % dazu genau spiegelbildlich. Auf der Grundlage dieser Wählertypologie und der entsprechenden Verteilung der Parteianteile könnte man für die Bundesrepublik der 1980er Jahre von einem neuen Cleavage sprechen, auf dem sich *Stabilitätsorientierung und Wandel* gegenüberstehen.

<small>Neuer Cleavage: Stabilität vs. Wandel</small>

Wie sich die soziale Struktur der Parteiwählerschaft 1987 nach verschiedenen sozialstrukturellen Merkmalen weiter aufschlüsselt, geht aus Tabelle 3 hervor:

— Die beschriebenen Alterseffekte werden durch die Ausdifferenzierung in insgesamt sechs große Altersgruppen noch deutlicher. Sie zeigen, daß 1987 keine der beiden großen Parteien die Jungwähler überdurchschnittlich an sich binden konnte (29 % zu 23 %).
— Die Differenzierung nach dem Geschlecht zeigt eine leicht höhere Neigung zur Wahl der SPD in der weiblichen Wählerschaft.
— Die unterschiedlichen Bildungseffekte werden besonders deutlich bei der Wahlentscheidung für die GRÜNEN; Befragte mit Abitur haben eine höhere Neigung zur Wahl der GRÜNEN als Befragte mit Volksschulausbildung. Diese Bildungseffekte schlagen sich auch in der folgenden berufsbezogenen Zuordnung nieder.
— Die Zuordnung zwischen Parteien und bestimmten Berufsgruppen differenziert erwartungsgemäß die Wählerschaft sehr deutlich. Gaben 1987 47 % der Arbeiter an, die SPD wählen zu wollen, so waren es bei den Angestellten noch 33 %, bei den Beamten 35 %, bei den Selbständigen und Landwirten dagegen nur noch 23 und 18 %.
— Diese Differenzierung wird noch deutlicher, wenn man danach unterscheidet, ob ein Befragter Mitglied der Gewerkschaft, d.h. einer der Kerngruppen des traditionellen Klassenkonflikts ist. Über dieses Merkmal allein differenziert die Stimmabgabe zwischen SPD und CDU 50 % zu 30 %, sie berührt erwartungsgemäß die Wahlentscheidung für die GRÜNEN kaum.
— Die Verteilung über die Konfessionen zeigt die bekannten Muster und Differenzierungen zwischen evangelischer und katholischer Wählerschaft, wobei die Differenzen entsprechend der Veränderung des konfessionellen zu einem religiösen Konflikt zwischen Katholiken und Personen ohne Konfession sind (55 zu 30 %). In der letzten Gruppe der am wenigsten in soziale (religiöse)

Tabelle 3: Soziale Strukturen und Wahlentscheidung in der Bundesrepublik 1987 (Zweitstimmen)

		\multicolumn{5}{c}{Wahlentscheidung}			
Alter		CDU/CSU	SPD	FDP	GRÜNE	SUMME (N)
	18-24 Jahre	29	23	9	27	100 (205)
	25-29	34	41	8	16	100 (173)
	30-39	40	39	8	12	100 (291)
	40-49	45	40	10	3	100 (283)
	50-59	48	38	10	3	100 (309)
	60 u. älter	56	34	8	1	100 (456)
(V = .17)						
Geschlecht	Männer	44	36	10	9	100 (876)
	Frauen	45	38	8	8	100 (846)
(V = .04)						
Bildung	Volksschule/ Lehre	46	43	6	4	100 (1020)
	Mittlere Bildung	45	30	11	13	100 (495)
	Abitur und mehr	34	23	19	21	100 (207)
(V = .22)						
Berufsgruppe	Arbeiter	41	47	6	4	100 (516)
	Angestellte	47	33	10	9	100 (682)
	Beamte	49	35	9	7	100 (126)
	Selbständige	51	23	18	6	100 (137)
	Landwirte	69	18	14	—	100 (33)
(V = .11)						
Gewerkschafts-	ja	32	53	4	10	100 (442)
bindung	nein	49	31	11	8	100 (1251)
(V = .22)						
Konfession	katholisch	55	30	8	6	100 (812)
	evangelisch	36	43	11	8	100 (790)
	keine	30	45	4	20	100 (101)
(V = .13)						
Kirchen-	ja, katholisch	60	27	9	4	100 (604)
bindung	ja, evangel.	42	37	11	8	100 (451)
	keine	32	46	8	11	100 (568)
(V = .18)						
Ortsgröße	Einwohner unter 3.000	55	29	9	5	100 (143)
	3 - 30 Tsd.	47	33	11	8	100 (676)
	30 - 200 Tsd.	42	42	7	8	100 (454)
	über 200 Tsd.	40	41	8	10	100 (449)
(V = .07)						
Gesamt		44.3	37.0	9.1	8.3	(1954)

Daten: Wahlstudie 1987 (wie Tab. 2)

Normen eingebundenen Wählerschaft sind entsprechend die Anteile für die GRÜNEN weit überdurchschnittlich.

— Innerhalb der Gruppe, die einer der Konfessionen angehört, werden diese Differenzen noch deutlicher. Personen, die selten oder nie zur Kirche gehen, finden sich zu 32 %, aktive Protestanten zu 42 % und kirchenverbundene Katholiken zu 60 % im Lager der CDU[16]. In dieser letzten Gruppe können die laizistischen Parteien SPD und GRÜNE nur verschwindend geringe Wähleranteile mobilisieren.

— Der Stadt-Land Effekt schließlich kehrt die Chancenstrukturen für CDU und SPD (+ GRÜNE) um.

Zusammenfassend zeigen diese Wählerverteilungen, daß die CDU/CSU, wie die FDP, ihre höchsten Anteile in den gesellschaftlich stabil abgestützten Milieus erreichen kann, während dies für die SPD nur für den Sektor der Arbeiterschaft gilt. Ansonsten sprechen die Sozialdemokraten, und 1987 in größerem Umfang auch die GRÜNEN, all die gesellschaftlichen Gruppierungen stärker an, die die geringeren Bindungen an das System etablierter Interessengruppen haben.

Zusammenfassung

Im Hinblick auf die beiden zentralen Kategorien der politisierten Sozialstruktur in der Bundesrepublik, soziale Schicht und Konfession, läßt sich die dauerhafte Stabilität dieser Zuordnung bis zum Jahre 1953, wo die erste größere politikwissenschaftliche Umfrage durchgeführt wurde, zurückverfolgen.

Wie hoch die Stabilität der konfessionellen Zuordnung trotz der seit 1953 zurückgegangenen Bedeutung des Religionskonflikts ist, läßt sich durch das folgende Schaubild, in dem die in einer Folge von Umfragen festgestellten Prozentsätze der CDU-Wahlabsicht nach Konfessionen abgetragen sind, veranschaulichen.

Stabile konfessionelle Zuordnung im deutschen Parteiensystem

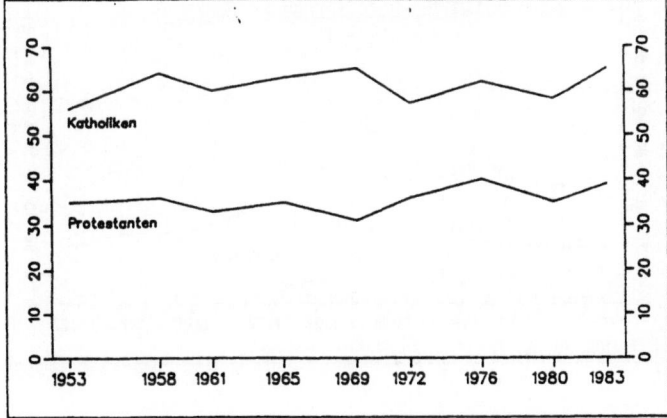

Aus diesem Schaubild wird deutlich, daß die Differenz zwischen den beiden Konfessionen — selbst wenn man auf die zusätzliche Information der Kirchenbindung verzichtet — seit 1953 unverändert groß geblieben ist. Mit Ausnahme des Jahres 1969, wo Protestanten unterdurchschnittlich stark die CDU gewählt haben, verlaufen die beiden Kurven praktisch parallel zueinander: Die konfessionell-religiöse Konfliktlinie hat im deutschen Parteiensystem nach wie vor entscheidenden Einfluß auf die Parteienstruktur (vgl. dazu ebenfalls *Pappi* 1985, sowie zur umfassenden Herleitung dieses Konflikts *Schmitt* 1988).

Die entsprechende Verteilung des schichtspezifischen Wahlverhaltens nach Berufsgruppen seit 1953 ist in den beiden folgenden Schaubildern wiedergegeben.

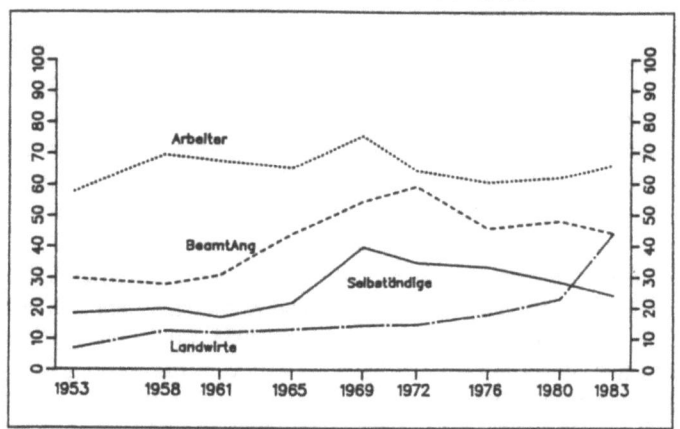

SPD-Wahl: Protestanten nach Beruf

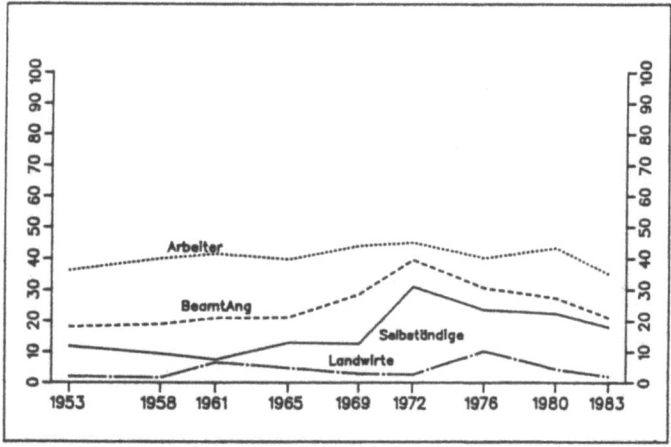

SPD-Wahl: Katholiken nach Beruf

Um den bekannten konfessionellen Effekt konstant zu halten und gleichzeitig verdeutlichen zu können, daß die schichtspezifischen Einflüsse quer über die konfessionellen Lager wirksam sind, wurde in diesen Schaubildern die SPD-Wahlabsicht nach Berufsgruppen, getrennt nach Katholiken und Protestanten, dargestellt. Aus diesen Schaubildern wird deutlich, daß die SPD-Stimmanteile der Arbeiterschaft in ihrer absoluten Höhe zwar zwischen Protestanten und Katholiken differieren, aber insgesamt vergleichbar stabil sind. Als Referenzgruppen stehen sich hier wiederum die evangelischen Arbeiter, die die Kerngruppe der SPD-Wählerschaft darstellt, und die für die CDU entsprechende katholische Landbevölkerung und die Selbständigen gegenüber. Für die letztere Gruppe zeigt der Zeitvergleich, daß die SPD dort seit der Bundestagswahl 1969 ihre Wählerspektrum erfolgreich verbreitern konnte. Die größten Einbrüche allerdings lagen im Bereich des neuen Mittelstandes von Beamten und Angestellten, wobei hier die Zuwächse im protestantischen Bereich erwartungsgemäß am größten waren.

Diese Zeitreihen des Wählerverhaltens verdeutlichen den hohen stabilisierenden Effekt des Wahlverhaltens, der über die Kerngruppen der politisierenden Sozialstruktur vermittelt ist. Die Stabilitäten sind umso erstaunlicher, wenn man die starke Veränderung der Berufsstruktur in der Bundesrepublik seit dem Ende des Zweiten Weltkrieges in Betracht zieht.

Tab. 4: Berufsstruktur in der Bundesrepublik seit 1950

	1950	1961	1970	1980	1985
Arbeiter	51,0%	48,1%	46,6%	42,3%	39,8%
Angestellte und Beamte	20,6%	29,9%	38,4%	45,6%	48,4%
Selbständige und mithelfende Familienangehörige	28,3%	22,5%	16,0%	12,1%	11,8%

Veränderung der Berufsstruktur seit 1950

Quellen: Vom Statistischen Bundesamt veröffentlichte Ergebnisse der Volkszählungen 1950, 1961, 1970 und der Mikrozensen 1980 und 1985

Diese Veränderungen der Sozialstruktur, die gekennzeichnet sind durch die Abnahme des primären und sekundären Sektors und eine gleichzeitige Zunahme des tertiären Sektors, sind typisch für alle hochindustrialisierten Demokratien. Im internationalen Vergleich sind diese Verschiebungen der Sozialstruktur in der Bundesrepublik besonders drastisch ausgefallen. So hat sich der Anteil des neuen Mittelstandes von Angestellten und Beamten mehr als verdoppelt, während die Gruppe der Arbeiter deutlich und die der Selbständigen, und hier vor allen Dingen der Landwirte, um mehr als die Hälfte abgenommen hat. Geht man für diesen Vergleich gar zurück bis in die Zeit vor der Jahrhundertwende, in der die Grundlage für das heutige Parteiensystem gelegt wurde, so wird der Wandlungsprozeß noch deutlicher: Im Jahr 1882 etwa stand einer Bevölkerungsmehrheit von 55,8 % Arbeitern die mit 38,2 % relativ große Gruppe des alten Mittelstandes von Selbständigen und Mithelfenden gegenüber, während der neue Mittelstand von Angestellten und Beamten mit 6,1 % eine verschwindende Minorität darstellte (vgl. *Ballerstedt/Glatzer* 1979, S. 55).

Daß unter diesen Bedingungen die politischen Hauptspannungslinien in der Bundesrepublik (aber auch in anderen demokratischen Gesellschaften) relativ stabil geblieben sind, deutet auf die große Anpassungsfähigkeit der politischen Parteien hin und stützt die Haupthypothese der Cleavage-Theorie, daß die gruppenbezogenen Bestimmungsgründe des Wahlverhaltens in ihren Grundstrukturen gegenüber sozialem Wandel relativ hartnäckig sind.

Stabilität des Parteiensystems bei drastischem Wandel der Sozialstruktur

5.4 Zur Sozialisation politischer Bindungen

Ein konsistentes theoretisches Konzept der Ausprägung von Parteibindungen, das neben den Effekten von Issues und Kandidaten auch den Einfluß des Lebensalters bzw. der Periode, in der eine Person ihre primäre politische Sozialisation erhält, zu enthalten hätte, ist in der deutschen Wahlforschung bisher noch nicht vorgelegt worden.

Eine dynamische Theorie der Entstehung und Tradierung von Parteiloyalitäten hätte anzuknüpfen an die mit fortschreitendem Lebensalter sich verändernden Einflüsse der politischen Sozialisationsagenten Familie, Gleichaltrigen-Gruppen, der Schule und schließlich der Massenmedien. In einem solchen Konzept ist dann die Stabilität einer individuellen Parteibindung zu erklären in Abhängigkeit von der Chance des Individuums, diese Parteibindung mit den verschiedenen anderen Umwelteffekten in Übereinstimmung zu bringen.

Die zentralen Komponenten einer dynamischen Theorie der Sozialisation politischer Bindungen lassen sich etwa folgendermaßen anordnen (vgl. dazu auch *Bürklin* 1984, Kap. 1.4):

Schon in der Kindheit und frühen Jugend erwerben Individuen neben allgemeinen Werthaltungen Einstellungen zu Politik und Politikern. Diese Einstellungen sind allerdings noch sehr diffus, instabil und stark affektiver Natur. In dieser Sozialisationsphase sind die Einstellungen der Eltern prägend. Das Kind lernt durch Imitation und es erfährt, daß die von den Eltern geäußerte Parteipräferenz im Familienkreis in der Regel unwidersprochen bleibt, d.h. soziale Unterstützung findet.

Mit zunehmendem Alter setzen die Ablösungsprozesse des Jugendlichen aus dem Elternhaus und dem Schutz der Familie ein. Die Gruppe von Gleichaltrigen (peer group) ist in dieser Phase der sekundären Sozialisation, neben der Schule, der wichtigste Sozialisationsagent. Dennoch: Die Mehrzahl der Gleichaltrigen-Gruppen ist ausgesprochen apolitisch, und die Schule vermittelt eher unspezifische politische Grundorientierungen. In dieser Phase stellt das Individuum die ersten sozialen Vergleichsprozesse zu politischen Grundorientierungen und Parteibekenntnissen an. Hier erst kommt die elterliche Sozialisation von Parteiorientierungen zum Tragen. Kinder aus politisch interessierten Familien, in denen über politische Themen diskutiert wurde, und die eine eher aktive Sozialisation von Parteipräferenzen erlebten, haben in dieser Phase die stabileren Orientierungen.

Aber auch für sie gilt, daß in dieser Phase, insbesondere vermittelt durch die Massenmedien, eine qualitativ andere, eigenständige Form des Erwerbs und der Veränderung politischer Orientierungen einsetzt. Das eigene Einstellungssystem wird im Hinblick auf immer größere Bereiche politischer Sachfragen auf- und ausgebaut. Diese Phase setzt dann verstärkt ein, wenn das Anspruchsniveau des Jugendlichen steigt, sich zu allen möglichen politischen Problemen eine eigene Meinung bilden zu können. Der typische Fall ist hier die Erwartung einer „inhaltlichen" Begründung für die zu treffende bzw. getroffene Wahlentscheidung — sei es am Arbeitsplatz, in der Schule oder in der Universität. Über diese Prozesse der Meinungsbildung erwirbt das Individuum ein immer dichteres Netz von aufeinander bezogenen Einstellungen.

Dieser Prozeß der Ausdifferenzierung eines Weltbildes ist natürlich nie abgeschlossen, er erreicht aber, so zeigen wiederholte international vergleichende empirische Untersuchungen, etwa um das 30ste Lebensjahr eine vorläufige Reife: Jetzt ist das kognitive System durch eine immer größer werdende Zahl miteinander verknüpfter Aussagen, die sich in zentralen Punkten nicht widersprechen, verbunden. Neue, dazu widersprüchliche Aussagen, müssen jetzt wesentlich höhere Schwellen nehmen, um in das individuelle Überzeugungssystem aufgenommen zu werden. Gleichzeitig nehmen Individuen dann, nach der Entscheidung für eine Alternative, verstärkt nur noch die selektiven Informationen auf, die ihre bereits bestehenden Einstellungen verstärken. Die Wahrscheinlichkeit der Umentscheidung für eine andere Partei nimmt in dieser Lebensphase ab; dies allerdings in Abhängigkeit vom Grad der vorher bestehenden Festlegungen, und damit auch von der Erwartung der primären Umwelt, eine geänderte politische Orientierung inhaltlich zu begründen.

Eine solche Begründung wird einem Individuum in der Regel um so leichter fallen, je größer in der Umwelt der Konsens über die entsprechende Verhaltensänderung ist. Dies kann durch folgende Sachverhalte vermittelt sein:

a) Das Individuum wechselt den primären Kontext (seine sozialen Kreise); ein typisches Beispiel ist hier die Veränderung politischer Einstellungen etwa von Studenten, die aus ländlichem Heimatort mit hoher sozialer Kontrolle in das eher veränderungsorientierte großstädtische Universitätsmilieu umziehen. *Wechsel des primären Kontextes*

b) Das Unterstützungsklima für eine politische Partei verschlechtert sich in der öffentlichen Meinung, die über die Massenmedien vermittelt ist. Dies hat den Effekt, daß die Anzahl der „guten Argumente", die man für seine Wahlentscheidung finden kann, ebenso abnimmt wie das Ansehen, das man erhält, wenn man sich öffentlich zu dieser Partei bekennt. *Veränderung des Unterstützungsklimas*

c) Eine dritte Möglichkeit besteht darin, daß in längerfristiger Perspektive die politische Konfliktkonstellation, die eine scharfe Differenzierung zwischen den Issue-Positionen und den politischen Parteien möglich machte, ihre politische Differenzierungskraft verliert. Damit ist der Effekt des Alterns eines Parteiensystems und der ihm zugrundeliegenden Konfliktkonstellationen angesprochen. Dieses „Altern" ist darüber vermittelt, daß sowohl die dringendsten politischen Probleme durch wiederholtes Aushandeln und pragmatisches Konfliktlösungsverhalten der gegenerischen Parteien gelöst sind, als auch dadurch, daß die mit den zentralen Konfliktpositionen identifizierten politischen Führungspersönlichkeiten altern und damit aus der politischen Auseinandersetzung ausscheiden. *Entschärfung der politischen Konfliktkonstellation*

Bezieht man diesen letzten Effekt ebenfalls in eine Erklärung der Veränderung politischer Loyalität mit ein, so braucht man insgesamt drei Zeitkomponenten, um die Variation individueller politischer Sozialisationsprozesse erklären zu können: *Drei Zeitkomponenten der Variation politischer Sozialisationprozesse*

— die historische Periode, in der ein Individuum seine primäre politische Sozialisation erfahren hat (Generationseffekt),

- das Lebensalter eines Individuums, das als Indikator für seine Position im Lebenszyklus gelten kann (Lebenszykluseffekt),
- der zeitliche Abstand zur letzten parteipolitischen Mobilisierungsphase, einen Effekt, den man als „institutionellen Lebenszykluseffekt" bzw., auf das Individuum bezogen, als Periodeneffekt bezeichnen kann.

Der dritte Zeiteffekt hat im Prozeß des Erwerbs individueller Parteibindung den Effekt der Gewichtung der primären Sozialisationseffekte entsprechend der Sozialisationsperiode: Der Effekt der Entstehung individueller parteipolitischer Bindungen ist am ausgeprägtesten bei jungen Gesellschaftsmitgliedern, die sich in ihrer primären politischen Sozialisationsperiode befinden, und zwar dann, wenn diese Sozialisationsperiode in eine Phase intensiver gesellschaftspolitischer Mobilisierung fällt. Dabei kann davon ausgegangen werden, daß die Intensität der Parteibindungen und -ablehnungen mit größer werdendem Abstand zur letzten politischen Mobilisierungsphase stetig abnimmt; dies bei älteren Individuen ausgehend von einem früher sozialisierten höheren Ausgangsniveau, bei den jüngeren entsprechend der abnehmenden Kontroversität der unterschiedlichen Politikprogramme, die eine zunehmend weniger polarisierte und wertgeladene Parteiidentifikation sozialisieren, auf niedrigerem Niveau.

Intensität von Parteibindungen am höchsten bei primärer politischer Sozialisation in einer Mobilisierungsphase

Auf der Grundlage dieser drei Effekte läßt sich ein stark formalisiertes Konzept der dynamischen Sozialisation politischer Parteiloyalitäten, wie es von *Beck* (1974) und *Bürklin* (1984) vorgeschlagen wurde, entwickeln. In dieser Konzeptualisierung, die auf der Grundlage der entsprechenden Veränderungsdynamik des amerikanischen Parteiensystems entwickelt wurde, lassen sich drei zeitlich voneinander zu trennende Wählertypen unterscheiden:

Drei-Generationen-Wählertypologie

- Erstens die Gruppe, die ihre Parteibindung als junge Erwachsene in einer Phase hoher politischer Mobilisierung und darauf folgender Neugruppierungen des Parteiensystems erworben hat. Diese erste Generation wird im intergenerationalen Vergleich diese Orientierungen sowohl selbst am dauerhaftesten behalten als auch mit dem größten Erfolg an ihre Nachfolgegeneration sozialisieren.
- Die Kinder der Mobilisierungsgeneration haben eine Parteiidentifikation, die mit zunehmend geringerer Wahrscheinlichkeit durch eigenes Erleben, sondern vielmehr durch familiäre Sozialisation vermittelt ist. Diese Bindungen mögen affektiv weniger stark ausgeprägt sein, sie sind jedoch intellektuell abgestützt und daher gegen politische Veränderungen eher resistent.
- Die dritte Gruppe setzt sich aus deren Folgegeneration zusammen. Sie erlebt ihre formative politische Prägung in einer Periode pragmatischer Politik, kann also weder durch gesellschaftspolitisch polarisierte Konfliktsituationen noch durch starke familiär vermittelte Parteiorientierungen geprägt werden. Die Parteibindungen dieser dritten Generation sind durch das Ausbleiben von Initialisierungs- wie Verstärkungseffekten soweit abgeschwächt, daß sie von Parteien, die nicht ihrer politischen Prädisposition entsprechen, über neue Kandidaten und Issue-Präferenzen am leichtesten erreicht werden können.

Wenn dieses Konzept auch bisher nicht empirisch überprüft werden konnte, sondern lediglich als theoretische Synthese zweier Faktoren—einmal des im amerikanischen Parteiensystem der letzten 150 Jahre feststellbaren dreißigjährigen Zyklus der parteipolitischen Neugruppierung und zum anderen den bisher bekannten Effekten politischer Sozialisation—gelten kann, so ist ihm eine gewisse theoretische Eleganz nicht abzusprechen. Dies vor allem deswegen, weil sich aus der theoretischen Verknüpfung eine Klassifizierung politischer Wahlen nach dem Ausmaß der Wirksamkeit der Kurz- und Langfristeffekte vornehmen läßt.

Diese Klassifizierung, die bereits von *Key* (1955) in seiner Theorie kritischer Wahlen vorgeschlagen wurde, diente *Converse* zur Entwicklung seines Normal-Vote-Konzepts. Darin lassen sich drei Typen von Wahlen unterscheiden:

<small>Drei Typen von Wahlen im Normal-Vote-Konzept</small>

— Als *maintaining elections* werden Wahlen bezeichnet, bei denen es in der Wählerschaft nicht zu zugrundlegenden Änderungen über kurzfristige Kandidaten- und Issue-Effekte kommt, die langfristige Parteiidentifikationskomponente bestimmend bleibt und daher die Mehrheitspartei die Wahl erneut gewinnt.
— *deviating elections* sind Wahlen, bei denen es zu kurzfristigen Abweichungen der Wähler von ihren angestammten Parteibindungen kommt, ohne gleichzeitig zu grundlegenden Veränderungen der Parteiidentifikation zu führen.
— Demgegenüber werden als *realigning elections* Wahlen bezeichnet, bei denen nach einer Phase der Lockerung der stabilen Parteibindungen (Dealignment) größere Wählergruppen ihre traditionelle Parteiidentifikation aufgeben und gegenüber einer anderen Partei neu begründen.

Diesem phasentypischen Ablauf entsprechend schlägt *Pomper* (1967) vor, den Typus der Realigning elections noch einmal zu unterteilen in vorgeschaltete *converting elections* und *realigning elections* i.e.S.

In dieser theoretischen Perspektive läßt sich die Typologie von Wahlen in die Rangordnung: Realigning, Maintaining, Deviating und wieder Realigning bringen. Dadurch wäre ein Zyklus der Neugruppierung von Parteisystemen beschrieben, nach dem die Wirkung der langfristig wirksamen Effekte der Parteibindung in einem umgekehrten zyklischen Verhältnis zur Wirkung kurzfristiger Kandidaten- und Issue-Effekte steht. Dies entspräche einer langfristigen Wellenbewegung des politischen Prozesses zwischen emotionaler und rationaler Politik (vgl. z.B. *Burnham* 1970; *Beck* 1974; *Bürklin* 1984).

<small>Zyklus der Neugruppierung von Parteiensystemen</small>

Dieser theoretischen Konzeptualisierung ist zwar vor dem Hintergrund der wiederholten Reidologisierung der politischen Auseinandersetzung auf der einen und der gerade in neuerer Zeit wieder verstärkt feststellbaren Neigung zum „Issue-Voting" (vgl. *Nie* u.a. 1976) auf der anderen Seite, eine gewisse Plausibilität nicht abzusprechen, ihr umfassender empirischer Test steht allerdings noch aus.

6 Ausgewählte Ergebnisse der empirischen Wahlforschung in der Bundesrepublik

6.1 Wahlbeteiligung und Wahlenthaltung

Im Vergleich zur amerikanischen Wahlforschung, in der vor dem Hintergrund der sehr niedrigen, teilweise bei 30 % liegenden Wahlbeteiligungsraten das Problem des Nichtwählens immer eine zentrale Forschungsfrage darstellte, sind in der deutschen Wahlforschung vergleichende Studien zur Untersuchung der Frage, wer aus welchen Gründen nicht an der Wahl teilnimmt, relativ selten geblieben (vgl. etwa *Lavies* 1973, *Radtke* 1972).

Darüber hinaus lassen sich aber auch entsprechende Forschungsergebnisse aus anderen Ländern nicht unmittelbar auf die Erfahrungen der Bundesrepublik übertragen. So besteht verschiedentlich Wahlpflicht, deren Nichteinhaltung in einigen Ländern (z.B. Belgien) bestraft wird, während in der Bundesrepublik die Wahlbeteiligungsraten auf freiwilliger Basis über das ausgeprägte Pflichtbewußtsein der Bevölkerung („Wählen ist die erste Bürgerpflicht") zustande kommen. Ein vergleichbares Einstellungsmuster ist in den USA nicht feststellbar.

Entsprechend sind auch verallgemeinerte Aussagen darüber, wie hohe Wahlbeteiligungsraten demokratietheoretisch zu bewerten sind, nicht möglich. So können hohe Wahlbeteiligungsraten beides bedeuten, sowohl das Vorhandensein einer demokratisch positiv zu bewertenden aktiven Wählerschaft, die durch hohe Wahlbeteiligung die Zustimmung zum bestehenden System dokumentiert, als auch das Vorhandensein großer Unzufriedenheitspotentiale in der Bevölkerung. Entsprechend können niedrige Wahlbeteiligungsraten sowohl als demokratische Apathie als auch als Indikator dafür gewertet werden, daß die Bevölkerung mit dem bestehenden System der politischen Interessenvermittlung aus vernünftigen Gründen, aber leidenschaftslos einverstanden ist. *Hohe Wahlbeteiligung ist kein eindeutiger Indikator des demokratischen Prozesses*

Einige Hypothesen über die Bestimmungsgründe des Nichtwählens lassen sich allerdings aus den Ergebnissen der amerikanischen Wahlforschung übertragen. So zeigten verschiedene Studien, daß die Bereitschaft, zur Wahl zu gehen, sehr eng zusammenhängt mit der Struktur der „cross pressures", denen ein Wähler ausgesetzt ist. Höchste Wahlbeteiligung (was in den USA den zusätzlichen Aufwand der vorherigen Registrierung mit einschließt) hatten alle die Wählergruppen, die sowohl in konzentrischen sozialen Kreisen lebten als auch ihre politische Prädisposition mit ihren Kandidaten und Issue-Präferenzen in Einklang bringen konnten. Personen mit inkonsistenten Einstellungen — in der Bundesrepublik heute beispielsweise Wähler, die von ihrer politischen Prädis- *Gründe des Nichtwählens* position der CDU zuneigen, aus christlicher Überzeugung aber die auf dem Hintergrund der militärischen Abschreckungsstrategie vollzogene Stationierung von Atomraketen ablehnen—, die bis zum entscheidenden Wahltermin diese Dissonanzen nicht aufzulösen vermögen, weil den dissonanten Orientierungen ein etwa gleich starkes Gewicht zukommt, neigen stärker dazu, dieses Problem dadurch zu „lösen", daß sie überhaupt nicht an der Wahl teilnehmen (vgl. zu dieser „Theorie der kognitiven Dissonanz" *Festinger* 1957; zu ihrer Anwendung auf Wählerverhalten *Irle* 1971).

Der zweite und wohl häufigste Grund für die Wahlenthaltung ist, daß Wähler aus den unterschiedlichsten Gründen am Wahltermin verhindert sind. Hierzu zählen etwa Krankheit, Abwesenheit durch Reisen oder auch einfach die Wetterverhältnisse. Sind letztere etwa besonders gut, ziehen es viele Wähler vor, „ins Grüne" zu fahren, statt wegen der Wahl zu Hause zu bleiben. Doch auch bei diesen als zufällig verteilt anzunehmenden Hinderungsgründen für die Wahlbeteiligung gilt, daß die Bereitschaft, sich verhindern zu lassen, abhängt vom Grad der parteipolitischen Einbindung des individuellen Wählers: Parteipolitisch gebundene, hoch motivierte Wähler setzen am Wahltag entsprechende Prioritäten.

Eine weitere Erklärung für geringere Beteiligungsraten kann darin liegen, daß Teile der Wählerschaft den Ausgang einer anstehenden Wahl als weniger wichtig einschätzen: a) weil der Wahlausgang durch frühere Wahlergebnisse oder veröffentlichte Umfragen schon klar scheint und daher die Bedeutung der eigenen Stimmabgabe nicht mehr wahlentscheidend eingeschätzt wird, oder b) weil durch geringere parteipolitische Mobilisierung oder aus systematischen Gründen die anstehende Wahl als weniger bedeutsam angesehen wird. So läßt sich in der Bundesrepublik ein hoher Zusammenhang zwischen der wahrgenommenen Wichtigkeit verschiedener Parlamente (Europa-, Kommunal-, Landesparlament, Bundestag) und den entsprechenden Wahlbeteiligungen feststellen. Sie sind am höchsten bei Bundestags- und am geringsten bei Kommunal- und Europawahlen (s. die entsprechende Zusammenstellung bei *Hofmann-Göttig* 1984, S. 72ff.).

Auf diesem Hintergrund sind auch die im folgenden Schaubild dargestellten Wahlbeteiligungsraten der repräsentativen Wahlstatistik der Männer und Frauen nach dem Alter zu interpretieren.

Diese Verteilungen sind durch drei Regelmäßigkeiten gekennzeichnet:

— Erstens durch eine vom Wahlzeitpunkt und Geschlecht unabhängige alterstypische Verteilung der Wählereinbindung in der Bundesrepublik: Nach einer leicht höheren „Erstwahl-Beteiligung" werden, ausgehend von einem relativ niedrigen Niveau, mit zunehmendem Alter die Wahlbeteiligungsraten höher. Sie erreichen etwa um das 50ste Lebensjahr den höchsten Wert und fallen danach wieder ab.[18] Für die Jung- und Erstwähler ist die Wahlbeteiligung noch nicht, für die ältesten nicht mehr von großer Wichtigkeit.
— Zweitens, die Wahlbeteiligungsraten von Männern sind durchschnittlich höher als die von Frauen, wobei die größten Differenzen in der höchsten Altersgruppe feststellbar sind.
— Drittens, die Wahlbeteiligungsraten differieren zwischen verschiedenen Wahlen. Hatten, was aus dieser Grafik nicht erkennbar ist, die Wahlbeteiligungs-

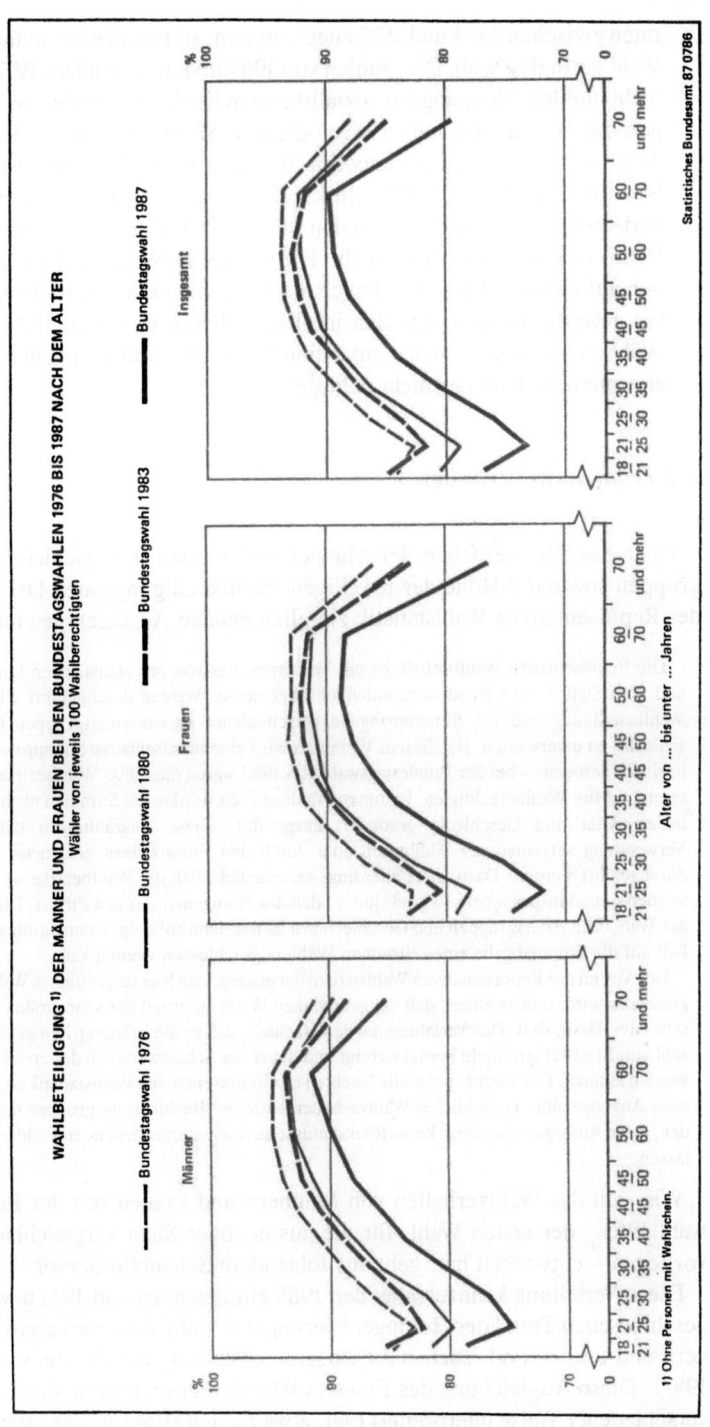

raten zwischen 1953 und 1972 zugenommen, so nahmen sie seither mit jeder Wahl geringfügig ab. Die Wahlen von 1969 und insbesondere 1972 markieren nicht nur den Übergang zur sozialliberalen Koalition, sondern vor allen Dingen die Periode der hohen ideologischen Mobilisierung der Wählerschaft durch die innen- und außenpolitische Reformpolitik (mehr Demokratie in Staat und Gesellschaft, Ostpolitik). Diese ideologische Mobilisierung aller parteipolitischen Lager hat in den folgenden Wahlen einem pragmatischen Politikverständnis Platz gemacht. Die sinkenden Wahlbeteiligungsraten können auf diesem Hintergrund auch als Anzeichen eines gestiegenen Konsenses gewertet werden, der sich in einer höheren Bereitschaft des einzelnen Wählers ausdrückt, auch einmal eine Regierungsbeteiligung der Parteien zu akzeptieren, denen er nicht nahesteht.

6.2 Frauenwahlverhalten

Über das Wahlverhalten der Männer und Frauen in verschiedenen Altersgruppen sowie die Höhe der jeweiligen Wahlbeteiligungsraten lassen sich aus der Repräsentativen Wahlstatistik ziemlich genaue Aussagen gewinnen.

Exkurs: Repräsentative Wahlstatistik
Die Repräsentative Wahlstatistik ist ein Verfahren, das von den statistischen Landesämtern und vom Statistischen Bundesamt anläßlich allgemeiner Wahlen durchgeführt wird, um die Wahlbeteiligung und die Stimmenabgabe verschiedener Bevölkerungsgruppen (Alter, Geschlecht) zu untersuchen. Bei diesem Verfahren wird eine repräsentative Stichprobe von Wahlbezirken gezogen — bei der Bundestagswahl von 1983 waren dies 1800 Wahlbezirke mit insgesamt 1,5 Mio. Wahlberechtigten. In diesen Wahlbezirken werden die Stimmen nach den Merkmalen Alter und Geschlecht gesondert ausgezählt. Diese Auszählungen können unter Verwendung verschiedener Wahlurnen oder durch den Einsatz dazu geeigneter Wahlgeräte durchgeführt werden. Dazu ist es allerdings erforderlich, daß die Wahlbezirke so ausgewählt werden — und insbesondere so groß sind —, daß das Wahlgeheimnis gewahrt ist. Die Trennung der Wahl nach Altersgruppen und Geschlechtern ist nur dann zulässig, wenn darüber in keinem Fall auf die Stimmabgabe eines einzelnen Wählers geschlossen werden kann.

Der Vorteil der Repräsentativen Wahlstatistik ist erstens, daß hier tatsächliches Wahlverhalten gemessen wird, und zweitens, daß die gefundenen Werte aufgrund der sehr großen Stichprobe sehr zuverlässig sind. Das Verfahren hat den Nachteil, daß es die in letzter Zeit gestiegene Anzahl von Briefwählern nicht berücksichtigt und daher die Schätzwerte wieder etwas ungenauer werden können. Der zweite, generelle Nachteil der Repräsentativen Wahlstatistik ist, daß damit zwar Aussagen über tatsächliches Wahlverhalten einzelner Bevölkerungsgruppen möglich werden, diese Aussagen allerdings keine Rückschlüsse auf die dahinterstehenden Wählermotive zulassen.

Homogenisierung des geschlechtsspezifischen Wahlverhaltens
Wie sich das Wahlverhalten von Männern und Frauen seit der Bundestagswahl 1961 — der ersten Wahl, für die aus heutiger Sicht vergleichbare Zahlen vorliegen — entwickelt hat, geht aus folgendem Schaubild hervor.

Diese Verteilung kennzeichnet den 1969 einsetzenden und 1972 bzw. 1976 abgeschlossenen Trend der Homogenisierung des Wahlverhaltens zwischen Männern und Frauen (vgl. ebenso die Zusammenstellung der Ergebnisse bei *Jesse* 1987). Diese Angleichung des Frauenwahlverhaltens wurde in der Literatur in verschiedener Weise interpretiert (vgl. etwa *Liepelt/Riemenschnitter* 1973, *Berger* u.a. 1986, *Schultze* 1983, *Hofmann-Göttig* 1986):

Eine eher negative Deutung sieht diese Veränderung des Frauenwahlverhaltens auf der Grundlage einer traditionell höheren Autoritätsfixierung von Frauen. Danach hätten in der Zeit von 1949 bis 1965 Frauen deshalb verstärkt die CDU/CSU gewählt, weil diese an der Regierung war. Dieser Regierungsbonus sei mit dem Regierungswechsel von 1969 dann auf die SPD übertragen worden. Damit wären bei angenommen unveränderter Autoritätsfixierung von Frauen die großen SPD-Gewinne, insbesondere zwischen 1969 und 1972, im wesentlichen durch die Regierungsbeteiligung der SPD zu erklären.

In einer eher positiven Deutung wurde die Angleichung des Wahlverhaltens als fortschreitende Emanzipation, als neue soziale Integration der Frau gewertet. Über die verbesserte Ausbildung der Frauen und ihre dadurch gestiegene Chance beruflicher Sicherheit und Unabhängigkeit hätte die Autoritätsfixierung ab- und damit die Bereitschaft zur Wahl einer auf gesellschaftspolitische Veränderungen orientierten Partei zugenommen. Diese Deutung wird gestützt durch Umfrageergebnisse, nach denen vor allem die jüngeren, evangelischen, höher gebildeten, städtischen Frauen, die zu höherem Grad erwerbstätig sind und durchschnittlich weniger Kinder haben, zur SPD übergewechselt sind. Diese Frauen, so wird vermutet, haben sich in überdurchschnittlichem Ausmaß aus dem traditionellen Einfluß der (insbesondere katholischen) Kirche gelöst; sie sind aus dem engen sozialen Kreis „Küche, Kirche, Kinder" über neue Rollenerwartungen im Berufsleben unter politische „cross-pressures" geraten.

Eine letzte, allerdings ebensowenig empirisch fundierte Hypothese bringt die SPD-Erfolge in der weiblichen Wählerschaft mit der Person des gegenüber Frauen attraktiveren Kanzlerkandidaten der SPD, Willy Brandt, in Verbindung.

Auf diesem Hintergrund steht eine theoretisch schlüssige Erklärung vor allen Dingen der Tatsache, warum es vor 1969 zu dieser starken Geschlechtsdifferenzierung des Wahlverhaltens kommen konnte, noch aus. Vor die größten Probleme sieht sich hier der in Anlehnung an *Lazarsfeld* formulierte bezugsgruppentheoretische Ansatz gestellt: Wenn Wähler dazu neigen, ihre Umwelt und insbesondere ihre primäre Umwelt möglichst homogen zu gestalten, und wenn man gleichzeitig davon ausgeht, daß in den 60er Jahren der größte Teil der weiblichen Wahlberechtigten in Ehe- oder eheähnlichen Verhältnissen lebte, so folgte daraus die Erwartung einer hohen Übereinstimmung des Wahlverhaltens von Männern und Frauen in der frühen Phase der Bundesrepublik. Auf diesem Hintergrund wäre eine plausible, bisher aber noch nicht überprüfte Hypothese, daß die festgestellten Differenzen durch das damals abweichende Wahlverhalten alter, alleinstehender Frauen (Kriegswitwen) erklärt werden könnte.

Doch selbst nach der vollzogenen Homogenisierung des Wahlverhaltens bleibt diese Frage weiter ungeklärt, da alle genannten Ursachenzusammenhänge dafür in Frage kommen können: die gesellschaftliche und politische Emanzipation der Frau, der Kanzlerbonus oder die Übertragung des Regierungsbonus von der CDU auf die SPD. Daß die Regierungsbonus-These auch in der heutigen Zeit noch erklärungsfähig ist, wird schon dadurch zweifelhaft, daß es eine entsprechende Änderung des Frauenwahlverhaltens zugunsten der CDU nach 1982 nicht gegeben hat, sondern daß die CDU umgekehrt mit allen Mitteln versuchen mußte, eine weitere Abwanderung der Frauen zu verhindern.

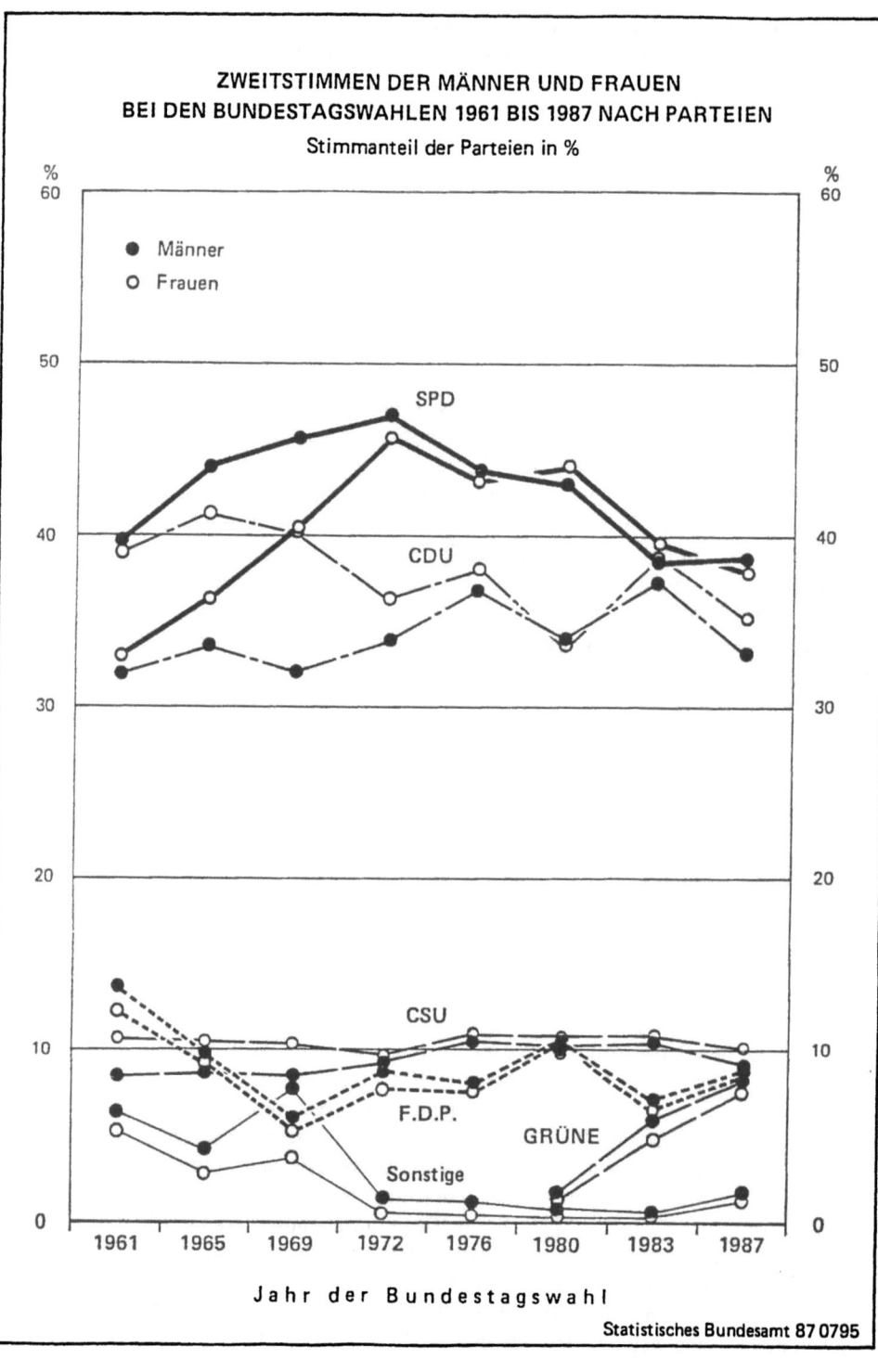

6.3 Jungwähler

Für die Wahlforschung, aber auch für die politischen Parteien, ist das Verhalten der Jungwähler, unter denen üblicherweise die Gruppe der 18 bis 25jährigen verstanden wird, von besonderem Interesse. Im Vergleich zu den anderen Wählergruppen verfügen sie über die strukturell am schwächsten ausgeprägten Parteibindungen. Sie sind also für die Parteien, selbst bei vorhandenen politischen Prädispositionen, am leichtesten zu gewinnen. Geht man weiter davon aus, daß Wähler über längere Zeit bei einer einmal getroffenen Wahlentscheidung bleiben, so werden die Jungwähler für die Parteien noch interessanter. Gelänge es beispielsweise einer Partei über längere Zeit hinweg, jeweils die Jungwähler schwerpunktmäßig für sich zu mobilisieren und dann als Wähler zu behalten, so würde diese Partei durch den Generationswandel, der ihr stetig neue Mehrheiten zuführt, während alte Minderheiten aussterben, sehr bald zur Mehrheitspartei werden.

Überlegungen dieser Art standen im Mittelpunkt des politikwissenschaftlichen Interesses, nachdem die SPD, beginnend mit der Bundestagswahl 1969, nicht nur größere Teile der weiblichen Wählerschaft für sich gewinnen konnte, sondern zunehmend auch zu einer Partei der Jungwähler wurde. Diese Entwicklung läßt sich ebenfalls über die veröffentlichten Zeitreihen der Repräsentativen Wahlstatistik nachvollziehen. Dabei lassen sich zwei verschiedene Trends des Jungwählerverhaltens—inner- und zwischenparteilich — voneinander differenzieren:

Stimmten die Jungwähler, die vom Statistischen Bundesamt bis 1969 in der Kategorie 21 - 30jährige und nach der Herabsetzung des Wahlalters im Jahre 1972 in der Kategorie 18 - 25jährige erfaßt wurden, bis zur Bundestagswahl 1965 mehrheitlich für die CDU, so konnte die SPD nach dem Gleichstand von 1969 in den Wahlen von 1972, 1976 und 1980 jeweils große Mehrheiten innerhalb der Jungwählerschaft gewinnen. Erst zur Bundestagswahl 1983 kam es wieder zu einer Angleichung der beiden Parteien—allerdings auf niedrigerem Niveau, bei gleichzeitig deutlicher Erhöhung des Jungwählerstimmenanteils für die GRÜNEN. Trend des Jungwählerverhaltens

Der zweite Trend bezieht sich auf die jeweils innerparteiliche Lage der Jungwähler. Bis 1965 gab es für die CDU-Stimmenanteile keine eindeutige Altersdifferenzierung. Diese Partei war die Partei der ganz Jungen und der ganz Alten, während die mittleren Altersgruppen eher unterdurchschnittlich die CDU wählten. In der Bundestagswahl von 1969 änderte sich diese Altersdifferenzierung. Die Wähleranteile für die CDU lassen sich seither in eine nach Altersgruppen aufsteigende Rangordnung bringen: je jünger, umso weniger Neigung zur Wahl der CDU. Diese Verteilung hat sich bis zur Bundestagswahl 1987 nicht geändert. Stellt man dem die über die Zeit relativ konstanten, etwas oberhalb des 50 %-Niveaus liegenden Wähleranteile der jeweils ältesten Kohorten gegenüber, so wird deutlich, daß die CDU nach 1965 ihre größten Einbrüche tatsächlich innerhalb der Jungwählerschaft hinnehmen mußte. Diese innerparteilichen Effekte unterscheiden sich im Hinblick auf die SPD: Sie hat mit Ausnahme der

Bundestagswahlen 1965 und 1983 in der Gruppe der Jungwähler jeweils die höchsten Stimmenanteile erzielen können.

Die Periode zwischen 1953 und 1972 könnte man als geradezu idealtypisches Muster einer generationsspezifischen Veränderung von Parteiensystemen bezeichnen: Allein durch das Nachwachsen jeweils stärkerer sozialdemokratischer Kohorten bei gleichzeitigem Ausscheiden der älteren Generation würde sich — selbst wenn man annimmt, daß alle anderen Alterskohorten in ihrem Wahlverhalten relativ stabil bleiben — damit der Gesamtwähleranteil ständig nach oben verschieben.

Generations-Sozialisations-Hypothese — Nun basiert diese Erklärung der Verbreiterung der Wählerbasis der SPD nach dem Zweiten Weltkrieg in ihrer einfachen Form auf der Gültigkeit eines Generations-Sozialisations-Konzepts, wie es bereits von Karl *Mannheim* beschrieben wurde (vgl. dazu ausführlich *Fogt* 1982) und in der empirischen Wahlforschung als Kohortenmodell diskutiert wird.

Das Kohortenmodell zur Erklärung altersspezifischer Differenzierungen politischer Einstellung geht dabei davon aus, daß der Wandel politischer Einstellungen und Verhaltensweisen oder auch Parteibindungen durch dauerhafte Prägung jeweils neuer nachwachsender Alterskohorten (oder auch „politischer Generationen") vermittelt wird. In seiner vermuteten Stabilitätswirkung ist das Kohortenmodell das altersspezifische Pendant zu den sozialstrukturellen Kontexttheorien.

Eine zum Generationskonzept alternative Erklärung des altersspezifischen Wahlverhaltens läßt sich aus der Lebenszyklushypothese herleiten. Danach ändert sich das politische Verhalten eines Individuums und seine Einstellung zu politischem Wandel und der Wahl entsprechender Parteien in Abhängigkeit von der Phase des Lebenszyklus, in der es sich gerade befindet. Dabei lassen sich verschiedene typische Lebensphasen, die sehr eng mit dem Alter zusammenhängen, differenzieren: Kindheit, Jugend, Jahre des beruflichen und familiären Aufbaus, die Zeit der Reife und schließlich die Vorbereitung auf und der Eintritt in den Lebensabend. Für die Änderung der politischen Orientierungen prägend ist dabei der Übergang vom Jugend- ins Erwachsenenalter, der gekennzeichnet ist durch berufliche, familiäre und gesellschaftliche Integration und die damit verbundene Übernahme von familiären und gesellschaftlichen Verantwortlichkeiten. Parallel zur erfolgreichen Übernahme von Erwachsenenrollen und der Erhöhung des sozialen Status wächst das Ausmaß der sozialen Integration eines Individuums und damit auch seine Einstellung über das Ausmaß des gesellschaftlich wünschenswerten Wandels.

Die Lebenszyklushypothese nimmt eine alterstypisch nicht-lineare Beziehung der folgenden Form an: In der Jugend und im frühen Erwachsenenalter ist die Einstellung zu politischem Wandel auch umfassender Art relativ positiv und umfaßt das Engagement für alle gesellschaftlich schwächeren Gruppen und deren Bestreben, sich gegen wirtschaftlich stärkere Gruppen durchzusetzen. In der Reifezeit erhöht sich die Wahrscheinlichkeit, selbst zu den wirtschaftlich Stärkeren zu gehören, weshalb die Neigung zu politischem Wandel und daher auch die Unterstützung der entsprechenden Parteien abnimmt. Für diese lebenszyklische Änderung von einer idealistischen, stärker emotional bestimmten veränderungsorientierten Politik zu einer realistischen, vernunftbezogenen und eher stabilitätsorientierten Weltsicht beim Übergang ins Erwachsenenalter wählte die 1968er Studentenbewegung das charakteristische Bonmot „Trau keinem über dreißig!"

Diese beiden Hypothesen — Lebenszyklus- vs. Generationsthese — lassen sich nun allerdings auf der Grundlage der Repräsentativen Wahlstatistik nicht überprüfen. Für diese Hypothesentests müßte man im strengen Sinne über entsprechend (lebens-)lange individuelle Zeitreihen (Panel) verfügen, um die Altersdifferenzierung der Wählerschaft auf Lebenszyklus- oder Generationseffekte zurückführen zu können. Da solche individuellen Zeitreihen für zurückliegende Zeitpunkte nachträglich nicht mehr erhoben werden können und da für die überwiegende Mehrzahl der früheren Studien die Namen und Adressen der einmal Befragten nicht aufbewahrt wurden und daher individuelle Wiederholungsbefragungen ebenfalls nicht mehr möglich sind, wurde für die näherungsweise Schätzung dieser Effekte über den Zeitvergleich verschiedener Umfragestudien das Verfahren der Kohortenanalyse entwickelt (vgl. *Glenn* 1977).

Überprüfung der beiden Hypothesen nicht möglich

Im Hinblick auf das Wahlverhalten wird in diesem Verfahren nicht die Wahlentscheidung einzelner Individuen, sondern jeweils aufeinanderfolgender Jahrgänge (Alterskohorten) über die Zeit verglichen. Bleiben dabei die Stimmenanteile für die politischen Parteien (oder andere interessierende Merkmale) in den einzelnen Alterskohorten zu verschiedenen Zeitpunkten konstant, so läßt sich daraus auf die entsprechende generational vermittelte Stabilität individuellen Wahlverhaltens schließen. Eine lebenszyklische Erklärung bietet sich dann an, wenn sich die Stimmenanteile systematisch mit dem Älterwerden der Kohorten verändern. Dabei sind nicht nur monotone Effekte der stetigen Zu- und Abnahme denkbar, sondern auch entsprechend der lebensalter-typischen Einstellungen und deren Bezug zu den politischen Parteien auch nicht-lineare Effekte, die etwa dadurch entstehen können, daß sich Personen im hohen Alter wieder verstärkt an emotional-idealistischen Kriterien der Bewertung sozialer Realitäten orientieren.

Kohortenanalyse

Eine dritte Gruppe von Einflüssen, die sich ebenfalls mit der Kohortenanalyse schätzen lassen, sind die Periodeneffekte. Damit sind all die Einflüsse gekennzeichnet, die sich weder durch Lebenszyklus- noch durch Kohorteneffekte erklären, sondern auf den Einfluß eines davon unabhängigen, nur in einer bestimmten geschichtlichen Periode wirksamen Effektes zurückführen lassen. Typisch für Periodeneffekte ist, daß davon alle Wählergruppen in etwa gleichem Ausmaß betroffen sind und nach dieser Periode wieder auf ihre durchschnittlichen Werte zurückpendeln.

Die entsprechenden Effektparameter lassen sich nur in einem simultanen Schätzverfahren berechnen, d.h. die Zuschreibung eines Wahlergebnisses auf einen bestimmten Periodeneffekt (Issues, Kandidaten) ist erst dann möglich, wenn gleichzeitig Alters- und Kohorteneffekte berücksichtigt wurden. Die simultane Schätzung dieser APC-Modelle (Age, Period, Cohort) stößt jedoch auf das bisher nicht gelöste Problem der Überidentifikation des Modells (über eine Variable, nämlich Geburtsjahr, sind bereits beide Effekte, Alter und Kohorte, determiniert). Auf diesem Hintergrund ist trotz der Existenz einiger plausibler

Teilergebnisse eine endgültige Entscheidung darüber, welche Effekte die altersspezifische Struktur der Wahlentscheidung zwischen 1953 und 1987 verursacht haben, derzeit nicht möglich (vgl. ausführlich *Glenn* 1977).

Damit bleibt auch die verschiedentlich aufgeworfene Hypothese weiter offen, ob die Jungwähler über ihren jugendlichen Idealismus quasi das geborene Wählerpotential für sozialistische/sozialdemokratische Parteien darstellen und es für diese Parteien entsprechend nur noch darauf ankommt, diese Wählergruppen auch tatsächlich zur Wahlurne zu bringen. Gegen diese These spricht das Wahlverhalten der Jungwähler bis zum Jahre 1965. Für sie spricht, daß die SPD bei ihrem Versuch, die Jungwähler zu mobilisieren, tatsächlich erfolgreich war, als sie Ende der 70er Jahre angesichts der wirtschaftlichen Rezession von ihren jugendlich-idealistischen Politikzielen Abstand nahm und dafür ihre ,,Nachfolgeorganisation", die GRÜNEN, nun das veränderungsorientierte jugendliche Wählerpotential über die Besetzung verschiedener Issue-Positionen für sich gewinnen konnte.

7 Wahlprognosen und Hochrechnungen als Methoden

Obwohl das Verfahren der Hochrechnung von Wahlergebnissen häufig synonym gebraucht wird mit dem Begriff der Wahlprognose, handelt es sich hier um zwei grundsätzlich verschiedene Schätzverfahren.

Bei der Wahlprognose wird auf der Grundlage von Umfragedaten, die zu jedem beliebigen Zeitpunkt vor einer Wahl erhoben werden können, aus politischen Einstellungen und Wahlverhaltensabsichten das Ergebnis einer Wahl, die noch nicht stattgefunden hat, vorhergesagt. Wahlprognosen sind mit einem hohen Vorhersagerisiko behaftet. Ursache dafür ist, daß bei diesem Verfahren nicht das vorhergesagte Ergebnis selbst, also das Wahlverhalten, gemessen wird, sondern abgeleitete Indikatoren (Verhaltensabsichten), aus denen auf der Grundlage theoretischer Vorüberlegungen mit einer bestimmten Fehlerwahrscheinlichkeit das Wahlverhalten vorhergesagt wird. Wahlprognose

Aus der Charakteristik der auf Umfragen beruhenden Wahlprognose, mittels Repräsentationsschluß von den Verteilungen einer Stichprobe auf die Grundgesamtheit zu schließen, ergeben sich, neben dem Problem der adäquaten Operationalisierung der Wahlabsichtsfrage, vier Unsicherheitsfaktoren jeder Prognose: Vier Unsicherheitsfaktoren der Wahlprognose

a) der statistische Fehler,
b) das Problem der nicht festgelegten Wähler,
c) das Problem der statistischen Repräsentativität der Stichprobe,
d) das Problem der politischen Repräsentativität der Stichprobe.

Zu a): Der Vorteil einer Zufallsstichprobe liegt darin, daß sich aus ihren Merkmalsparametern, wie z.B. Mittelwert und Streuung, sowie der Stichprobengröße ein Vertrauensintervall berechnen läßt, innerhalb dessen die Schätzwerte der Grundgesamtheit, also die tatsächlichen Parameter, mit einer angebbaren Wahrscheinlichkeit (Sicherheitsgrad) liegen. Wird in einer Stichprobe beispielsweise für eine Partei A ein Anteilswert von 40 % berechnet, so läßt sich auf der Grundlage der Streuung dieses Merkmals in der Stichprobe sowie der Größe der Stichprobe ein Vertrauensintervall angeben, in dem der wahre Wert erwartet werden kann (z.B. mit 95 %iger Wahrscheinlichkeit liegt der wahre Anteilswert für Partei A zwischen 38 und 42 %). Dabei gilt, daß das Vertrauensintervall um so kleiner wird, d.h. der Wert um so genauer vorhergesagt werden kann, je größer die Stichprobe und je kleiner die Streuung des Merkmals in der Stichprobe ist. — Statistischer Fehler

Problem: Vertrauensintervall statt exaktem Wert

Das Problem von Wahlprognosen, die veröffentlicht werden sollen, liegt nun darin, daß Massenmedien, wie Medienkonsumenten, stärker an der Mitteilung eines festen Wertes als an Vertrauensintervallen interessiert sind. Dies wird insbesondere dann verständlich, wenn sich zwar die Stichprobenwerte unterscheiden, die Intervalle aber überschneiden. So müßte man beispielsweise statt der ermittelten Stichprobenwerte für zwei Parteien von 44 % und 46 % statistisch exakt die Intervalle 42 - 46 % und 44 - 48 % angeben. Auf dem Hintergrund solcher Verteilungen haben sich in der Vergangenheit Wahlforscher und Meinungsforschungsinstitute immer wieder dazu verleiten lassen, die Fehlertoleranzen ihrer Prognosen nicht zu berichten.

— Nicht festgelegte Wähler

Zu b): Je größer der Zeitraum zwischen Wahlprognose und entsprechender Wahl, um so größer ist die Wahrscheinlichkeit, daß sich Wähler bzw. Befragte in einem Interview noch nicht für eine Parteialternative entscheiden können oder wollen bzw. ihrer endgültigen Wahlentscheidung noch nicht sehr sicher sind. Das Problem der frühen Wahlprognose besteht dann darin, aus der Gruppe von Befragten, die eine Parteipräferenz angeben, auf eine gültige Verteilung in der Grundgesamtheit zu schließen und die noch nicht entschiedenen Wähler in zutreffender Weise den verschiedenen Parteien zuzuordnen.

Problem: Unterschiedliche Mobilisierung im Wahlkampf

Die einfachste Methode ist dabei, daß man annimmt, daß sich die Gruppe der noch nicht entschiedenen Wähler genauso verhält, wie die der entschiedenen, und damit diese Gruppe aus der Berechnung der Stimmenanteile ausschließt. Dieses Verfahren ist allerdings dann problematisch, wenn man davon ausgehen kann, daß es den Parteien in unterschiedlichem Maße gelingt, zwischen dem Zeitpunkt der Umfrage und der Wahl die unentschiedenen Wählergruppen für sich zu mobilisieren. Da sich der Verlauf des Wahlkampfes mit allen Unwägbarkeiten, die die Chancenstruktur der Parteien verändern, allerdings nicht vorhersagen läßt, bleibt dieses Restrisiko in jeder Umfrage bestehen.

— Statistische Repräsentativität

Zu c): Die Voraussetzung dafür, daß von einer Stichprobe auf eine Grundgesamtheit geschlossen werden kann, ist ihre statistische Repräsentativität. Darunter ist zu verstehen, daß die Stichprobenmerkmale denen der Grundgesamtheit entsprechen. Eine nach allen Merkmalen repräsentative Stichprobe läßt sich nur durch die Anwendung einfacher oder komplexer Zufallsauswahlverfahren sicherstellen. Doch selbst bei der Ziehung von Zufallsstichproben ist eine volle Ausschöpfung der Stichprobe und damit die Sicherstellung der Repräsentativität faktisch niemals möglich. Entweder werden Zielpersonen wiederholt nicht angetroffen, sind krank, im Urlaub oder verweigern die Befragung. Kann über wiederholte Nachfrageaktionen durch den Interviewerstab die statistische Repräsentativität der Stichprobe nicht hergestellt werden, so besteht die Möglichkeit der statistischen Repräsentativgewichtung. Dabei werden all die Merkmale, die in einer Stichprobe zu häufig vertreten sind, relativ zu den anderen Merkmalen heruntergewichtet und die Merkmale, die in der Stichprobe im Vergleich zur Grundgesamtheit zu selten vorkommen, höher gewichtet.

Problem: Volle Ausschöpfung einer Stichprobe nicht möglich

Dieses Gewichtungsverfahren läßt sich an dem folgenden, einfachen Beispiel verdeutlichen. Nach dem Mikrozensus von 1981 verteilt sich die Bevölkerung nach den berufsstrukturellen Merkmalen Arbeiter, Angestellte und Beamte,

Selbständige im Verhältnis 42,2 %, 46,1 %, 11,7 %. In der zu 60 % ausgeschöpften Stichprobe fänden sich jedoch mehr Arbeiter und Selbständige und weniger Angestellte und Beamte (vgl. Tabelle 5). Um diese Überrepräsentation zu beseitigen, würde in diesem Fall jeder Arbeiter in der Stichprobe das Gewicht 0,9295, jeder Angestellte/Beamte 1,0898 und jeder Selbständige 0,9512 erhalten, so daß nach dem Gewichtungsverfahren in der Summe die in der Grundgesamtheit bestehenden Prozentverhältnisse wiederhergestellt sein würden.

Tabelle 5: Beispiel einer statistischen Gewichtung

	Anteilswerte in der Grundgesamtheit (Mikrozensus 1981)	Anteilswerte in der Stichprobe	Gewichtungsfaktor
Arbeiter	42,2 %	45,4 %	0,9295
Angestellte und Beamte	46,1 %	42,3 %	1,0898
Selbständige	11,7 %	12,3 %	0,9512

In der Realität wird dieses Verfahren der Repräsentativgewichtung natürlich auf der Grundlage sehr viel feinerer Berufskategorien sowie aufgrund der bekannten Verteilungen nach Altersgruppen, Bildungsabschlüssen, Geschlecht, Wohnortgröße, Haushaltsgröße etc. durchgeführt. Das statistische Gewichtungsverfahren basiert auf der Annahme, daß bei einer Repräsentativität der statistischen Merkmale einer Stichprobe auch die Repräsentativität der sekundären Merkmale, wie etwa der politischen Einstellungen, sichergestellt ist.

Zu d): Aus den Erfahrungen der Wahlforschung, daß selbst nach Sicherstellung der statistischen Repräsentativität einer Stichprobe und bei einer sehr hohen Antwortrate in Bezug auf die Frage nach der Wahlentscheidung sich die in Stichproben gefundenen Anteilswerte teilweise erheblich von denen der Grundgesamtheit unterschieden, wurden verschiedene Verfahren der politischen Gewichtung entwickelt. Diese Verfahren basieren auf der theoretischen Annahme, daß Befragte sich in einer quasi öffentlichen Interviewsituation unabhängig von ihrer tatsächlichen Parteibindung eher zu der Partei bekennen, die im öffentlichen Meinungsklima positiver bewertet bzw. bereits als Gewinner der bevorstehenden Wahl angesehen wird.

— Politische Repräsentativität

Problem: Meinungsklimaeffekte verzerren die tatsächlichen Größenverhältnisse

Zur Korrektur dieser Neigung, zur Gewinnerpartei zählen zu wollen (Bandwaggon-Effekt), die dazu führt, daß die Anteile der „Gewinner-Partei" überschätzt werden, werden zwei unterschiedliche Gewichtungsmethoden verwendet:

— Die Gewichtung über die Rückerinnerungsfrage (Recall-Gewichtung) stellt eine Form der politischen Repräsentativgewichtung, bezogen auf die letzte vergleichbare Wahl dar. Dazu wird im Interview nicht nur die jetzige Wahlabsicht erhoben, sondern auch die Frage nach der Wahlentscheidung bei der letzten Wahl gestellt. Die resultierenden Randverteilungen der Rückerinnerungsfrage werden dann verglichen mit dem tatsächlichen Wahlergebnis und auf dieser Grundlage jeder Befragte entsprechend seiner Rückerinnerung gewichtet. Dies sei wiederum an einem Beispiel verdeutlicht:

Tabelle 6: Beispiel einer Recall-Gewichtung

	Tatsächliches Wahlergebnis 1983 (Zweitstimmen)	Rückerinnerung an Wahl 1983 (Stichprobe 1985)	Recall-Gewicht
CDU/CSU	49,3 %	50,9 %	0,9685
SPD	38,2 %	36,4 %	1,0494
FDP	6,9 %	8,3 %	0,8313
GRÜNE	5,6 %	4,4 %	1,2727

Diese Gewichtungstabelle sei das Ergebnis einer Befragung, die 1985 durchgeführt wurde. Bei der Rückerinnerung gaben 50,9 % an, bei der Bundestagswahl 1983 die CDU/CSU gewählt zu haben. Zur SPD und zu den GRÜNEN bekannten sich dagegen weniger Wähler. Wenn aber in dieser Stichprobe bereits zuviele CDU-Wähler sind, dann wird der zu schätzende zukünftige Wähleranteil für die CDU auch wieder höher sein. Aus diesem Grund wird über die Recall-Gewichtung jeder CDU-Wähler nur 0,9685 mal, jeder SPD-Wähler 1,0494 mal, jeder FDP-Wähler 0,8313 mal und jeder GRÜNEN-Wähler 1,2727 mal gezählt, damit die Randverteilung der Rückerinnerungsfrage der letzten Wahl entspricht. Auf dieser Basis wird dann die Frage nach der zukünftigen Wahlabsicht ausgezählt.

Dieses Verfahren stellt zwar eine Verbesserung der Vorhersagegenauigkeit dar, es ist allerdings in seiner Brauchbarkeit dadurch eingeschränkt, daß viele Personen ihre frühere Wahlentscheidung und ihre jetzige Parteipräferenz widerspruchsfrei angeben, d.h. sie ändern nicht nur ihre Wahlentscheidung, sondern auch ihre Rückerinnerung.

— Das insbesondere vom Institut für Demoskopie in Allensbach verwendete, jedoch in den Einzelheiten nicht publizierte Verfahren der Gewichtung über politische Meinungsklimafaktoren korrigiert die berichtete Parteipräferenz um den Effekt des wahrgenommenen Vorsprungs dieser Partei im Meinungsklima des Wahlkampfes. Dieses Meinungsklima, so läßt sich aus den Analysen folgern, war bis zur Bundestagswahl 1961 für die CDU/CSU vorteilhaft, um in der Phase der sozialliberalen Koalition, insbesondere im Jahre 1972, zugunsten der SPD umzuschlagen. Entsprechend wurden in allen Umfragen in diesen Perioden jeweils die Anteile der CDU/CSU und später der SPD und FDP systematisch überschätzt (vgl. *Noelle-Neumann* 1983).

In der sozialwissenschaftlichen Forschungspraxis hat sich eingebürgert, die aus Umfragen resultierenden Datensätze über mehrstufige statistische und politische Gewichtungsverfahren zu korrigieren.

Hochrechnung

Basis: Tatsächliche Wahldaten

Das Verfahren der Hochrechnung des Wahlergebnisses, wie es jeweils kurz nach Schließung der Wahllokale für Bundes und Landtagswahlen im Auftrag von ARD und ZDF von INFAS und der Forschungsgruppe Wahlen durchgeführt wird, kennt einen Großteil dieser Prognoserisiken nicht, weil es nicht auf Verhaltensabsichten, sondern auf tatsächlichen Wahldaten beruht. Die Hochrechnung von Parteianteilen erfolgt ebenfalls auf der Basis einer Stichprobe repräsentativ ausgewählter Wahlbezirke. Die Hochrechnungsverfahren schätzen dabei nach

Abschluß der Wahl aus den Stichprobenwerten auf die Verteilung der entsprechenden Merkmale in der Grundgesamtheit. Die Hochrechnung ist daher auch keine Vorhersage im eigentlichen Sinne, sondern soll lediglich den Wahlausgang frühzeitiger, d.h. ca. 4 bis 5 Stunden vor der endgültigen Auszählung aller Stimmen, schätzen.

In der Bundesrepublik liegen die ersten, sehr verläßlichen Schätzungen in der Regel 20 bis 30 Minuten nach Schließung der Wahllokale vor, also zu einer Zeit, in der nur sehr wenige der repräsentativ ausgewählten Wahlbezirke ausgezählt, d.h. in die Stichprobe aufgenommen sind. Aus diesen Teilergebnissen, die im internen Schätzverfahren zunächst im Hinblick auf ihre Repräsentativität für die Gesamtstichprobe gewichtet werden müssen, lassen sich die Differenzen zur Vorwahl berechnen und damit auf das neue Wahlergebnis schließen, wobei auch hier gilt, daß das Fehlerintervall mit zunehmend ausgeschöpfter Stichprobe kleiner wird (vgl. *Bruckmann* 1966, *Gibowski* 1985).

Im Zusammenhang mit den Hochrechnungen am Wahlabend haben in den letzten Jahren die im Auftrag der ARD vom INFAS Institut erstellten Wählerwanderungsbilanzen spektakuläre Aufmerksamkeit gefunden. In solchen Bilanzen werden die Wanderungen zwischen den Parteien von einer Wahl zur anderen, zwischen Wählern und Nichtwählern sowie die Zu- und Abgänge, die sich aus dem Generationswechsel der Wählerschaft oder aus Bevölkerungswanderungen ergeben, berichtet (vgl. *Krauss/Smid* 1981). *Wählerwanderungsbilanzen*

Eine Wählerwanderungsbilanz wird wie folgt erstellt: Zunächst werden die amtlichen Endergebnisse zweier Wahlen miteinander verglichen, dann ermittelt man die Größe der Gruppen, die zur Wählerschaft hinzugekommen sind (Erstwähler), sowie der durch Tod oder Umzug herausgefallenen Wählergruppen, multipliziert diese Zahlen mit den gruppenspezifisch geschätzten Wahrscheinlichkeiten der Stimmabgabe für die einzelnen Parteien und bereinigt die amtlichen Endergebnisse um diese Werte. Die verbleibenden Differenzen können dann auf die Wählerwanderungen zwischen den Parteien zurückgeführt werden.

Das Hauptproblem besteht nun darin, die Wanderungswahrscheinlichkeiten, die sich aus den aggregierten Wahlergebnissen selbst nicht herleiten lassen, zwischen den Parteien zu schätzen. Zu diesem Zweck werden die Übergangswahrscheinlichkeiten aus anderen Quellen, nämlich entweder über die Wechselraten aus Wiederholungsbefragungen (Panel), die Unterschiede zwischen Rückerinnerungsfrage und Wahlentscheidung in Umfragen oder aber durch die statistische Analyse regional differenzierter Wahlergebnisse vorgenommen.

Dieses Verfahren ist in der wissenschaftlichen Diskussion stark angegriffen worden, wobei als Hauptkritikpunkt angeführt wurde, daß die Berechnung der zentralen Parameter der Wanderungswahrscheinlichkeiten nahezu ausschließlich durch Umfragen ermittelt und damit die ganzen Fehlermöglichkeiten der Umfrageforschung in das Schätzverfahren eingehen. Auf diesem Hintergrund konnten *Hoschka* und *Schunk* (1982) an einem Beispiel belegen, daß sich bei ansonsten gleichen Verfahren bei Verwendung von Umfrageergebnissen zweier unterschiedlicher Meinungsforschungsinstitute Unterschiede in den Wanderungsströmen bis zu 40 % ergeben können. Diese Schätzverfahren müssen daher unter diesem Aspekt noch erheblich verbessert werden.

8 Theorie und Empirie gesellschaftlichen Wertwandels

Die Wertforschung stellt ein Spezialgebiet der empirischen Sozialforschung dar und ist in ihren Problemstellungen zwischen Soziologie und Politischer Wissenschaft angesiedelt. Gegenstand der Wertforschung ist die Frage, wie individuelle und gesellschaftliche Wertorientierungen entstehen und sich verändern, und inwiefern die in einer Gesellschaft gültigen Wertvorstellungen die Einstellungen und Verhaltensweisen der Bevölkerung beeinflussen. Eine der zentralen Annahmen der Wertforschung ist dabei, daß menschliches Verhalten nicht nur von Interessen und rationalen Nutzenerwägungen geleitet ist, sondern ebenso stark von Motiven, die sich aus den in einer Gesellschaft geltenden Wertvorstellungen ableiten lassen. Gesellschaftliche Wertorientierungen, das heißt generalisierte Aussagen über die kulturelle und politische Entwicklung einer Gesellschaft, eines Kulturkreises oder gar der Menschheit stellen für die Teile der Bevölkerung, die sich diesen Werten verpflichtet fühlen, jeweils umfassende soziale Handlungsanweisungen bereit. Für diese Bevölkerungsteile haben Werte eine direkte oder über politische Einstellungen vermittelte verhaltenssteuernde Funktion.

<small>Gegenstand der Wertforschung: Entstehung und Veränderung von Werten und deren Wirkung auf Einstellungen und Verhalten</small>

Obwohl die empirische Wertforschung ein relativ junger Zweig der empirischen Sozialforschung ist, wurde die Bedeutung gesellschaftlicher Wertvorstellungen als Handlungsanleitung menschlichen Verhaltens in der politikwissenschaftlichen Forschung schon sehr früh thematisiert. Eine der klassischen Studien auf diesem Gebiet ist die 1905 erstmals veröffentlichte Abhandlung Max *Weber*s „Die protestantische Ethik und der Geist des Kapitalismus". In dieser Studie ging es Max *Weber* darum zu verdeutlichen, daß Werte neben materiellen Interessen als Motive menschlichen Verhaltens angesehen werden müssen, und daß einer der zentralen Bereiche jeder Gesellschaft, aus dem sich ein umfassendes System von Leitlinien menschlichen Verhaltens ableiten läßt, traditionellerweise der der Religion ist.

So konnte *Weber* am Beispiel westlicher Industriegesellschaften zeigen, daß die Werte und Verhaltenserwartungen der protestantischen Ethik und insbesondere des puritanischen Calvinismus, wie Leistungsstreben, asketische Lebensform, Berufsethos und Pflichtgefühl, zur Ausprägung entsprechender wirtschaftlicher und politischer Einstellungen und Verhaltensweisen führten, die als „Geist des Kapitalismus" die Voraussetzungen für den wirtschaftlichen Aufstieg dieser Nationen darstellten. Das Verhalten der Menschen in diesen Gesellschaften, ihr Leistungsstreben, ihre Aufstiegsorientierung sowie ihre davon ab-

<small>Weber: Wertvorstellungen der protestantischen Ethik bilden das Fundament des Kapitalismus</small>

geleiteten Vorstellungen darüber, wie die soziale Struktur, das heißt die Verhältnisse der verschiedenen Gruppen einer Gesellschaft zueinander, politisch definiert sein soll, sind ohne Bezug auf diese verhaltensleitenden Werte nicht verständlich.

Das Spektrum religiöser Werte ist relativ breit und umspannt die bereits genannte, auf die Reformation im 16. Jahrhundert zurückgehende protestantische Ethik, die verschiedenen aus der Kirchenspaltung entstandenen Überzeugungssysteme religiöser Sekten sowie die auf das Urchristentum zurückführbaren und durch das Papsttum tradierten Wertvorstellungen der katholischen Soziallehre. Im nichteuropäischen Bereich sind die religiösen Verhaltenserwartungen noch sehr viel umfassender: Buddhismus, Hinduismus und vor allen Dingen der Islam unterscheiden sich in ihren traditionellen Formen von den westlichen Religionen und insbesondere dem Protestantismus dadurch, daß sie keine Differenzierung in einen religiösen und weltlichen Bereich vornehmen, sondern einen allumfassenden Geltungsanspruch der Religion formulieren. (Vgl. zu den Äquivalenten der protestantischen Ethik in nicht-christlichen Religionen *Weber* 1976 (6. Aufl.), *Weede* 1985, S. 78ff.)

Weltliche Wertorientierungen entstehen parallel zu den cleavages

In pluralistischen Demokratien ist der Rückgriff auf den religiösen Wertebereich zur Erklärung menschlichen Verhaltens nicht in jedem Fall notwendig, da sich vergleichbare Wertorientierungen auch für den weltlichen Bereich herausgebildet haben. Die Entstehung dieser gesellschaftlichen Wertvorstellungen ist parallel zu sehen zur Herausbildung der großen politischen Hauptspannungslinien (cleavages) einer Gesellschaft. In diesem Prozeß sind von den widerstreitenden sozialen Gruppen eine Reihe von politischen Zielvorstellungen formuliert worden, die in verallgemeinerter Form in den Grundwertebereich westlicher Gesellschaften übernommen worden sind. Dazu gehören vor allem die nach der Reformation im Zeitalter der Aufklärung formulierten Grundwerte der Freiheit, der politischen Gleichheit und der Brüderlichkeit (Solidarität). Das sind Werte, die im Verlauf der Geschichte für die Entwicklung der unterschiedlichen politischen Weltanschauungen, wie Liberalismus, Konservatismus, Sozialismus oder Kommunismus, als Basisbezugsgrößen gedient haben.

Umfrageforschung ermöglicht:
— Erfahrung individueller Motive

Die Politische Wissenschaft hat in den letzten beiden Jahrzehnten eine Renaissance der Wertforschung erlebt. Dies kann im wesentlichen auf die Entwicklung der Methode der Umfrageforschung zurückgeführt werden.

Erstens ist es dadurch möglich geworden, die individuellen Motive menschlichen Verhaltens zu erheben und zu ihren sozialstrukturellen Ursachen und Verhaltenskonsequenzen in Beziehung zu setzen. Wo die frühe Wahlforschung nur vage verweisen konnte auf die Faktoren des „Meinungsklimas" wie etwa Lokalismus oder religiöser Traditionalismus, die einen politischen Konservatismus und damit entsprechend stabiles Wahlverhalten zur Folge hätten, wurde es über die Umfrageforschung möglich, die Wirkungsweise dieser Effekte für jedes einzelne Individuum zu überprüfen.

— Beobachtung latenter Veränderungen von Wertstrukturen

Zweitens ist es mit der Umfrageforschung möglich geworden, die Struktur der gesellschaftlichen Wertorientierungen nicht erst dann sichtbar werden zu lassen, wenn sie sich in offenen politischen Konflikten manifestiert (z.B. der extreme Nationalismus vor der nationalsozialistischen Machtergreifung), sondern auch in den politischen Zwischenphasen, in denen die unterschiedlichen Wertorientierungen in der Bevölkerung an Bedeutung gewinnen oder verlieren, ohne unmittelbar zur Entstehung offener politischer Frontstellungen zu führen. Die Beobachtung der latenten Veränderungen politischer Wertorientierungen stellt damit die Grundlage dafür dar, den Wandel politischer Wertorientierungen sowie Störungen des Wertkonsenses in der Bevölkerung rechtzeitig zu erkennen, um sozial unerwünschten Konsequenzen des Wertewandels entgegenwirken zu können.

Die Beobachtung der gesellschaftlichen Wertestruktur hat in den letzten Jahren eine Reihe von Veränderungen der Wertprioritäten der Bevölkerung sichtbar werden lassen, die von Politik und politisch interessierter Öffentlichkeit gedeutet wurden als Verfall der traditionellen Werte, auf deren Gültigkeit der Fortbestand unserer Gesellschaftsform beruht. Als Veränderungen wurden dabei, häufig auch ohne schlüssigen empirischen Nachweis, aufgeführt: Wertwandel:

— ein Verfall, das heißt eine stark abnehmende Handlungsleitung, der religiösen Werte;   — Verfall religiöser Werte
— eine generelle Abnahme der Pflicht- und Akzeptanzwerte sowohl in der Politik als auch für den großen Bereich der arbeitsbezogenen Werte, die in ihren zentralen Kategorien die protestantische Ethik, die zum Aufstieg des Kapitalismus geführt habe, ausmachen; stattdessen sei jetzt eine sinkende Arbeitsmoral und eine verstärkte Neigung der Bevölkerung, ihren Lebenssinn in den Stunden der Freizeit zu suchen, feststellbar;   — Abnahme von Pflicht- und Akzeptanzwerten
— eine der Ablehnungen zur Unterordnung unter kollektive Normen und traditionelle Werte entsprechende Hinwendung zu den Werten der individualistischen Selbstverwirklichung und Entfaltung;   — Zunahme von individualistischen Selbstverwirklichungswerten
— eine generalisierte Abnahme des Konsens über die Priorität der wirtschaftlichen Güterversorgung gegenüber den ideellen, nicht-materiellen Politikzielen.   — Verschiebung von materiellen zu ideellen Werten

(Vgl. zu diesen Befunden im einzelnen *Inglehart* 1977, *Klages* 1985, *Klages/Kmieciak* 1979, *Jaide* 1983, *Noelle-Neumann/Strümpel* 1984, *Reuband* 1985, *Dalton* 1986, *Gabriel* 1986.)

Diese Befunde, die in ihrer Gesamtheit tatsächlich auf eine Abkehr von den traditionellen Werten der Agrar- und Industriegesellschaft schließen lassen, sind in der öffentlichen Diskussion vor allem deswegen auf großes Interesse gestoßen, weil sich diese Abkehr schwerpunktmäßig bei den jungen, nachwachsenden Generationen feststellen läßt. Bei der Einschätzung der Dramatik des beobachteten Wertwandel geht man von der Gültigkeit zweier Annahmen aus, die im Zentrum der Wertforschung stehen: Wertwandel vor allem in der jungen Generation

— Die nachwachsenden Generationen werden ihre von jugendlichem Idealismus geprägten Vorstellungen über die Werte einer Gesellschaft auch als Erwachsene beibehalten, so daß es einfach durch das Nachwachsen neuer und das Aussterben alter Generationstypen zu einer Umwälzung des Wertsystems kommt (Generationsthese).
— Die traditionellen Werte sind nicht nur für die Stabilität der traditionellen,

sondern auch der zukünftigen Gesellschaftsformen Voraussetzung. Hier wird vor allen Dingen auf die Notwendigkeit der Existenz von Pflicht- und Akzeptanzwerten sowie der früher aus religiösen Überzeugungen abgeleiteten höheren Bereitschaft zur sozialen Unterordnung hingewiesen.

In dieser Perspektive steht in der Wertforschung die Frage nach den Ursachen des Wandels traditioneller, sowie der Entstehung neuer Werte im Zentrum des Interesses. Dazu gibt es verschiedene, teils widerstreitende Erklärungsansätze. In einer eher soziologischen Interpretation, wie sie z.B. von Ronald *Inglehart* vertreten wird, dürften für den Wertwandel vor allem die geänderten sozialen Strukturen einer Gesellschaft, der Stand der Produktionsweise oder der wirtschaftlichen Entwicklung ursächlich sein. Entsprechend kann ebenso die fortdauernde Geltung traditioneller Werte auf vom politischen Willensbildungsprozeß unabhängige Faktoren zurückgeführt werden. Das bedeutet, daß die parteipolitischen Eliten die Prozesse des Wertwandels eher als unbeeinflußbare Ursache denn als Ergebnis ihres politischen Engagement einzuschätzen hätten.

Eng verknüpft mit der Frage nach den Ursachen des Wertwandels ist die Einschätzung seines zukünftigen Verlaufs. Nimmt man als Ursache des Wertwandels die veränderten sozialen Strukturen oder die wirtschaftliche Entwicklung an, wird man zukünftig von einem nicht-steuerbaren, evolutionären Prozeß des Wertwandels ausgehen. Nimmt man dagegen in politikwissenschaftlicher Orientierung an, daß der Wertwandel Ergebnis des politischen Willensbildungsprozesses und daher von politischen und gesellschaftlichen Eliten beeinflußbar ist, und daß sich die Einflußmöglichkeiten einzelner Gruppen in verschiedenen Phasen der gesellschaftlichen Entwicklung unterscheiden, so wird man eine schubweise oder gar zyklische Entwicklung des Wertewandels erwarten. Darüberhinaus wird man die politischen Eliten nicht von ihrer Mitverantwortung für möglicherweise sozial unerwünschten Wertewandel freisprechen.

Ein zweiter Fragenkomplex der Wertforschung bezieht sich auf den analytischen Status des Wertkonzepts und sein Verhältnis zu sozialstrukturell definierten Interessen, Einstellungen und politischem Verhalten. Auch hier besteht das bereits beim Konzept der Parteiidentifikation diskutierte Problem, wie diese unterschiedlichen Konzepte jeweils gemessen und in einem quantitativen Schätzmodell zueinander in Beziehung gesetzt werden können. Erst dann, wenn in einer Untersuchungsanordnung zweifelsfrei zwischen (kurzfristig veränderbaren) Einstellungen und (langfristig stabilen) Werten unterschieden werden kann, läßt sich entscheiden, ob die von verschiedenen Autoren berichteten Veränderungen nur als reversibler Einstellungswandel oder tatsächlich als Wandel grundlegender Wertorientierungen gelten können.

8.1 Die definitorische Abgrenzung des Wertbegriffs

Wert = individuell und sozialstrukturell verankerte Vorstellung des gesellschaftlich Wünschbaren

Auf die Frage, was als Definitionsmerkmal des Wertbegriffs gelten kann, gibt es in der Literatur verschiedene Vorschläge. In der am häufigsten zitierten Definition von *Kluckhohn* (1951, S. 395) ist ein Wert eine für ein Individuum oder eine Gruppe charakteristische Konzeption des Wünschenswerten, die die Auswahl zwischen verschiedenen Handlungsarten, -mitteln und -zielen beeinflußt. Darauf, daß Werte persönlichkeitsstrukturell relativ stabil verankerte Vorstellungen des gesellschaftlich Wünschbaren sind, weist *Rokeach* (1973) hin, und *Reichardt* (1979) hebt darauf ab, daß diese Vorstellungen sowohl in der Motivationsstruktur des Einzelnen stark verankert sein als auch einen hohen Grad allgemeiner Verbindlichkeit aufweisen müssen, um damit zumindest potentiell auch bei einer breiteren Bevölkerungsgruppe wirksam werden zu können.

Dadurch, daß Werte nicht für alle Bevölkerungsgruppen gleichermaßen gelten müssen, sondern jeweils innerhalb bestimmter Bevölkerungsgruppen (z.B. unterschiedlichen Konfessionen, Parteien, sozialen Schichten) Verbindlichkeit haben, können in einer Gesellschaft viele, auch zueinander widersprüchliche Werte gleichzeitig konkurrierend nebeneinander existieren. Werte schaffen Rangfolgen der Bevorzugung von Gütern, Personen, sozialen Gruppen, aber auch persönlichen Lebenszielen und Verhaltensstilen. Sie dienen als Standards der Bewertung sozialer Tatbestände, wodurch es einzelnen Personen möglich ist, Präferenzen zwischen verschiedenen Wünschbarkeiten zu entwickeln. Diese Wünschbarkeiten gelten allerdings nur dann als Werte, wenn sie nicht nur kurzfristig wirksam werden (wie z.B. Bedürfnisse), sondern in der Motivstruktur einer Person langfristig verankert sind. Ein Wert unterscheidet sich von einer einzelnen Handlungsanweisung durch seinen höheren Generalisierungsgrad. So ist beispielsweise der Begriff der Nächstenliebe ein Wert, während der Aufforderung, für mildtätige Zwecke Geld zu spenden, nur der Status einer Handlungsanweisung innerhalb dieses Wertes zukommt. *(Werte schaffen Rangfolgen der Bevorzugung und ermöglichen die Bewertung sozialer Tatbestände)*

Werte erhalten ihre gesellschaftliche Stabilität dadurch, daß sie sowohl auf der Ebene des einzelnen Individuums, als auch über ihren gesellschaftlichen Geltungsanspruch und die Deutung durch Institutionen und Symbole gesellschaftlich abgestützt sind. Diese „doppelte Verankerung von Werten in der Persönlichkeitsstruktur und in der Sozialstruktur" (*Opaschowski* 1982, S. 7) verzahnt die Gesellschaft mit ihren Mitgliedern.

Werte müssen unterschieden werden von sozialen Normen, Einstellungen und Bedürfnissen (vgl. *Rokeach* 1973, S. 17ff.).

Werte unterscheiden sich von Einstellungen durch deren mangelnde Stabilität und gesellschaftliche Verbindlichkeit. Werte sind Standards, die sich auf wenige, gesellschaftliche akzeptierte, zentrale Positionen beziehen, während Einstellungen zu einer Vielzahl von Objekten entwickelt und subjektiv verändert werden können. *(Werte vs. Einstellungen)*

Werte unterscheiden sich von sozialen Normen dadurch, daß sich Normen auf spezifische Situationen oder konkretes Verhalten beziehen, während Werte einen höheren Allgemeinheitsgrad aufweisen. *(Werte vs. soziale Normen)*

Werte unterscheiden sich von Bedürfnissen (z.B. nach Nahrung) dadurch, daß diese unbewußt, das heißt ohne Bezug auf die Wissenskomponente (Kognition) einer Person auftreten, während Werte geprägt sind durch die Kultur eines Landes oder spezieller Bevölkerungsgruppen. Bedürfnisse entstehen letztlich *(Werte vs. Bedürfnisse)* aus einer diffusen Triebenergie. Bedürfnisse, z.B. nach Freizeit, können folglich dann, wenn sie kognitiv verarbeitet und in der öffentlichen Meinungsbildung als allgemeines wünschbares Ziel definiert werden, als Wert interpretiert werden. Entscheidend ist in diesem Zusammenhang die kulturelle Deutung.

Für die Phänomene, die wir als Wertorientierungen bezeichnen, gibt es eine Reihe synonymer Begriffe, wie etwa Motive, Überzeugungssysteme oder Ideologien. Sie beziehen sich auf weite Bereiche menschlichen Handelns:

Werteklassifizierung

— die fundamentalsten Werte, die das Überleben der Menschheit überhaupt sicherstellen und sich auf das menschliche Zusammenleben beziehen (z.B. Triebdisziplinierung, Aggressionskontrolle),
— die Wertsetzungen im Bereich des täglichen Umgangs (z.B. Wahrhaftigkeit, Zuverlässigkeit),
— die Vorstellungen über die Rechtmäßigkeit sozialer Ungleichheiten,
— die originären politischen Grundwerte wie Freiheit und Individualismus,
— die distributiven Werte, die sich auf die Verteilung gesellschaftlichen Wohlstandes beziehen (als Kriterien gelten hier z.B. Herkunft, Leistung und Bedürfnis),
— der Wert der universellen Gleichheit (vgl. *Reichardt* 1979).

Politische Wertorientierungen

Als gesellschaftliche bzw. politische Wertorientierungen werden von diesen Phänomenen nur diejenigen bezeichnet, bei denen das Objekt der Beurteilung die Gesellschaft und deren soziale Strukturen sind. Davon auszuschließen sind die Werte, die sich ausschließlich auf das kulturelle bzw. das engere personale System beziehen.

8.2 Klassifizierungen gesellschaftlicher Wertorientierungen

In der Wertforschung hat es eine Reihe von Vorschlägen zur Klassifizierung gesellschaftlicher Wertorientierungen gegeben. Dabei geht es zunächst grundsätzlich um die Frage der Anzahl grundlegender Werte, die sich plausiblerweise voneinander differenzieren lassen.

Klassifizierung von Werten nach *Rokeach*:

Eine erste systematische und umfassende Ordnung des Wertekonzepts stammt von *Rokeach* (1973), der insgesamt 36 Werte, die menschliches Verhalten beeinflussen können, voneinander differenziert. *Rokeach* schlägt dazu vor, zwischen terminalen und instrumentellen Werten zu unterscheiden, wobei terminale Werte sich auf den Endzustand eines sozialen Tatbestandes beziehen (z.B. die Gesellschaft, das persönliche Leben) und instrumentelle Werte sich auf die Verhaltenserwartungen und Tugenden beziehen, die notwendig sind, um diesen wünschbaren Status zu erreichen.

— *Terminale Werte*

Für die 18 terminalen Werte fand *Rokeach* in den Vereinigten Staaten im Jahre 1968 folgende empirische Rangordnung:

1. eine friedliche Welt (eine Welt ohne Krieg und Konflikt),
2. familiäre Geborgenheit (Sorge für die Liebenden),

3. Freiheit (Unabhängigkeit, freie Wahlmöglichkeiten),
4. Glück (Zufriedenheit),
5. Selbstachtung (sich selbst respektieren können),
6. Weisheit (eine reife Lebensphilosophie),
7. Gleichheit (Brüderlichkeit, Chancengleichheit),
8. Erlösung (ein erlöstes, ewiges Leben),
9. ein angenehmes Leben (ein Leben im Wohlstand),
10. ein Gefühl, etwas erreicht zu haben (etwas Bleibendes zu schaffen),
11. wahre Freundschaft (enge Verbundenheit),
12. nationale Sicherheit (Schutz vor militärischen Angriffen),
13. Ausgeglichenheit (ohne innere Konflikte),
14. reife Liebe (sexuelle und geistige Gemeinschaft),
15. eine Welt voller Schönheit (Schönheit der Natur und der Künste),
16. soziale Anerkennung (von anderen respektiert und bewundert zu werden),
17. Vergnügen (ein vergnügliches und entspanntes Leben),
18. ein aufregendes Leben (ein anregendes und aktives Leben).

Als instrumentelle Werte identifiziert *Rokeach* die Persönlichkeitseigenschaften: ehrgeizig (hart arbeitend, aufstiegsorientiert), großzügig (aufgeschlossen), fähig (kompetent, effektiv), fröhlich (leichtherzig, freudebringend), sauber (ordentlich, reinlich), couragiert (hinter seinen Überzeugungen stehend), versöhnlich (bereit, anderen zu vergeben), hilfsbereit (sich für andere einzusetzen), ehrenhaft (aufrichtig, ehrlich), ideenreich (phantasievoll, kreativ), unabhängig (selbstsicher, autark), intellektuell (intelligent, reflektierend), logisch denkend (konsistent, rational), liebend (liebevoll, zärtlich), gehorsam (respektvoll, pflichtbewußt), höflich (wohlerzogen), verantwortlich (verläßlich, zuverlässig), selbstbeherrscht (beherrscht, selbstdiszipliniert).

— Instrumentelle Werte

Rokeach stellt für diese beiden Komplexe eine doppelte Hierarchisierung fest: Erstens sind die zielgerichteten Werte den instrumentellen übergeordnet, und zweitens lassen sich innerhalb dieser beiden Wertkomplexe wiederum gesellschaftlich differierende Rangordnungen feststellen.

Die Idee einer festen hierarchischen Ordnung von Werten steht auch im Mittelpunkt der Motivationstheorie von *Maslow* (1954/1977). Er nimmt an, daß es eine natürliche Rangordnung menschlicher Motivationen, die er auch als Bedürfnisse bezeichnet, gibt. Die Rangordnung dieser Bedürfnisse wird gesehen in Abhängigkeit vom Ausmaß ihrer Befriedigung und im parallel dazu abnehmenden Grenznutzen (Wert) für ein Individuum. Je stärker ein Bedürfnis, etwa nach Nahrung, gestillt ist, um so geringer ist der zusätzliche Nutzen, den ein Individuum aus der weiteren Befriedigung mit diesem Gut zieht; folglich wird dieses Gut geringer bewertet werden.

Natürliche Rangfolge menschlicher Motivation nach *Maslow:*

Auf der untersten Stufe der Werthierarchie sieht *Maslow* die grundlegenden, physiologischen Bedürfnisse nach Nahrung, Kleidung etc. Nachdem diese Bedürfnisse relativ gut befriedigt sind, taucht ein neues Bedürfnisensemble auf, das man grob als Sicherheitsbedürfnis bezeichnen kann (Sicherheit, Stabilität, Geborgenheit, Schutz, Bedürfnis nach Ordnung, Gesetzen, Grenzen etc.). Sind

— Materielle Versorgung

— Sicherheit

— Achtung

— Selbstverwirklichung

diese beiden Bedürfnisgruppen befriedigt, taucht das Bedürfnis nach Achtung, nach Wertschätzung eines Individuums durch andere auf. Dazu zählt das Bedürfnis nach Stärke, Leistung, Kompetenz, Unabhängigkeit und Freiheit sowie Status, Dominanz, Bedeutung, Würde oder Wertschätzung. Aus der Befriedigung dieser Bedürfnisse leitet sich ein Gefühl der Selbstachtung und des Selbstvertrauens her, und wenn alle diese Bedürfnisse befriedigt sind, taucht das am höchsten bewertete Ziel der Selbstverwirklichung auf, womit das Verlangen gekennzeichnet ist, immer mehr zu dem zu werden, was man als Individuum ist und wozu man fähig ist. Dieses Verlangen nach Selbstverwirklichung stellt damit den obersten Wert in der Ranghierarchie dar.

Kritik an *Maslow* *Maslow* hat diese Theorie selbst keinem umfassenden empirischen Test unterzogen. Die Kritik an seinem Ansatz kam daher vor allem von der empirischen Wertforschung. So wird bereits aus der Studie von *Rokeach* klar, daß diese theoretische Rangordnung nicht unbedingt der empirischen Verteilung in der (amerikanischen) Bevölkerung entspricht und daß die Rangordnungen im Zeitvergleich sowie zwischen verschiedenen Gesellschaften variabel sind. Darüber hinaus stellten weiterführende Wertanalysen übereinstimmend fest, daß es nicht nur logisch möglich, sondern auch empirisch nachweisbar ist, daß Personen gleichzeitig nach ,,höheren" und ,,niedrigeren" Motiven handeln können. So ist es durchaus realistisch, daß Individuen gleichzeitig und unabhängig voneinander nach Liebe, Sicherheit und gesellschaftlicher Achtung streben und daß folglich das Streben nach höheren Werten nicht unbedingt abnehmen muß, wenn die als darunter liegend bezeichneten Bedürfnisse nicht mehr hinreichend befriedigt sind.

Inglehart: Materialistische und postmaterialistische politische Wertorientierungen

Eine auf den Bereich der politischen Wertorientierungen eingegrenzte Übertragung der *Maslow*schen Motivationstheorie wurde von R. *Inglehart* (1977) vorgenommen. *Inglehart* schlägt dazu vor, das Spektrum politischer Wertorientierungen zu zwei großen typischen Werthaltungen zusammenzufassen: eine materialistische Wertorientierung, der das Streben nach materieller Versorgung und Sicherheit entspricht, sowie eine postmaterialistische bzw. nicht-materialistische Wertorientierung, die durch das Streben nach Achtung und Selbstverwirklichung gekennzeichnet ist. Auch *Inglehart* geht in Anlehnung an *Maslow* von einer Hierarchie dieser beiden Basiswertorientierungen aus, nimmt aber zusätzlich an, daß sich das Verhältnis des Gewichts der beiden Werte im Generationswandel verschiebt und prognostiziert daraus einen umfassenden, intergenerational vermittelten Wertwandel von materialistischen zu postmaterialistischen Werthaltungen (siehe Kap. 8.3.1).

Hildebrandt/Dalton: Alte und neue Politik

Eine mit der Theorie *Ingleharts* vergleichbare Wertklassifizierung wurde von *Hildebrandt* und *Dalton* (1977) vorgeschlagen. Diese Autoren differenzierten zwischen ,,Alter Politik" und ,,Neuer Politik", wobei die Alte Politik definiert ist über die Wertsetzungen und Politikpräferenzen der traditionellen, materialistisch bestimmten politischen Konflikte in einer Gesellschaft, während die Neue Politik sich primär auf nicht-materielle Fragen in der politischen Auseinandersetzung bezieht.

Die Autoren verzichten zwar auf die Annahme einer hierarchischen Ordnung dieser beiden Orientierungen, stellen aber auch wie *Inglehart* eine starke altersspezifisch differenzierte Verhaltenssteuerung durch diese Wertorientierungen fest: Jüngere neigen stärker der Neuen, Ältere der Alten Politik zu. Sie finden ebenfalls, daß Personen mit einer Neue-Politik-Orientierung sowohl stärker zu einer Präferenz unkonventioneller politischer Beteiligungsformen neigen, als auch eine geringere Folgebereitschaft gegenüber politischen und gesellschaftlichen Autoritäten zeigen. Personen mit einer Neue-Politik-Orientierung stufen die traditionell hoch bewerteten Pflicht- und Akzeptanzwerte sehr viel niedriger ein, während sie gleichzeitig den Selbstverwirklichungswerten oberste Priorität einräumen (Vgl. dazu ebenfall *Baker/Dalton/Hildebrandt* 1981, sowie in umfassender Analyse die Beiträge bei *Barnes, Kaase* et al. 1979).

Im Vergleich zu diesen beiden stark zusammenfassenden Typologien, die entsprechend das Konzept einer generalisierten politischen Wertorientierung zur Erklärung politischen Verhaltens heranziehen, stellt die empirische Analyse von *Pappi* und *Laumann* (1974) eine systematisch differenzierte Bestandsaufnahme politischer Wertorientierungen in der Bundesrepublik dar. Als politisch verhaltensleitend in dem Sinne, daß Parteien in ihrer politischen Programmatik auf diese Wertorientierungen rekurieren können, differenzieren sie folgende Wertorientierungen:

Pappi/Laumann: Differenzierte Wertanalyse am Beispiel der Bundesrepublik

— gewerkschaftliche Ideologie,
— intrinsische, nicht-bürokratische Berufsorientierung,
— religiöser Traditionalismus,
— Rechtfertigungsideologie sozialer Ungleichheiten,
— extrinsische Aufstiegsorientierung,
— Lokalismus,
— traditionelle Wertorientierung im Bereich der Familie.

Die Analyse von *Pappi* und *Laumann* unterscheidet sich von den vorgenannten sozial-psychologischen Konzepten durch die soziologische Orientierung, die einen stärkeren Bezug zwischen Wertorientierungen und Sozialstruktur herstellt. Den Autoren geht es in ihrer Analyse entsprechend auch stärker darum zu zeigen, daß und auf welche Weise die von ihnen unterschiedenen Wertorientierungen ihre Verankerung in der Sozialstruktur einer Gesellschaft haben und über welche politischen Parteien diese Wertorientierungen traditionellerweise in den politischen Bereich abgebildet werden.

Soziologische Orientierung

Ihre Analyse macht deutlich, daß die verschiedenen politischen Wertorientierungen schon deshalb in ihrer Wirkung auf das politische Verhalten getrennt analysiert werden müssen, weil die Gültigkeit der unterschiedlichen Wertorientierungen sehr stark sektorspezifisch variiert. So können sie zeigen, daß religiöser Traditionalismus sowie eine traditionelle Wertorientierung im Bereich der Familie vor allen Dingen im katholischen Bereich der Bevölkerung zu finden ist, während eine gewerkschaftliche Wirtschaftsideologie — ein Teil der „alten" traditionellen Konfliktlinie — und eine extrinsische Aufstiegsorientierung sich im Generationswandel zunehmend abschwächt und in der nachwachsenden Generation dafür eine intrinsisch, nicht-bürokratische Berufsorientierung sowie eine Ablehnung des Lokalismus, das heißt der Einbindung in die Normen sozialer Kontexte, Platz greift. Bezüglich der Ablehnung des Lokalismus, der im

Jahre 1974 durch hohe Bildung und geringes Lebensalter gekennzeichnet war, deutet sich auch in ihrer Analyse ein generationsspezifischer Wandel von kollektiven zu individualistischen Orientierungen ab. Eine letzte Besonderheit ihrer Analyse ist, daß die Kerngruppe der Rechtfertigungsideologie sozialer Ungleichheiten, eine der zentralen Wertorientierungen unseres Parteiensystems, beschränkt ist auf den schmalen Sektor von Protestanten mit hohem Einkommen und vergleichsweise geringem formalen Ausbildungsstand.

In der Wertforschung herrscht weitgehend Konsens darüber, daß die bisher vorgetragenen Systematisierungen gesellschaftlicher Wertvorstellungen nicht vollständig sind, daß aber eine Ausdifferenzierung unter Berücksichtigung der Kulturabhängigkeit der Entstehung und Tradierung dieser Werte notwendig ist, um zu begründeten Prognosen über zukünftige Wertwandelprozesse zu kommen.

8.3 Die Stabilität politischer Wertorientierungen

In der Diskussion um die Wandlungstendenzen politischer Wertorientierungen werden zwei voneinander verschiedene Erklärungsansätze vorgetragen, die Lebenszyklus- und die Generationsthese:

Generationsthese: Stabilität von Werten

Die Generationsthese, häufig auch als Sozialisationsthese bezeichnet, geht davon aus, daß Individuen im frühen Lebensalter ein Set von politischen Grundwerten erwerben, daß dieses Wertesystem sich in einer weiteren Phase der Ausdifferenzierung verdichtet und anschließend über das ganze Leben einer Person hinweg relativ stabil bleibt. Man spricht in diesem Zusammenhang auch von der politischen Prägung von Wertorientierungen im Jugendalter.

Lebenszyklusthese: Veränderung von Werten

Die Lebenszyklusthese geht hingegen davon aus, daß Personen ihre Wertorientierungen und -präferenzen in den unterschiedlichen Phasen ihres Lebenszyklus verändern. Diese These basiert auf der Annahme, daß Werte über die sie tragenden Bevölkerungsgruppen in einer Gesellschaft sozialstrukturell verankert sind und daß Personen im Laufe ihres Lebens ihre Position innerhalb der Sozialstruktur ändern — und zwar zumindest dadurch, daß sie mit zunehmendem Lebensalter mit größerer Wahrscheinlichkeit eine höhere Position innerhalb der gesellschaftlichen Hierarchie einnehmen. Der Soziologe Karl *Mannheim* bezeichnet dies als den graduellen Übergang von „unterdrückten" zu „führenden" gesellschaftlichen Generationstypen. In verallgemeinerter Form läßt sich die Lebenszyklusthese auch als situative Werttheorie formulieren. Danach ändern Personen ihre Wertpräferenzen nicht nur in verschiedenen Stadien ihres Lebenszyklus sondern auch in Abhängigkeit vom Prozeß der politischen Willensbildung und den sie steuernden politischen Gruppen. Gelingt diesen Gruppen die Veränderung gesellschaftlicher Wertprioritäten, so sind entsprechende individuelle Anpassungen an das veränderte „Meinungsklima" zu erwarten.

Die beiden alternativen Theorieansätze beinhalten unterschiedliche Annahmen über den Wandel politischer Wertorientierungen:

Im ersten Fall wird man das Konstrukt gesellschaftlicher Werte als relativ stabil annehmen und entsprechend den Prozeß des Wertwandels als generationsspezifisches Phänomen verstehen: Das Aufkommen von neuen oder veränderten Werten ist in dieser Perspektive nur möglich über die veränderten Wertprioritäten der jeweils nachwachsenden Generationstypen. Gegenüber dem Prozeß der politischen Willensbildung wäre dieser Wertwandel ein unabhängiger Faktor, das heißt, die am politischen Willensbildungsprozeß beteiligten gesellschaftlichen Gruppen, Parteien und Politiker wären darauf beschränkt, jeden wie auch immer gearteten gesellschaftlichen Wertwandel hinzunehmen.

Wertwandel unabhängig von der politischen Willensbildung

In einer lebenszyklischen Perspektive dagegen ist der Wandel gesellschaftlicher Wertorientierungen das Ergebnis des politischen Willensbildungsprozesses, in dessen Verlauf die verschiedenen gesellschaftlichen Gruppierungen und die mit ihnen verbundenen politischen Parteien versuchen, die Struktur gesellschaftlicher Wertprioritäten zu beeinflussen. In dieser Perspektive ist die Vorstellung darüber, welcher Zustand einer Gesellschaft im Hinblick auf Wirtschaft, Kultur und die Formen menschlichen Zusammenlebens allgemein als wünschenswert angesehen wird, zwar durch die Geschichte und die politische Kultur einer Gesellschaft vorgeprägt, gleichzeitig aber auch über gesellschaftliche Willensbildungsprozesse veränderbar.

Wertwandel als Ergebnis der politischen Willensbildung

Daß die politischen Eliten und die gesellschaftlichen Gruppierungen in diesen Willensbildungsprozessen immer wieder die traditionell gültigen Wertorientierungen einer Gesellschaft aufgreifen und damit die Gültigkeit dieser Werte stabilisieren, ist relativ häufig feststellbar. Dies ist, falls sich die Wertestruktur einer Gesellschaft in einem ausgeglichenen Zustand befindet, das heißt zwischen allen Gruppen ein weitgehender Konsens über die Wertprioritäten besteht, ein natürlicher Zustand: Durch die Tradierung der Wertprioritäten bleibt die entsprechende gesellschaftliche Gewichtung der verschiedenen sozialen Gruppierungen zueinander gleich. Eine Änderung der Wertprioritäten entspräche dabei nicht nur einer teilweisen Neudefinition der gesellschaftlichen Ziele, sondern auch einer neuen Gewichtung der verschiedenen Wertgemeinschaften.

Eine solche Neudefinition, das heißt ein Wertwandel, ist daher immer dann zu erwarten, wenn als Folge des sozialen Wandels sich das Gewicht verschiedener sozialstruktureller Gruppen zueinander verändert und die in diesem Prozeß aufsteigenden sozialen Gruppierungen sich für eine stärkere Berücksichtigung ihrer gruppenspezifischen Wert- und Interessenpositionen einsetzen und die absteigenden sowie die etablierten sozialen Gruppierungen entsprechend für die Beibehaltung des status quo. Prozesse des Wertwandels sind in dieser Perspektive immer als Funktion des sozialen Wandels zu sehen. Phasen gesellschaftlicher Stabilität oder geringen sozialen Wandels sind demnach gekennzeichnet durch die hohe Stabilität gesellschaftlicher Wertorientierungen, Phasen raschen sozialen Wandels durch raschen, gegebenenfalls bruchartigen Wandel gesellschaftlicher Wertprioritäten.[19]

Wertwandel als Funktion sozialen Wandels

Obwohl es seit den 50er Jahren zu einer Reihe von Studien zur Erforschung von Stabilität und Wandel gesellschaftlicher Werte gekommen ist, steht die

Problem: Fehlende individuelle Datenreihen

Wertforschung in vielerlei Hinsicht noch am Anfang. Der wesentliche Grund dafür ist, daß die zur Prüfung der postulierten Zusammenhänge notwendigen individuellen Datenreihen bisher noch nicht zur Verfügung stehen.

Würde man beispielsweise in einer vergleichenden Analyse die Erklärungskraft der Lebenszyklusthese gegenüber der Generationsthese überprüfen wollen, so müßte man dafür nicht nur über individuelle Zeitreihen von Wertprioritäten von Personen über verschiedene Lebenszyklen hinweg, also von der Jugend bis zum hohen Alter, verfügen, sondern darüber hinaus diese Datenreihen für verschiedene Generationstypen erheben. Erst auf der Grundlage dieser Zeitreihen wäre es möglich, die Effekte lebenszyklischer Veränderungen politischer Wertorientierungen in Abhängigkeit von der als prägend angenommenen Generationszugehörigkeit eines Individuums zu überprüfen. Dabei wäre dann zu unterscheiden zwischen den Generationen, die ihre politische Prägung im Kaiserreich, während des Nationalsozialismus, in der Zeit des Wirtschaftswunders nach dem Zweiten Weltkrieg oder in der unruhigen Zeit des politischen Protests in den späten 60er Jahren erhalten haben (vgl. zum Konzept politischer Generationen *Fogt* 1982, sowie zu einer Beschreibung der Generationen unseres Jahrhunderts *Jaide* 1988). Erst dann ließe sich bestimmen, wie stark die jeweiligen Effekte zur Ausprägung gesellschaftlicher Wertorientierungen beitragen.

Für diese Zusammenhänge steht zu vermuten, daß sich beide Effekte, Prägung und lebenszyklische Anpassung von Wertorientierungen, nachweisen lassen und daß darüber hinaus die Prägungseffekte in verschiedenen gesellschaftlichen Perioden, insbesondere in Zeiten politisch hochmobilisierter Willensbildungsprozesse, besonders stark ausfallen. Es sind also sowohl Generations-, wie Lebenszyklus- und Periodeneffekte zu erwarten.

Die in der Lebenszyklus- und Generationsthese unterschiedlichen Annahmen über Stabilität und Wandel politischer Wertorientierungen entsprechen unterschiedlichen Hypothesen über die Ursachen, den Gegenstandsbereich und die Formen des Wertwandels. Diese Differenzen lassen sich verdeutlichen anhand der Darstellung dreier typischer Positionen in der Diskussion der Wertforschung: der Postmaterialismus-Theorie Ronald *Inglehart*s (1977), der funktionalen Wertwandeltheorie, wie sie beispielsweise von *Flanagan* (1979) oder *Klages* (1985) vertreten wird, und schließlich der zyklischen Wertwandeltheorie, die von *Namenwirth* (1973) und anderen vorgeschlagen wurde.

8.3.1 Die Theorie des postindustriellen Wertewandels

Die These des amerikanischen Politikwissenschaftlers Ronald *Inglehart* von der „stillen Revolution" in den nachindustriellen Gesellschaften hat sich seit ihrer ersten Veröffentlichung 1971 zu einer der meist diskutierten Wertwandeltheorien entwickelt. Die stille Revolution in diesen Gesellschaften besteht nach *Inglehart* darin, daß sie durch die schleichende Veränderung politischer Wertorientierungen herausgefordert werden: Von der Vorherrschaft ökonomischer (materialistischer) Politikziele und der Akzeptanz der traditionellen gesellschaftlichen und politischen Institutionen hin zur Ablehnung des ökonomisch-zweckrationalen Prinzips und der entsprechenden Höherbewertung nicht-materieller, ideeller Politikziele und der Befürwortung auch unkonventioneller politischer Beteiligungsformen. *Wandel vom Materialismus zum Postmaterialismus*

Ingleharts Theorie basiert auf der Annahme der Gültigkeit der Generationsthese. Den Prozeß der Verursachung und Sozialisation der über nachwachsende Generationen veränderten Wertprioritäten sieht *Inglehart* als Zweistufenprozeß, in dem eine Mangel- und eine Sozialisationsthese zum Tragen kommen. Aufgrund der Mangelthese kann man dabei zunächst davon ausgehen, daß durch den hohen Grad gesellschaftlichen Wohlstandes in den nachindustriellen Demokratien die materiellen Grundbedürfnisse der Bevölkerung weitgehend befriedigt sind und diesen Bedürfnissen daher eine geringere Zielpriorität zukommt, während die noch immer mangelhaft befriedigten „höheren" Bedürfnisse entsprechend höhere Bedürfnispriorität erhalten. Dieser Zusammenhang ist in der Ökonomie auch als Gesetz des abnehmenden Grenznutzens der Bedürfnisbefriedigung bekannt. Die entscheidende Annahme *Ingleharts* ist nun allerdings, daß diese veränderten Bedürfnisprioritäten der nachwachsenden Generationen in ihrem weiteren Leben individuell stabil bleiben und damit in den Rang politischer Wertorientierungen gelangen (Sozialisationsthese). *Voraussetzung: Gültigkeit der Generationsthese*

Aufgrund dieser Theorie kommt er folgerichtig zu dem Schluß, daß die Gruppe der Postmaterialisten in den 90er Jahren die Mehrheit der Bevölkerung darstellen müßte — ein Szenario, das durch die bevölkerungsmehrheitliche Präferenz unkonventioneller Beteiligungsformen, direkt-demokratischer Entscheidungsprozesse und gleichzeitiger Ablehnung ökonomischer Prioritätensetzungen gekennzeichnet ist und damit die politischen Systeme an die Grenzen ihrer Belastungsfähigkeit bringen würde. *Prognose: Mehrheit wird postmaterialistisch*

Das große Interesse an *Ingleharts* Theorie läßt sich nicht allein auf diese Zukunftsprognose zurückführen, sondern vor allem darauf, daß nicht nur er, sondern Dutzende von Kollegen in vielen Ländern das von ihm entwickelte Instrument zur empirischen Überprüfung seiner Theorie verwendet haben. Diese Möglichkeit der Hypothesenprüfung hat allerdings auch dazu geführt, daß sein Ansatz in den theoretischen Grundannahmen, insbesondere hinsichtlich der Prägungsthese, in Frage gestellt wurde.

So zeigten wiederholte Studien, daß der prozentuale Anteil der Träger der neuen Wertorientierungen zwar in allen westlichen Gesellschaften in den nachwachsenden Alterskohorten überdurchschnittlich hoch ist (in der Bundesrepublik lag dieser Anteil 1987 in der Gruppe der 18- bis 29jährigen etwa bei 25 %, während von den über 50jährigen nur noch 5 % dazu gezählt werden können; s. Tab. 1), daß aber andererseits der Gesamtanteil dieser „Postmaterialisten" an der Bevölkerung sich nicht erhöht und beispielsweise in der Bundesrepublik bei etwa 10 bis 15 % eingependelt hat (vgl. *Bürklin* 1984). Diese Verteilung legte eher eine lebenszyklische Erklärung des Wertwandels nahe: Die nachwachsenden Generationen wechseln offenbar zunehmend ins Lager der Materialisten, wenn sie älter werden (ähnlich *Jaide* 1983, S. 44ff.). *Bundesrepublik: Anteil der Postmaterialisten stabil*

Der zweite Kritikpunkt bezog sich auf die Messung von Wertorientierungen durch die *Inglehart*-Skala. In der Standardform dieser Skala wird dabei im In- *Inglehart-Skala* terview folgende Frage vorgelegt: „Auch in der Politik kann man nicht alles auf einmal haben. Auf dieser Liste finden Sie einige Ziele, die man in der Politik verfolgen kann. Wenn Sie zwischen diesen verschiedenen Zielen wählen müßten, welches Ziel erschiene Ihnen persönlich am wichtigsten, am zweitwichtigsten, welches käme an dritter und welches an vierter Stelle?"

Die dann aufgeführten Ziele sind:

A Aufrechterhaltung von Ruhe und Ordnung in diesem Lande,
B mehr Einfluß der Bürger auf die Entscheidungen der Regierung,
C Kampf gegen die steigenden Preise,
D Schutz des Rechts auf freie Meinungsäußerung.

Entsprechend der theoretischen Annahme, daß ein „Postmaterialist" dadurch gekennzeichnet sei, daß er den nicht-materiellen Politikzielen Vorrang einräumt vor den materiellen, ist als Postmaterialist definiert, wer im Interview diese vier Ziele in eine Rangordnung bringt, in der die Ziele B und D auf den ersten beiden Plätzen stehen. Entsprechend setzt ein Materialist die Ziele A und C auf die beiden ersten Ränge. Zur Gruppe der nicht zuordenbaren Mischtypen (die jeweils größte Gruppe; vgl. *Bürklin* 1984: S. 163) werden Befragte gerechnet, die auf Platz 1 und 2 keine konsistente Rangordnung herstellen.

Politisches Ziel:

	1. Rang		A	B	C	D
		A	M	—	M	—
	2. Rang	B	—	PM	—	PM
		C	M	—	M	—
		D	—	PM	—	PM

Legende:
M = Materialist
PM = Postmaterialist
— = Mischtyp

Kritik: Reduktion auf zwei Wertetypen

An dieser Skala wurde kritisiert, daß sie selbst in der erweiterten Fassung von Politikzielen wie sie im Schaubild auf der folgenden Seite wiedergegeben sind, das ganze Spektrum gesellschaftlicher Wertorientierungen reduzieren auf zwei generalisierte und in ihrer Bedeutung unspezifische Basiskategorien und damit eine differenzierte Analyse des Wertwandels nur schwer ermöglichen. Vor allen Dingen sei damit nicht die Frage zu beantworten, was denn nun das charakteristische Wesensmerkmal des berichteten Wertwandels sei.[20]

Problem der Validität von Werteskalen

Ein zweiter Problembereich, der sich bei vergleichbaren Wertorientierungsskalen entsprechend stellt, ist, ob aus solchen Politikzielen tatsächlich auf zugrundeliegende langfristig stabile Wertorientierungen geschlossen werden kann. Dieses Problem der Validität einer Skala, das heißt die Frage danach, ob sie das mißt, was der Forscher mit ihr zu messen beabsichtigt, ist für die Messung politischer Wertorientierungen besonders ausgeprägt. Anders als etwa für die Analyse des Wahlverhaltens liegen in diesem Bereich keine standardisierten oder allgemein akzeptierten Vergleichsskalen vor, auf deren Grundlage eine Entscheidung über die Gültigkeit der Skala möglich wäre.

Schaubild: Items zur Messung von Wertprioritäten und die Bedürfnisse, die sie abdecken sollen (nach *Inglehart* 1979, S. 286)

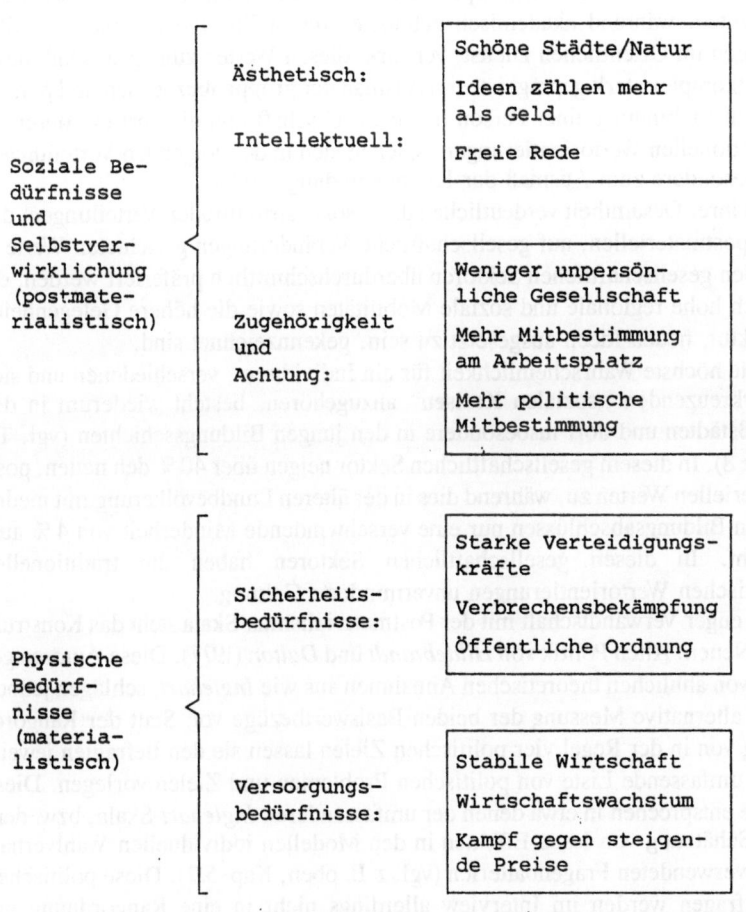

Trotz dieser Einwände, die sich vor allen Dingen auf die zweifelhafte Stabilität der gemessenen Wertprioritäten beziehen, hat sich die *Inglehart*-Skala zu einem der am häufigsten verwendeten Instrumente der Messung gesellschaftlicher Wertorientierungen entwickelt. Dies vor allem deshalb, weil ihre Anwendung relativ einfach und vergleichsweise kostengünstig ist und sich über diese generalisierte Wertedifferenzierung ein breites Spektrum traditioneller Wertorientierungen vorhersagen läßt (vgl. auch *Gabriel* 1986).

Postmaterialisten in der Bundesrepublik

Eine für die Bundesrepublik typische Verteilung dieser Wertetypen nach verschiedenen sozialstrukturellen Merkmalen ist in Tabelle 7 wiedergegeben. Postmaterialisten sind überdurchschnittlich häufig in den jungen, hochgebildeten großstädtischen Bevölkerungsteilen zu finden, wobei die größte Neigung zur Trägerschaft dieser Werte in der Studentenschaft besteht. Relativ gering sind die Anteile in der Berufsgruppe der Arbeiter und einfachen Angestellten und Beamten, während akademisch gebildete Angestellte und Beamte, vor allen Dingen im Öffentlichen Dienst, verstärkt diesen Werten zuneigen. Daß dieser Wertkomplex stark geprägt ist vom Ausmaß der gruppenbezogenen und persönlichen Einbindung einer Person in die Gesellschaft und die dort existierenden traditionellen Wertorientierungen, spiegelt sich in den folgenden Verteilungen, insbesondere zum Ausmaß der Kirchenbindung, wider.

Präferenz in Sektoren, in denen traditionelle Werte an Einfluß verlieren

In ihrer Gesamtheit verdeutlichen diese sozialstrukturellen Verteilungen, daß die postmateriellen, auf gesellschaftliche Veränderungen gerichteten Werte in all den gesellschaftlichen Sektoren überdurchschnittlich präferiert werden, die durch hohe regionale und soziale Mobilitäten sowie die höhere Gelegenheitsstruktur, neuen Ideen ausgesetzt zu sein, gekennzeichnet sind.

Die höchste Wahrscheinlichkeit für ein Individuum, verschiedenen und sich überkreuzenden „sozialen Kreisen" anzugehören, besteht wiederum in den Großstädten und dort insbesondere in den jungen Bildungsschichten (vgl. Tabelle 8). In diesem gesellschaftlichen Sektor neigen über 40 % den neuen, postmateriellen Werten zu, während dies in der älteren Landbevölkerung mit niedrigeren Bildungsabschlüssen nur eine verschwindende Minderheit von 4 % ausmacht. In diesen gesellschaftlichen Sektoren haben die traditionellen politischen Wertorientierungen unverminderte Geltung.

Alternatives Meßkonzept: Alte/Neue Politik-Skala von Hildebrandt/Dalton

In enger Verwandtschaft mit der Postmaterialismus-Skala steht das Konstrukt der Neuen / Alten Politik von *Hildebrandt* und *Dalton* (1977). Diese Autoren gehen von ähnlichen theoretischen Annahmen aus wie *Inglehart*, schlagen jedoch eine alternative Messung der beiden Basiswertbezüge vor. Statt der Rangordnung von in der Regel vier politischen Zielen lassen sie den Befragten jeweils eine umfassende Liste von politischen Problemen und Zielen vorlegen. Diese Ziele entsprechen in etwa denen der umfassenderen *Inglehart*-Skala, bzw. dem zur Schätzung von Issue-Effekten in den Modellen individuellen Wahlverhaltens verwendeten Fragenbatterien (vgl. z.B. oben, Kap. 5.2). Diese politischen Sachfragen werden im Interview allerdings nicht in eine Rangordnung gebracht, sondern von den Befragten jeweils unabhängig voneinander nach ihrer Wichtigkeit eingestuft.

Hildebrandt und *Dalton* gehen davon aus, daß diese Einstufungen nicht willkürlich vorgenommen werden, sondern auf dem Hintergrund der in der Wählerschaft latent vorhandenen Wertdifferenzierung zwischen Alter und Neuer Politik. Im Umkehrschluß berechnen sie aus den Wichtigkeitseinstufungen mittels Hauptkomponentenanalyse die zugrundeliegende Bedeutungsdimension. Sie

Tabelle 7: Die sozialstrukturelle Verankerung der neuen Wertetypen 1987

		Restgruppe in %	Postmaterialisten* in %	(n)
Alter:	18-24 Jahre	72	28	(242)
	25-29	74	26	(191)
	30-39	88	12	(325)
	40-49	88	12	(315)
	50-59	94	6	(339)
	60 +	97	3	(522)
		(eta = .28)		
Bildung:				
Volksschule/Lehre		94	6	(1176)
bis unter Abitur		85	15	(552)
Abitur/Studium		66	34	(220)
		(eta = .26)		
Ortsgröße:				
bis 3 000 Einwohner		90	10	(162)
3 000 - 30 000 Einwohner		89	11	(757)
30 000 - 200 000 Einw.		87	13	(516)
über 200 000 Einwohner		87	13	(504)
		(eta = .03)		
Berufsgruppe:				
Arbeiter		93	7	(599)
Angestellte		88	11	(750)
davon:				
einfache Angest.		91	9	
mittlere Angest.		89	11	
leitende Angest.		89	11	
wissenschaftliche Angest.		69	31	
Beamte		85	15	(136)
davon:				
einfache Beamte		89	11	
mittlere Beamte		93	7	
gehobene Beamte		88	12	
höhere Beamte		61	39	
Selbständige		84	16	(146)
davon:				
Freiberufler		74	26	
kleine Selbständige		93	7	
mittlere/große Selbständige		75	25	
Landwirte		97	3	(35)
		(eta = .20)		
Familienstand:				
verheiratet		91	9	(1099)
ledig		74	26	(421)
geschieden		91	9	(142)
verwitwet		98	2	(277)
		(eta = .24)		

Geschlecht:			
männlich	86	14	(972)
weiblich	90	10	(967)
	(eta = .05)		
Konfession:			
evangelisch	86	14	(911)
katholisch	93	7	(884)
andere	86	14	(30)
keine	67	33	(116)
	(eta = .18)		
Häufigkeit des Kirchgangs:			
mehrmals im Monat	96	4	(333)
mehrmals im Jahr	91	9	(847)
seltener	89	11	(384)
nie	76	24	(260)
	(eta = .20)		
Kirchliche Bindung:			
katholische Bindung	94	6	(673)
protestantische Bindung	90	10	(492)
keine Bindung	84	16	(660)
	(eta = .14)		
Gesamt	88 %	12 %	(1954)

Daten: Wahlstudie 1987 (wie Tab. 2)

* Das Merkmal „Postmaterialismus" wurde hier durch die Zusammenfassung von vier der *Inglehart*-Skala entsprechenden Politikziele — Ruhe und Ordnung - stabile Preise - wirksamer Umweltschutz - mehr Einfluß der Bürger auf die Entscheidungen des Staates — gebildet. Dazu wurde die Differenz gebildet zwischen dem Durchschnittswert der beiden „materiellen" und der beiden „nicht-materiellen" Ziele. Die resultierende Skala wurde dichotomisiert, wobei der Schnittpunkt so gelegt wurde, daß die Gruppe der Postmaterialisten dem durchschnittlichen Wert der Inglehart-Skala von 12 % entspricht.

Tabelle 8: Die kombinierten Effekte von Alter, Bildung und Wohnort auf die neuen Werte 1987

Alter	Wohn-gegend	Bildung	Rest-gruppe %	Postmate-rialisten %	(n)
bis 35 Jahre	Stadt	Abi/Studium	57	43	(89)
		darunter	82	18	(267)
	Land	Abi/Studium	56	44	(32)
		darunter	81	19	(234)
über 35 Jahre	Stadt	Abi/Studium	87	13	(60)
		darunter	94	6	(773)
	Land	Abi/Studium	69	31	(40)
		darunter	96	4	(441)
Gesamt			88 %	12 % (eta=.32)	

Daten: Wahlstudie 1987 (wie Tab. 2)

werten die Ergebnisse ihrer Analyse, nach der sich auf dieser latenten Dimension materialistische und nicht-materialistische Politikziele entgegenstehen und die Hauptträgergruppen für diese Wertorientierungen denen der Postmaterialismus-Skala entsprechen, als Bestätigung der theoretischen Annahmen *Ingleharts*.

Ergebniß Bestätigung der Annahmen *Ingleharts*

8.3.2 Funktionale Ansätze zur Erklärung des Wertwandels

In der Theorie *Ingleharts* ist die Ursache des Wertwandels in erster Linie der gestiegene Wohlstand einer Gesellschaft beim Übergang von der industriellen in die nachindustrielle Gesellschaft. Entsprechend stehen in seinem Konzept die materiellen/nicht-materiellen Werte im Vordergrund des analytischen Interesses. Die verschiedenen funktionalen Wertwandeltheorien haben diese zeitliche und thematische Einschränkung kritisiert und schlagen vor, die Prozesse des Wertwandels in einer umfassenderen Perspektive, die jeweils den Übergang von der Agrar- zur industriellen und nachindustriellen Gesellschaft thematisiert, zu analysieren.

Funktionale Wertwandeltheorien:
— Ausdifferenzierung des Wertebereichs
— alternative Erklärung

Der Wandel gesellschaftlicher Werte ist in einer funktionalen Betrachtung das Ergebnis der kulturellen und wirtschaftlichen Entwicklungen, die die Grundlagen der menschlichen Existenz und damit auch die in gesellschaftlichen Werten festgelegten notwendigen Verhaltenserwartungen der Bevölkerung verändert haben. Waren die frühen Gesellschaften, wie z.B. die Agrargesellschaft, gekennzeichnet durch ein geringes Maß physischer und materieller Sicherheit, ein hohes Maß an Abhängigkeit gegenüber der Umwelt und eine durchgängige Knappheit der materiellen Versorgung, so haben sich durch den Übergang in die industrielle und nachindustrielle Gesellschaft diese Bedingungen grundlegend in Richtung wirtschaftlicher und physischer Sicherheitsgarantien, Unabhängigkeit und Wohlstand geändert.

In der Agrargesellschaft war die materielle Sicherheit der Bevölkerung weitgehend abhängig vom Ernteerfolg und dem Ausbleiben klimatisch ungünstiger Verhältnisse wie Trockenheit, Überschwemmungen oder Wetterkatastrophen. In dieser Situation suchte die Bevölkerung Sicherheit vor Krankheit, Unglück und der Not im Alter durch Unterordnung und absoluten Gehorsam gegenüber Besitzenden und mächtigen Persönlichkeiten. Zum Schutz vor wirtschaftlichen Schwankungen und Hungerkatastrophen war die Führung eines strengen und einfachen Lebens angebracht, das durch Bescheidenheit, Fleiß, Selbstdisziplin, Sparsamkeit und wirtschaftliche Einteilung gekennzeichnet war. Gegen die Willfährigkeiten von Natur und äußeren Feinden gab schließlich die Unterordnung unter einen religiösen Glauben Schutz. Die traditionellen Ziel- und Wertvorstellungen dieser Gesellschaften lagen also in der Unterordnung unter Autoritäten, Bescheidenheit und Frömmigkeit.

Agrargesellschaft:
— materielle Unsicherheit

Neben der wirtschaftlichen Unsicherheit bestimmte in der Agrargesellschaft die gegenseitige Abhängigkeit die Struktur des Wertesystems. Diese Abhängigkeit bezog sich wegen der Abwesenheit des Dienstleistungssektors auf fast alle gesellschaftlichen Bereiche, von der Nachbarschaftshilfe bei dem Einbringen

— stärkere Abhängigkeiten

der Ernte bis zur Bekämpfung von Katastrophen und äußeren Feinden. In traditionellen Gesellschaften ist daher eine Orientierung zu kollektiven Werten, Konformismus, Abhängigkeit und Konservatismus funktional vorgegeben. Verstärkt wurden diese Effekte durch die gesellschaftliche Knappheit materieller Güter, die eine Unterwerfung unter die Werte und Normen der Agrargesellschaft überlebensnotwendig machten.

Wohlfahrtsstaat:
— Beseitigung wirtschaftlicher Unsicherheiten

Demgegenüber hat der moderne Wohlfahrtsstaat eine weitgehende Beseitigung der wirtschaftlichen Unsicherheiten mit sich gebracht. In den hochindustrialisierten Gesellschaften haben sich sowohl über die Sozialgesetzgebung als auch über private Versicherungsgesellschaften umfassende Systeme der Absicherung gegen die Risiken von Arbeitslosigkeit, Invalidität und die Altersversorgung ausgebildet. Verbesserte Ausbildung, die über die Veränderung der Produktionsformen fortschreitende gesellschaftliche Arbeitsteilung, sowie eine

— Verringerung der Abhängigkeiten

Abkoppelung der Zuweisung des sozialen Status von der sozialen Herkunft, haben darüber hinaus das Ausmaß der wechselseitigen Abhängigkeiten in der Bevölkerung verringert. Die früher notwendige Nachbarschaftshilfe wird heute ersetzt durch ein umfassendes Dienstleistungssystem — von der Krankenversorgung bis zur Berufsfeuerwehr —, das über den breiten gesellschaftlichen Wohlstand finanziert und von allen in Anspruch genommen werden kann.

Ergebnis: Wegfall funktionaler Notwendigkeiten bedingt Wertwandel

Für die Mitglieder dieser Gesellschaften ist es daher zunehmend weniger funktional notwendig, nach den Geboten kollektiver Orientierung, gesellschaftlicher Unterordnung, Selbstdisziplin, Sparsamkeit und Gottgefälligkeit zu leben. Der Wegfall funktionaler Notwendigkeiten hat daher zu einer Veränderung gesellschaftlicher Wertorientierungen geführt.

Auf diesem Hintergrund schlägt *Flanagan* (1979) in Revision der *Inglehart*-These vor, den Wandel politischer Wertorientierungen in vier großen Dimensionen zu untersuchen:

— Einfachheit vs. Genußorientierung,
— Religiosität und Selbstdisziplin vs. weltliche Orientierung und Schrankenlosigkeit,
— Konformität und Abhängigkeit vs. Unabhängigkeit und
— Unterordnung unter Autoritäten vs. Selbstbestimmung und Selbstverwirklichung.

Flanagan: Traditionelle und libertäre Wertorientierung

Auch *Flanagan* geht davon aus, daß diese Orientierungen, allerdings in vier Dimensionen, eine jeweils traditionelle und libertäre gesellschaftliche Wertorientierung ausdrücken. Traditionalisten sind gekennzeichnet durch religiöse, selbstbeschränkende, kollektive und unterordnungsbereite Orientierungen, während Libertäre durch ihr Streben nach freier und unkontrollierter Entfaltung ihrer Persönlichkeit sich von gesellschaftlichen, moralischen und religiösen Zwängen zu befreien suchen.

Flanagan unterzieht seine Theorie am Beispiel Japans einem empirischen Test. Er benutzt dazu eine Serie von Einstellungsfragen, die sich auf diese vier Dimensionen beziehen und identifiziert über die Konstruktion eines umfassenden Werteindex 80 % Traditionalisten und 17 % reine Libertäre. Er kann darüber hinaus zeigen, daß die Annahme, daß mit steigendem Wohlstand die Leistungsorientierung und das Streben nach weiterem Wohlstand abnehmen (entsprechend der Annahme der eindimensionalen Werthierarchie), auch für Japan nicht zutrifft: Diese Lebenszielorientierung bleibt selbst bei veränderten libertären Wertorientierungen erhalten.

Eine vergleichbare Charakterisierung gesellschaftlichen Wertewandels findet sich bei Helmut *Klages* (1985), der einen Wandel von den Pflicht- und Akzeptanzwerten zu den Werten der individuellen Selbstentfaltung feststellt. Wo früher die Begriffe Disziplin, Gehorsam, Leistung, Ordnung, Pflichterfüllung, Treue, Unterordnung, Fleiß, Bescheidenheit, Selbstbeherrschung, Pünktlichkeit, Anpassungsbereitschaft, Fügsamkeit und Enthaltsamkeit als Richtwerte gesellschaftlichen Handelns gedient haben, stehen heute im Vordergrund die Richtwerte des Individualismus (Kreativität, Spontaneität, Selbstverwirklichung, Ungebundenheit, Eigenständigkeit), des Hedonismus (Genuß, Abenteuer, Spannung, Abwechslung, Ausleben emotionaler Bedürfnisse) und der idealistischen Gesellschaftskritik (Emanzipation von Autoritäten, Gleichbehandlung, Gleichheit, Demokratie, Partizipation, Autonomie des Einzelnen).

Klages: Wandel von Pflichtwerten zu Werten der individuellen Selbstentfaltung

Gestützt werden diese Wertwandeltheorien durch mehrere seit 1950 erhobene Zeitreihen, wie sie etwa von Emnid oder dem Institut für Demoskopie in Allensbach veröffentlicht werden.

Zeitreihenuntersuchungen

Eine der immer wieder zitierten Zeitreihen bezieht sich auf den Wandel von Wertvorstellungen in der Kindererziehung. Gefragt danach, auf welche Eigenschaften die Kindererziehung hinzielen solle, hat seit den 50er Jahren die Nennung von „Selbständigkeit und freier Wille" ständig und in den 70er Jahren sogar sprunghaft zugenommen, während „Gehorsam und Unterordnung" als Erziehungsziele immer weniger präferiert werden (vgl. *Greiffenhagen/Greiffenhagen* 1979, S. 379).

Eine zweite Zeitreihe, die in den letzten Jahren zu methodologischen Kontroversen geführt hat, ist die vom Institut für Demoskopie in regelmäßigen Abständen erhobene Einstellung zu Arbeit und Freizeit. Immer mehr Deutsche, traditionell den Pflicht- und Akzeptanzwerten verbunden, wenden sich danach von der Arbeit ab und der Freizeit zu, was mit abnehmender Arbeitsfreude und steigender Neigung, sein Glück in der Freizeit zu suchen, statt sich wie früher stärker am Arbeitsplatz einzusetzen und über die Arbeit zu verwirklichen, korrespondiert. In diesen Studien wird der Befund, daß 1962 28 % der Bundesbürger auf die Frage: „Welche Stunden sind Ihnen ganz allgemein am liebsten?" mit „Während ich nicht arbeite" antworteten, während dieser Prozentsatz 1980 auf 40 % anstieg, interpretiert als wertwandelbedingte, „katastrophale" Abnahme von Arbeitsmoral und Arbeitszufriedenheit (vgl. *Noelle-Neumann/Strümpel* 1984).

Unabhängig davon, daß *Reuband* (1985) eine weit weniger dramatische Entwicklung der arbeitsbezogenen Wertorientierungen feststellen kann, liegt ein solcher Wertwandel durchaus im Rahmen der Erwartungen. So weist beispielsweise *Opaschowski* (1982) darauf hin, daß der Freizeit schon deswegen eine stärkere Rolle in der Definition geänderter politischer Wertvorstellungen zukommt, weil ihr Anteil an den täglichen Stunden ständig zunimmt. Darüber hinaus ist die Erfüllung der Selbstverwirklichungswerte, das Streben nach Lebensfreude und Genuß eher in der Freizeit als während der Arbeit gewährleistet. Dort gelten noch immer die alten preußischen Tugenden Fleiß und Pflichtbewußtsein, die gleichzeitig in der persönlichen Werteskala der Bevölkerung immer weniger wichtig werden.

Funktionale Perspektive: Stabile Basisorientierung und ein Bereich sich wandelnder Wertorientierungen

Es ist das Verdienst der funktionalen Wertanalyse, die Prozesse des aktuellen Wertwandels in einer längerfristigen und thematisch breiten Perspektive thematisiert zu haben. In dieser funktionalen Perspektive wird gleichzeitig deutlich, daß es in den Wertesystemen westlicher Gesellschaften sowohl einen Katalog relativ stabiler politischer Basiswertorientierungen gibt, als auch einen Bereich gesellschaftlicher Wertorientierungen, die sich durch Anpassung an die veränderten gesellschaftlichen Notwendigkeiten wandeln. (Vgl. *Bürklin* 1988)

Der Wandel besteht jedoch nicht nur darin, daß traditionelle Werte ihre Gültigkeit verlieren, sondern daß neue gesellschaftliche Wertorientierungen entstehen, die sich aus den veränderten gesellschaftlichen Anforderungen ergeben. Der typische Bereich ist hier der generational bedingte Übergang von einer extrinsischen zu einer intrinsischen Berufsorientierung: Beruf und Arbeit werden dabei immer weniger mit Pflicht- und Nützlichkeitserwägungen, materiellen Anreizen und gesellschaftlichem Status in Verbindung gebracht, sondern mit dem Maß an Selbstverwirklichung, d.h. der persönlich unabhängigen Anwendung eigener Fähigkeiten, das aus der Arbeit gezogen werden kann. Bezieht man diese Entstehung neuer Werte, die Wertsynthese, auf die funktionalen Anforderungen des Arbeitsbereichs in modernen Industriegesellschaften, so erweist sich diese Anpassung nicht als beklagenswert, sondern eher als vernünftig. Auf dieser Stufe der gesellschaftlichen Entwicklung ist eher der kreative, eigenverantwortliche Mitarbeiter gefragt als der pflichtbewußt bürokratische.

Aus der langperspektivischen Analyse der Wertentwicklung wird gleichzeitig deutlich, daß sich der allgemeine Bereich der Pflicht- und Akzeptanzwerte sowie die Werte des Konservatismus und der gesellschaftlichen Innovation nicht evolutionär, sondern in Schüben bzw. Zyklen wandeln.

8.3.3 Theorien zyklischen Wertwandels

Thematisiert die Postmaterialismus-These den durch die veränderten ökonomischen Bedingungen verursachten Wertwandel des Übergangs von der industriellen zur nachindustriellen Gesellschaft und erweitert die funktionale Werttheorie diese Wertwandelperspektive sowohl inhaltlich als auch zeitlich und verweisen sie zusätzlich auf die Möglichkeit der Wertsynthese, so nehmen zyklische Wertwandeltheorien an, daß sich im Prozeß der Veränderungen von Wertprioritäten ein wellenförmiger Verlauf beobachten läßt. Diese Theorie geht davon aus, daß es in jeder Gesellschaft ein relativ stabiles, festes Wertinventar gibt. Änderungen dieses Wertesystems entstehen in der Regel dadurch, daß einzelne Werte, und d.h. auch die entsprechenden sozialen Gruppen, im Prozeß der politischen Willensbildung zwar kurzzeitig Priorität haben können, daß sich diese Prioritätensetzung in der Folgezeit allerdings wieder zugunsten der vormals unterlegenen Werte einpendelt. In einer weiterentwickelten Formulierung

Wellenförmiger Verlauf des Wertewandels

wird diese zyklische Pendelbewegung auf der Grundlage der evolutionären Entwicklung allgemeiner Wertmuster in einer Gesellschaft interpretiert. (Vgl. die Diskussion bei *Bürklin* 1986a, 1988 und *Meulemann/Luthe* 1988)

Daß nur wenige der zyklischen Wertwandeltheorien bisher einem empirischen Test unterzogen worden sind, hat seinen Hauptgrund darin, daß diese Erklärungsansätze sehr langfristig angelegt sind und für diese Zeiträume keinerlei Individualdaten und nur vereinzelte, in der Regel unvollständige Aggregatdaten zur Verfügung stehen. Aus diesem Grund muß die Erforschung des langfristigen Wertwandels auf die empirische Inhaltsanalyse veröffentlichter Dokumente, wie etwa Zeitungen, Druckschriften, Reden oder wissenschaftliche Literatur, ausweichen. Da das Verfahren der empirischen Inhaltsanalyse noch relativ jung, gleichzeitig aber auch sehr kosten- und zeitintensiv ist, liegen aus diesem Bereich nur wenige vereinzelte Studien vor. *Problem: Kaum empirische Tests*

Eine der ersten empirischen Studien zyklischen Wertwandels stammt von *Namenwirth* (1973), der die seit 1844 vorliegenden Parteiprogramme der amerikanischen Republikaner und Demokraten einer quantitativen Inhaltsanalyse unterzog. *Namenwirth* fand bei seinen Analysen auch anderer Dokumente zwei typische Zyklenlängen: Als erstes beschreibt er einen 152 Jahre umspannenden Zyklus, der die langfristigen Wandlungen der Stile der politischen Willensbildung in der amerikanischen Geschichte widerspiegelt, von einem expressiven über einen adaptiven und instrumentellen zu einem integrativen Stil. Das Problem dieses langen Zyklus ist, daß *Namenwirth* nicht über die Daten verfügt, um Aussagen darüber machen zu können, ob sich dieser Zyklus in allen einzelnen Phasen wiederholen wird. Dieses Problem ist weniger ausgeprägt für den zweiten von ihm gefundenen Wertwandel-Zyklus von etwa 50 Jahren Länge. Dieser Zyklus, den *Namenwirth* in dreimaliger Wiederholung feststellen konnte, ist intern strukturiert durch eine phasentypische Abfolge der Wertethematisierung: *Namenwirth: Zwei Basiszyklen in der amerikanischen Geschichte*

— die Beschränkungsphase,
— die progressive Phase,
— die internationalistische und
— die konservative Phase.

Als Ursachen für diesen Wertwandel sieht *Namenwirth* den Stand der wirtschaftlichen Entwicklung, konkret den ökonomischen Kondratieffzyklus. Die langen Wellen der ökonomischen Entwicklung stehen nach *Namenwirth* in enger Übereinstimmung zum Wertezyklus, weil der Stand der wirtschaftlichen Entwicklung die Grundlage bildet für die Formulierung der politischen Ziele der verschiedenen gesellschaftlichen Gruppen, sowie deren Durchsetzungsfähigkeit in der Verteilungsfrage. *Enge Übereinstimmung mit der Wirtschaftsentwicklung*

In *Namenwirth*s Perspektive sind gesellschaftliche Wertorientierungen das Produkt der gesellschaftspolitischen Willensbildung. In diesem Prozeß stehen die unterschiedlichen gesellschaftlichen und politischen Eliten und Gegeneliten im Wettbewerb um die Beeinflussung des gesellschaftlichen Wertesystems. Welche der gesellschaftlichen Gruppen in diesem Wettbewerb obsiegen, d.h. ihre Wertvorstellungen als verbindlich durchsetzen können, wird weitgehend beeinflußt von ökonomischen Möglichkeiten und Beschränkungen: In ökonomisch rezessiven Phasen werden konservative und im Tiefpunkt der Entwicklung parochiale Themen und entsprechende Wertorientierungen eine größere Chance zur Durchsetzung haben als in der Hochkonjunktur, wo sich die kollektiv organisierten, progressiven Interessen stärker durchsetzen können.

Für diesen zyklischen Ablauf fand *Namenwirth* so geringe Abweichungen, daß er dieses Vier-Phasen-Schema in ein einziges Kreisdiagramm abtrug und seine Ergebnisse entsprechend als „Wheels of Time" interpretierte. Das 48-Jahre Zeitrad hat den folgenden Aufbau (nach *Namenwirth* 1973, S. 674):

48-Jahre Zeitrad nach *Namenwirth*

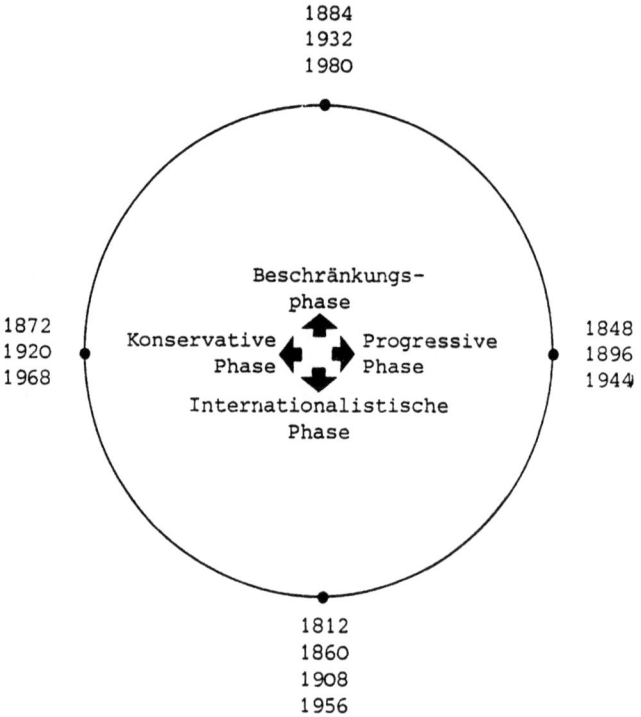

Weber:
Zyklische Muster in britischen Thronreden

Daß diese zyklischen Muster sich nicht nur in der amerikanischen Geschichte nachweisen lassen, sondern ebenfalls in England, konnte *Weber* (1981) in einer Inhaltsanalyse der britischen Thronreden von 1689 bis 1972 nachweisen. *Weber* konnte dabei für die frühe merkantilistische Periode zwischen 1689 und 1795 einen etwas längeren, 72jährigen Zyklus finden, während er für die darauffolgende kapitalistische Periode mit einem 152- und 52jährigen Zyklus eine enge Übereinstimmung mit den Ergebnissen *Namenwirth*s feststellte.

Daß neben den zwei Basiszyklen zusätzliche, meist kurzfristige Abweichungen von diesen Veränderungsmustern festgestellt werden konnten, macht deutlich, daß in diesem Bereich noch umfassende Forschungsanstrengungen nötig sind, bevor ein allgemeineres Zyklenmodell des Wertwandels als bestätigt gelten kann.[21]

Fassen wir zusammen: Der Erklärungsansatz der zyklischen Wertwandeltheorie geht davon aus,

<small>Grundannahmen der Zyklentheorie des Wertwandels</small>

— daß der gesellschaftliche Wandel von Wertorientierungen sich vor allem auf die Wirtschaftsentwicklung, d.h. auf die Struktur gesellschaftlicher Interessen zurückführen läßt,
— daß die wirtschaftliche Entwicklung selbst dem Muster der langen Wellen (Kondratieff-Zyklus) folgt.

Beide Annahmen, in der Literatur kontrovers diskutiert, gehen in das zyklische Erklärungsmodell des Wertewandels ein. Danach steuern ökonomische Auf- und Abschwungphasen den Verlauf der ideologischen Debatte: In wirtschaftlich angespannten Zeiten werden sich eher die grundlegenden, materiellen Wertorientierungen durchsetzen, während in wirtschaftlichen Aufschwungperioden die nicht-materiellen Wertorientierungen eine tendenziell höhere Wahrscheinlichkeit haben, in der gesellschaftlichen Werthierarchie nach oben zu rücken.

In dieser theoretischen Konzeptualisierung ist der Prozeß des Wertewandels von den politischen Eliten zunächst nicht beeinflußbar. Sie handeln auf der Grundlage der wirtschaftlichen Entwicklung. Andererseits sind die wirtschaftlichen Verhältnisse auch das Ergebnis der wirtschaftspolitischen Gesetzgebung und diese wiederum das Resultat der Mehrheitsbildung in allgemeinen Wahlen. Eine einfache Antwort auf die Frage nach Ursache und Wirkung gesellschaftlichen Wertewandels kann auch von diesem Ansatz nicht erwartet werden.

Man kann die verschiedenen Forschungsergebnisse über die Form des Wandels gesellschaftlicher Wertorientierungen unter zwei Punkten zusammenfassen:

<small>Zusammenfassung</small>

— Gesellschaftliche Wertorientierungen ändern sich in einem Grundwertebereich und im Hinblick auf die Säkularisierung der Gesellschaft evolutionär und sehr langsam. Diese Änderungen sind funktional vermittelt.
— Abweichend von dieser langfristig evolutionären Entwicklung lassen sich mittelfristige Schübe und Zyklen des Wertewandels feststellen, die über die wirtschaftliche Entwicklung vermittelt sind. Diese Veränderungen gesellschaftlicher Wertprioritäten sind als Ergebnis des politischen Willensbildungsprozesses zu verstehen.

8.4 Die politischen Konsequenzen gesellschaftlicher Wertorientierungen und des Wertewandels

In den traditionellen Erklärungsmodellen der Wahlsoziologie spielen gesellschaftliche Wertorientierungen keine Rolle. Als unmittelbare Ursachen rekurrieren die soziologischen Erklärungsansätze auf die gesellschaftlichen Interessenpositionen der verschiedenen Gruppen in einer Gesellschaft und verweisen auf die stabilisierende Wirkung gesellschaftlicher Cleavages auf das Wahlverhalten. In sozialpsychologischer Perspektive rekurriert man auf politische Einstellungen zu Issues, Parteien und Kandidaten als der Wahlentscheidung unmittelbar vorgelagerte Faktoren.

Wertorientierungen als eigenständiger Variablenkomplex

Von *Pappi* und *Laumann* (1974) stammt der Vorschlag, gesellschaftliche Wertorientierungen als eigenständigen, zentralen Variablenkomplex in die Erklärungsansätze der Wahlsoziologie einzuführen. Die Autoren argumentieren, daß gesellschaftliche Wertorientierungen politische Einstellungen nicht als Ursachen im Erklärungsprozeß ersetzen, sondern verstehen sie als intervenierenden Variablenkomplex zwischen Sozialstruktur und der Einstellung zu politischen Issues. Anders als politische Einstellungen, die dem politischen Verhalten unmittelbar vorgelagert sind, stellen Wertorientierungen als

„...subjektive Spiegelungen und Bewertungen der objektiven Gesellschaftsstruktur den Zusammenhang mit dieser Struktur her, von der sie aber nicht einseitig determiniert werden" (*Pappi/Laumann* 1974, S. 158).

Gesellschaftliche Wertorientierungen haben in dieser Theorie also einen ähnlich langfristig stabilisierenden Status wie das Konzept der Parteiidentifikation. Und vergleichbar mit den entsprechenden Modellen des Wählerverhaltens ist auch für das Wertkonzept nicht abschließend geklärt, wie Wertorientierungen im politischen Willensbildungsprozeß vermittelt sind, ob sie direkt wirksam werden oder nur vermittelt über die Einstellungen zu politischen Sachfragen und wie stark diese Effekte sind. Die Einführung des Konzepts der politischen Wertorientierung bedeutet eine erneute Herausforderung für die Modellbildung in der empirischen Wahlforschung. Stand bisher zur Erklärung der langfristigen Stabilität politischer Orientierungen das individualpsychologische Modell (Parteiidentifikation) der makrosoziologischen Theorie gegenüber (oben Kap. 4 und 5), so tritt jetzt das Konzept der Wertorientierung als dritter Erklärungsansatz hinzu.

Konsequenzen politischer Wertorientierungen auf das Wahlverhalten

Über die unmittelbaren Konsequenzen politischer Wertorientierungen auf das Wahlverhalten in der Bundesrepublik gibt die Studie von *Pappi* und *Laumann* Aufschluß. Ihre Analyse zeigt eine starke Verknüpfung zwischen religiösem Traditionalismus sowie der Ablehnung der Gewerkschaftsideologie mit der höheren Neigung zur Wahl der CDU. FDP-Wähler neigen ebenfalls stärker zur Ablehnung der Gewerkschaftsideologie, unterscheiden sich aber von CDU-Wählern durch ihre Gegnerschaft zu den Kirchen, der zweiten großen kollektiven Kraft der deutschen Politik neben den Gewerkschaften. Die Autoren sehen das deutsche Parteiensystem als asymmetrisch in dem Sinne, daß

„...einer linken Wirtschaftsideologie eine religiös-traditionelle Einstellung gegenübersteht und eben keine konservative Wirtschaftsideologie" (*Pappi/Laumann* 1974, S. 184).

In der Zeit nach dem Zweiten Weltkrieg waren insbesondere die Bereiche der intrinsischen Berufsorientierung und des traditionellen Familismus, beides Wertorientierungen, die zusammen mit dem religiösen Traditionalismus zum Kernbereich der Wertorientierungen gehören, einem besonders starken generationalen Wandel unterlegen. Wenn überhaupt, dann sind diese geänderten Wertorientierungen bis 1974 der SPD und zu geringeren Teilen der FDP zugute gekommen. Dabei ist allerdings ein Konflikt zwischen der in der SPD vorherrschenden kollektiven Gewerkschaftsideologie und den eher individualistischen, anti-kollektivistischen neuen Wertorientierungen vorprogrammiert.

Wandel der Wertezuordnung im deutschen Parteiensystem

Bis 1974 ist dieser Konflikt allerdings nicht sichtbar geworden, da er innerhalb der SPD nicht ausgetragen wurde. Über eine idealistische Reformpolitik, bei gleichzeitiger Beibehaltung des Vertretungsanspruches für den gewerkschaftlichen Sektor der Gesellschaft, war eine Integration sowohl der alten kollektivistischen als auch der neuen individualistischen Linken möglich. Mit der über die beiden Ölpreiskrisen der 70er Jahre vermittelten Abwendung der SPD von den sozialen Reformen, die auf der Wertedimension Konservatismus-Innovation verortet werden kann, wurde dieser Wertekonsens innerhalb der SPD jedoch brüchig. Die intergenerational gewandelten Wertorientierungen und die sie tragenden Gruppen wurden in der Folge zunehmend weniger von der sozial-liberalen Koalition vertreten. Ebenso wenig konnten diese Wertorientierungen in das traditionalistische Wertesystem der CDU eingebunden werden. Die Folge mußte eine wertbezogene Desintegration der Trägergruppen der neuen Werte sein.

Wie stark diese neue Wertorientierung, gemessen mit dem *Inglehart*-Index, die Einstellungen zu den etablierten Parteien und die Wahlabsichten beeinflußt, konnte *Bürklin* (1984, S. 169) durch den Vergleich der Wahlabsichten der Träger alter und neuer Wertorientierungen zwischen 1973 und 1982 zeigen. Gaben 1973 von den jungen Postmaterialisten über 70 % an, die SPD wählen zu wollen, so sank der vergleichbare Anteil in der Gruppe der 18-31jährigen Postmaterialisten 1982 auf 24 %, während die CDU in dieser Gruppe ebenfalls nur 16 % ansprechen konnte. Fast die Hälfte der jungen Postmaterialisten, nämlich 48 %, gaben dagegen an, die GRÜNEN wählen zu wollen.[22]

Wahlverhalten der Postmaterialisten

Die GRÜNEN haben sich in den späten 70er Jahren zunehmend zum politischen Repräsentanten der neuen Wertorientierungen gemacht. Diese Strategie hat sich in der Folgezeit in entsprechenden Wahlerfolgen niedergeschlagen. Die Umsetzung der Vertretung von Wertpositionen in Wählerstimmen wurde dabei erleichtert durch die Tatsache, daß die Träger der neuen Wertorientierungen zu den am wenigsten gesellschaftlich eingebundenen Gruppierungen gehören. Der Kernbereich dieser sozialstrukturellen Gruppe liegt im jungen städtischen Bildungsbürgertum. In diesen Bereichen sind entsprechend, wie aus der Tabelle auf der folgenden Seite hervorgeht, die Wahlerfolge der GRÜNEN am größten gewesen.

Die GRÜNEN als Partei der Postmaterialisten

Diese sozialstrukturellen Faktoren haben sich allerdings erwartungsgemäß nicht direkt auf die Wahlentscheidung für die GRÜNEN ausgewirkt, sondern nur vermittelt über die neuen Wertorientierungen. Das kommt in der Tabelle dadurch zum Ausdruck, daß in der jungen städtischen Bildungsklasse 61 % der Postmaterialisten, aber nur 18 % der Materialisten angab, die GRÜNEN wählen zu wollen. Diese Differenzierung zwischen Materialisten und Postmaterialisten ist in allen acht sozialstrukturellen Subgruppen gleichermaßen beobachtbar: Die neuen, nicht-materiellen Werte erweisen sich damit als wesentlicher Bestimmungsfaktor des geänderten Wahlverhaltens gesellschaftlicher Gruppen

Tabelle 9: Wahlentscheidung 1987 nach Wählertypen und neuen Werten (Alter, Bildung, Urbanität, Postmaterialismus)

Alter	Bildung*	Wohnort	Postmat./Mat.	CDU/CSU	SPD	FDP	GRÜNE	Summe	(N)	GRÜNE %
18-35	hoch	städtisch	Postmat.	6	33	—	61	100	36	61
			Mat.	42	16	24	18	100	46	18
		ländlich	Postmat.	16	52	—	33	100	13	33
			Mat.	53	24	12	6	100	17	6
	niedrig	städtisch	Postmat	7	49	5	39	100	43	39
			Mat.	40	49	5	6	100	182	6
		ländlich	Postmat.	11	37	6	46	100	38	46
			Mat.	43	31	12	13	100	163	13
älter	hoch	städtisch	Postmat.	32	52	—	16	100	6	16
			Mat.	56	15	24	6	100	49	6
		ländlich	Postmat.	9	27	36	18	100	11	18
			Mat.	37	14	45	4	100	75	4
	niedrig	städtisch	Postmat.	13	57	5	25	100	47	25
			Mat.	49	42	7	2	100	636	2
		ländlich	Postmat.	26	60	—	14	100	15	14
			Mat.	60	30	9	1	100	377	1

* hoch = Abitur und mehr/niedrig = darunter

Daten wie Tabelle 2.

stimmungsfaktor des geänderten Wahlverhaltens gesellschaftlicher Gruppen und der daraus resultierenden Entstehung der neuen Partei der GRÜNEN. Dieser festgestellte Wirkungszusammenhang zwischen Wertewandel und geändertem Wahlverhalten darf jedoch nicht als sozialwissenschaftliche Gesetzmäßigkeit begriffen werden. Der Zusammenhang kommt erst dadurch zum Tragen, daß das etablierte Parteiensystem die entsprechenden Wertorientierungen nicht mehr repräsentiert. Dem Verhalten der etablierten und nicht etablierten politischen Eliten kommt in diesem Prozeß eine aktive wie passive Rolle zu: Sie tragen durch die Politisierung allgemeiner Wertvorstellungen und durch die Synthese neuer gesellschaftlicher Werte mit dem Ziel der elektoralen Mobilisierung der Wählerschaft entscheidend dazu bei, daß Werte politisch handlungsrelevant werden. Sind diese Werte dann im Wertesystem einer Gesellschaft und in den individuellen Werthierarchien von Wählern verankert, kommt ihnen ein eigenes Gewicht im politischen Willensbildungsprozeß zu. Sie können jetzt als von den Parteien und der aktuellen Tagespolitik unabhängiges Kriterium der Bewertung sozialer Tatbestände fungieren. Wertorientierungen stellen somit ein stabilisierendes Moment im Prozeß der politischen Willensbildung dar. Die politischen Parteien, auch wenn sie selbst zur Genese dieser Werte beigetragen haben, müssen ihre Politik in der Folge auch an diesen Werten orientieren, wollen sie nicht die entsprechenden Wähler verlieren. Überträgt man diese Erkenntnis in die Sprache der quantitativen Modellbildung zur Vorhersage der Wahlentscheidung, so heißt das, daß auch diese Schätzverfahren als nicht-rekursive Modelle formuliert werden müssen (s.d. Kap. 4).

Handlungsspielräume politischer Parteien

8.5 Wertwandel, Wertsynthese und Wahlverhalten in der Bundesrepublik am Beispiel der Jungwähler

Als Beispiel für die Wirkungszusammenhänge, in der zusätzlich die Parallelität zwischen den Prozessen des Wertwandels, des Generationswechsels und des geänderten Wahlverhaltens deutlich werden, kann die Entwicklung des Wahlverhaltens der Jungwähler in der Bundesrepublik angeführt werden. Sie ist durch die folgenden Punkte gekennzeichnet:

— Beginnend in den späten 60er Jahren änderte sich das Wahlverhalten der Jungwähler; sie können über die ganzen 70er Jahre zu größeren Teilen von der SPD mobilisiert werden. Als generelles Muster bildet sich eine Altersschichtung der Parteiwählerschaften heraus, die dadurch gekennzeichnet ist, daß mit steigendem Alter die Anteile der CDU zu- und die der SPD abnahmen.

— Diese Wählerverschiebungen korrespondieren mit deutlichen Veränderungen von Wertorientierungen innerhalb der Jungwählerschaft. Der gesellschaftliche Wertewandel setzt zum gleichen Zeitpunkt, nämlich mit dem Übergang in die sozial-liberale Koalition, ein. Er ist gekennzeichnet durch die Abnahme traditioneller Pflicht- und Akzeptanzwerte und die Zunahme individualistischer Selbstverwirklichungswerte. Entgegen den Erwartungen, die sich aus der funktionalen Wertwandeltheorie ableiten lassen, verlief der Wertewandel allerdings nicht graduell, sondern in einem Schub. Dies verdeutlicht die aktive Rolle, die insbesondere der SPD bei der Politisierung des latenten Wertewandels zukam.

— Entsprechend war der Zuwachs der SPD innerhalb der Jungwählerschaft am höchsten in der Gruppe, die den „neuen Werten" zuneigte: lag die SPD in der Gruppe der traditionell orientierten Jungwählerschaft nur unwesentlich vor der CDU (jeweils knapp über 40 %), so war ihr Anteil innerhalb der postmaterialistischen Jungwählerschaft fast viermal so hoch.

— In den späten 70er Jahren hat sich der Wertewandel konsolidiert und in der Jungwählerschaft fortgesetzt. In dieser Phase haben es die neuen sozialen Bewegungen (Anti-Atomkraftbewegung, Ökologiebewegung, Friedensbewegung) zusammen mit den Massenmedien übernommen, einen neuen gesellschaftlichen Wertekomplex zu definieren. Dieser Wertekomplex, der im Kern als „ökologische Wertorientierung" bezeichnet werden kann, setzt sich zusammen aus verschiedenen Komponenten des traditionellen Wertesystems (individuelle Freiheit, demokratische Gleichheit, Solidarität), einer distributiven Wertorientierung im Umweltbereich (Verursacherprinzip im Umweltschutz), einer Wertpräferenzsetzung des Vorrangs der Umweltnutzung durch die Allgemeinheit vor den wirtschaftlichen Interessen, und schließlich in einer letzten Phase, einer instrumentellen Wertsetzung, die sich auf die Methode der Friedenssicherung bezieht (Abrüstung statt Abschreckung). Eine letzte Komponente dieses Wertebereichs stellt ein starkes oppositionelles Element zum etablierten Parteiensystem dar. (Vgl. dazu empirisch *Bürklin/Kaltefleiter* 1987) Auf dieser Grundlage konnten sich in der Folge in erster Linie die GRÜNEN als Repräsentanten dieses neuen Wertbereichs und seiner Hauptträgergruppe, der nachwachsenden Akademikerschaft, profilieren. Der Erfolg dieser Wertsynthese und insbesondere die Erhebung des Umweltschutzes zum gesellschaftlichen Wert muß in engem Zusammenhang mit den in den 70er und 80er Jahren neu auftauchenden und von den etablierten Parteien nicht zufriedenstellend gelösten Issues im Umweltbereich gesehen werden. Im Prozeß der Herausbildung einer politischen Tagesordnung können damit auch Issues die Struktur gesellschaftlicher Wertorientierungen beeinflussen.

— Unter der Annahme einer relativ hohen Stabilität des gesellschaftlichen Wertesystems ist davon auszugehen, daß selbst dann, wenn die GRÜNEN als Repräsentanten der neuen sozialen Bewegungen in zukünftigen Wahlen nicht mehr erfolgreich sein werden, die von ihnen propagierten gesellschaftlichen Werte, vor allem im Umweltbereich, fortdauernd existieren werden. Der Erfolg der GRÜNEN selbst wird dabei davon abhängen, inwieweit die sozialstrukturelle Kerngruppe ihrer Wählerschaft und deren materielle Interessen wieder stärker von den etablierten Parteien berücksichtigt werden.

Die sozialwissenschaftliche Prognose über die Fortexistenz der GRÜNEN als politische Partei hängt schließlich davon ab, von welcher Theorie des Wählerverhaltens man ausgeht. Nimmt man an, daß Parteibindungen im Jugendalter geprägt und danach relativ stabil bleiben, wird man die zukünftigen Chancen der GRÜNEN sehr viel höher einschätzen, als wenn man von einem gruppenbezogenen Ansatz des Wählerverhaltens oder gar von der Theorie des rationalen Wählers ausgeht. Man sieht: Wahlprognosen sind immer nur so gut, wie die ihnen zugrundeliegenden Theorien des Prozesses der politischen Willensbildung der Wirklichkeit entsprechen.

Anmerkungen

1 Vgl. zu den unterschiedlichen Demokratiebegriffen, die von einer Charakterisierung von „Demokratie als Methode" bis „Demokratie als Partizipation" reichen, die systematische Aufarbeitung von *Adrian* (1977).
2 Vgl. zur Funktion von Wahlen für ein demokratisches System ausführlich Bernhard Vogel et al.: Wahlen in Deutschland. Berlin 1971, Kap. I., den umfassenden Katalog von Wahlfunktionen bei Dieter Nohlen: Wahlsysteme der Welt. München 1978, S. 24, sowie in demokratietheoretischer Perspektive Dolf Sternberger: Die Wahl als bürgerliche Amtshandlung, in: Max Kaase (Hrsg.): Politische Wissenschaft und politische Ordnung. Opladen 1986.
3 Der Begriff „Politische Wissenschaft" wird im folgenden für die systematischerfahrungswissenschaftliche Richtung verwendet. Vgl. zu den drei „Schulen" der deutschen Politikwissenschaft Falter 1987, S. 295-300.
4 Vgl. zu dieser Entwicklung Jürgen Falter: Der ‚Positivismusstreit' in der amerikanischen Politikwissenschaft. Opladen 1982
5 Vgl. zur theoretischen Argumentation des „rationalen Wählers" Franz Lehner: Einführung in die Neue Politische Ökonomie. Königstein 1981, Kap. 1; zum empirischen Nachweis rationalen Wahlverhaltens Hans Rattinger: „Empirische Sozialforschung auf der Suche nach dem rationalen Wähler", in Zeitschrift für Politik 27 (1980), S. 44-58, sowie Manfred Küchler: „Maximizing Utilities at the Polls?" in: European Journal of Political Research, 14. Jg. (1986), S. 81-95
6 Vgl. zur Erklärungsleistung der Cleavage-Theorie für das deutsche Parteiensystem unten, Kap. 5.3.
7 Vgl. als Ausnahme der neueren Wahlforschung die qualitative Studie von Werner Brand und Harro Honolka über „Ökologische Betroffenheit, Lebenswelt und Wahlentscheidung", Opladen 1987. Entsprechend ihrem Plädoyer für eine neue, lebensweltlich orientierte Perspektive der Wahlforschung setzen sie alternative Forschungsstrategien ein.
8 Alter, Geschlecht, Rasse, Religion, Bildung, Sozialökonomischer Status.
9 Dieses Diagramm ist in dieser Form nicht veröffentlicht, sondern wurde entsprechend der Ausführungen von Rossi (1959: 36ff.) entworfen.
10 Für diese Graphik wurden die Einstellungen zum „democratic, bzw. republican (Präsidentschafts-) candidate" analog zum deutschen Regierungssystem mit Einstellungen zum (Kanzler-) Kandidaten der Regierungspartei, bzw. Oppositionspartei übersetzt.
11 Zur Vereinfachung der Darstellung ist aus vorstehender Graphik die Zeitkomponente herausgenommen. Solche nicht-rekursiven Modelle sind so zu verstehen, daß es zwischen den einzelnen Faktoren im Zeitverlauf zu Rückkoppelungen kommen kann; vgl. zur Diskussion des oben skizzierten Modells Asher (1983: 342ff.), sowie allgemein zu nicht-rekursiven Schätzverfahren Opp/Schmidt (1976).
12 Siehe dazu auch Falter/Ulbricht (1982, Kap. 3), wo ein vergleichbares Paneldesign mit loglinearen Verfahren berechnet wird.
13 Für eine Normalwahlanalyse der Bundestagswahl 1983 siehe Falter/Rattinger 1986. Dort wird das ursprünglich auf das gesamte Elektrorat bezogene Konzept auch als individuelles Kalkül entwickelt (vgl. insb. S. 290-294).
14 Als Ausnahme gelten hier jene Versionen der Normalwahlanalyse, in der a) über die Normalwahlverteilungen zwischen sozialstrukturell definierten Teilgruppen des Elektorats auf den

Einfluß dieser Größe auf die Parteiidentifikation geschlossen wird (Langfristeffekte), bzw. b) durch die Schätzung von Kurzfristeffekten (Kandidaten, Sachthemen) über die zeitvergleichende Analyse innerhalb der Gruppen auf die parteiidentifikations-freie Wirkung von Drittvariablen geschlossen wird.

15 Vgl. dazu ebenfalls die von Helmut Norpoth (1980), sowie Ute Kort-Krieger und Jörn Mundt (1986) vorgelegten Lehrbücher zur Praxis der Wahlforschung anhand ausgewählter Datensätze für die Bundesrepublik.

16 Bei der Bundestagswahl 1987 konnte die CDU/CSU bei kirchengebundenen Katholiken nur unterdurchschnittliche Anteile erzielen; sie lagen noch bei der Bundestagswahl 1983 bei etwa 79 %; vgl. dazu Wilhelm Bürklin und Werner Kaltefleiter: Die Bundestagswahl 1987. in: Zeitschrift für Politik, Heft 4, 1987. S. 403.

17 Dieses und die beiden folgenden Schaubilder sind übernommen aus: K. *Schmitt*: Inwieweit bestimmt auch heute noch die Konfession das Wahlverhalten? In: Landeszentrale für politische Bildung Baden-Württemberg (Hrsg.): Der Bürger im Staat, Heft 2/1984, S. 102f.

18 Diese Wahlbeteiligungsraten sind für die älteren Wählergruppen etwas unterschätzt, da die Repräsentative Wahlstatistik Wähler mit Wahlschein (v.a. Briefwähler) nicht einschließt, ältere Wähler aber von der Briefwahl häufiger Gebrauch machen.

19 Vgl. als Beispiel für raschen sozialen Wertewandel die Studie von Mario Rainer Lepsius: Extremer Nationalismus. Strukturbedingungen vor der nationalsozialistischen Machtergreifung, Stuttgart 1966.

20 Die Diskussion um die Inglehart-Skala wurde zwischenzeitlich in einer Vielzahl politikwissenschaftlicher und soziologischer Zeitschriften geführt; entsprechend groß wurde die Anzahl der Veröffentlichungen und damit die Schwierigkeit alle wiederholt vorgetragenen Kritikpunkte spezifischen Autoren zuzurechnen. Vgl. dazu etwa die Diskussion in der Politischen Vierteljahresschrift, Comparative Political Studies, Comparative Politics oder der American Political Sciene Review, sowie zusammenfassend Bürklin (1984) und Gabriel (1986).

21 Vgl. dazu systematisch Wolfgang Zapf (1976), sowie empirisch Robert Weber und Zvi Namenwirth (1987). Die dazu vergleichend angelegten Analysen der Entwicklung in Deutschland von Peter Mohler (1987) und für die Schweiz von Manuel Eisner (1987) kommen beide zu etwas veränderten Einschätzungen. Die Reanalyse des Sorokin-Datensatzes zum Wandel gesellschaftlicher Ideologien durch Klingemann/Mohler/Weber (1982) schließlich konnte das von Zapf hergeleitete Modell empirisch bestätigen. Danach ist der Wandel gesellschaftlicher Werte beschrieben durch einen langfristigen linear-evolutionären Trend mit zyklischen Abweichungen von diesem Trend. (s. Graphik folgende Seite).

22 Siehe für eine vergleichbare, über mehrere sozialstrukturelle und einstellungsbezogene Merkmale gebildete Wählertypologie, die das Aufkommen neuer Lebensstile mit dem Wahlverhalten in Beziehung setzt P. Gluchowski: „Lebensstile und Wandel der Wählerschaft in der Bundesrepublik Deutschland", in: Aus Politik und Zeitgeschichte, B12/87.

Verzeichnis der zitierten und benutzten Literatur

Adrian, W.: Demokratie als Partizipation. Meisenheim a. Glan 1977
Alemann, U. v. / *Heinze* R.G.: Verbände und Staat. Opladen 1979
Alker, H.R., Jr.: A Typology of Ecological Fallacies. In: *Dogan*, M. / *Rokkan*, St. (Hrsg.): Quantitative Analysis in the Social Sciences. Cambridge 1969, S. 69 - 86
Allardt, E.: Past and Emerging Political Cleavages. In: *Stammer*, O. (Hrsg.): Party Systems, Party Organizations and the Politics of New Masses. Berlin 1968, S. 66 - 74
Arminger, G.: Multivariate Analyse von qualitativen abhängigen Variablen mit verallgemeinerten linearen Modellen. In: Zeitschrift für Soziologie, Jg. 12, Heft 1, 1983, S. 49 - 64
Asher, H.B.: Voting Behavior Research in the 1980s — An Examination of Some Old and New Problem Areas. In: *Finifter*, A.W.: (Hrsg.): Political Science — The State of the Discipline. Washington 1983, S. 339 - 388
Bagehot, W.: Die englische Verfassung. Herausgegeben und eingeleitet von Klaus Streifthau. Neuwied und Berlin 1971
Baker, K.L. / *Dalton*, R.J. / *Hildebrandt*, K.: Germany Transformed. Cambridge 1981
Ballerstedt, E. / *Glatzer*, W.: Soziologischer Almanach. 3. Aufl., Frankfurt/M. 1979.
Barnes, S.H. / *Kaase*, M. et al.: Political Action — Mass Participation in Five Western Democracies. Beverly Hills 1979
Beck, P.A.: A Socialization Theory of Partisan Realignment. In: *Niemi*, R.G. u.a. (Hrsg.): The Politics of Future Citizens. San Francisco 1974, S. 199 - 219
Berelson, B.R. u.a.: Voting. A Study of Opinion Formation in a Presidential Campaign. Chicago 1954
Berger, M./*Gibowski*, W./*Roth*, D./*Schulte* W.: Legitimierung des Regierungswechsels. Eine Analyse der Bundestagswahl 1983. In: *Klingemann*, H.-D./*Kaase*, M. (Hrsg.): Wahlen und politischer Prozeß. Opladen 1986, S. 251 - 288
Blalock, H. M.: Social Statistics. Second Edition. New York 1972
Brand, W./*Honolka*, H.: Ökologische Betroffenheit, Lebenswelt und Wahlentscheidung. Opladen 1987
Brody, R.A./*Page*, B.J.: Comment: The Assessment of Policy Voting. In: American Political Science Review, 66, June 1972, S. 450 - 465
Bruckmann, G.: Schätzung von Wahlresultaten aus Teilergebnissen. Wien 1966
Bürklin, W.P.: Grüne Politik. Opladen 1984
Bürklin, W.P.: Neue Werte — Eine Herausforderung für das politische System? In: *Oberreuter* (Hrsg.): An den Grenzen der Mehrheitsdemokratie. München 1986
Bürklin, W.P.: Evolution und Zyklus. Mögliche Beiträge der Zyklentheorie zur Verbesserung sozialwissenschaftlicher Theoriebildung. In: *Kaase*, M. (Hrsg.): Politische Wissenschaft und politische Ordnung. Opladen 1986a, S. 265 - 278
Bürklin, W./*Kaltefleiter*, W.: Die Bundestagswahl 1987. Streitfragen einer neuen Konfliktdimension. In: Zeitschrift für Politik, Heft 4, 1987, S. 400 - 425
Bürklin, W.P.: Wertewandel oder zyklische Wertaktualisierung? In: Meulemann, H. und Luthe, H.O. (Hrsg.): Wertwandel — Faktum oder Fiktion? Bestandsaufnahmen und Diagnosen aus kultursoziologischer Sicht. Frankfurt a.M./New York 1988
Burnham, W. D.: Critical Elections and the Mainsprings of American Politics. New York 1970
Butler, D.E.: The British General Election of 1951. London 1952

Campbell, A.: A Classification of Presidential Elections. In: *Campbell*, A. u.a.: Elections and the Political Order. New York und London 1966, S. 63 - 77

Campbell, A. / *Converse*, P.E. / *Miller*, W.E. / *Stokes*, D.E.: The American Voter. New York und London 1960

Campbell, A. / *Gurin*, G. / *Miller*, W.E.: The Voter Decides. Evanston 1954

Clubb, J.M. / *Flanigan*, W.J. / *Zingale*, N.H.: Partisan Realignment. Voters, Parties, and Government in American History. Beverly Hills und London 1980

Converse, P.E.: The Concept of a Normal Vote. In: *Campbell*, A. u.a.: Elections and the Political Order. New York und London 1966, S. 9 - 39

Diederich, N.: Empirische Wahlforschung. Konzeptionen und Methoden im internationalen Vergleich. Köln und Opladen 1965

Dogan, M. / *Rokkan*, St.: Quantitative Ecological Analysis in the Social Sciences. Cambridge 1969

Downs, A.: An Economic Theory of Democracy. New York 1957

Downs, A.: Ökonomische Theorie der Demokratie. Tübingen 1968

Durkheim, E.: Le Suicide. Paris 1960, zuerst 1897

Eberwein, W.D. (Hrsg.): Politische Stabilität und Konflikt. Neue Ergebnisse der makroquantitativen Politikforschung. Opladen 1983

Eisner, M.: Cycles of Political Control: The Case of the Canton Zurich, 1880 - 1983. In: European Journal of Political Research, Vol. 15, 1987, S. 167 - 184

Enelow, J.M. / *Hinich*, M.J.: The Spatial Theory of Voting. An Introduction. Cambridge 1974

dies.: Voter expectations in Multi-Stage Voting Systems: An Equilibrium-Result. In: American Journal of Political Science, Vol. 27, Nr. 4, 1983, S. 808 ff.

Falter, J.: Einmal mehr: Läßt sich das Konzept der Parteiidentifikation auf deutsche Verhältnisse übertragen? In: *Kaase*, M. (Hrsg.): Wahlsoziologie heute. Opladen 1977, S. 476 - 500

Falter, J.: Der ‚Positivismusstreit' in der amerikanischen Politikwissenschaft. Opladen 1982

Falter, J.: Die drei ,,Schulen" der deutschen Politikwissenschaft, In: *von Beyme* u.a. (Hrsg.): Politikwissenschaft. Eine Grundlegung. Bd. I. Stuttgart, Berlin und Köln, 1987, S. 295 - 300

Falter, J. u.a.: Arbeitslosigkeit und Nationalsozialismus. Eine empirische Analyse des Beitrags der Massenerwerbslosigkeit zu den Wahlerfolgen der NSDAP 1932 und 1933. In: Kölner Zeitschrift für Soziologie und Sozialpsychologie 35, 1983, S. 525 - 551

Falter, J. / *Rattinger*, H.: Parteien, Kandidaten und politische Streitfragen bei der Bundestagswahl 1980. Möglichkeiten und Grenzen der Normal-Vote-Analyse. In: *Kaase*, M. / *Klingemann*, H.-D. (Hrsg.): Wahlen und politisches System. Opladen 1983, S. 320 - 421

Falter, J. / *Ulbricht* K.: Zur Kausalanalyse qualitativer Merkmale. Bern und Frankfurt/M. 1982

Festinger, L.A.: A Theory of Cognitive Dissonance. Evanston 1957

Fiorina, M.P.: Partisan Loyalty and the Six Component Model. In: Political Methodology 3, Nr. 1, 1976, S. 7 - 18

Flanagan, S.C.: Value Change and Partisan Change in Japan. In: Comparative Politics 11, 1979, S. 253 - 278

Fogt, H.: Politische Generation. Opladen 1982

Frey, B.S. / *Schneider*, F.: Ein politisch-ökonomisches Modell. Theorie und Anwendung für die Bundesrepublik Deutschland. In: *Pommerehne* / *Frey* (Hrsg.): Ökonomische Theorie der Politik. Berlin, Heidelberg, New York 1979, S. 406 - 417

Frey, B.S. / *Weck*, H.: Hat Arbeitslosigkeit den Aufstieg des Nationalsozialismus bewirkt? In: *Borchardt*, K. u.a. (Hrsg.): Jahrbuch für Nationalökonomie und Statistik 196. Stuttgart und New York 1981, S. 1 - 31

Gabriel, O.: Politische Kultur, Materialismus und Postmaterialismus in der Bundesrepublik Deutschland. Opladen 1986

Galtung, J.: Theory and Methods of Social Research. London 1967

Gibowski, W.G.: Hochrechnung. In: *Nohlen*, D. / *Schultze*, R.-O.: Politikwissenschaft (= Pipers Wörterbuch zur Politik, Bd. 1). München und Zürich 1985, S. 342 - 343

Glenn, N.: Cohort Analysis. Beverly Hills und London 1977

Gluchowski, P.: Lebensstile und Wandel der Wählerschaft in der Bundesrepublik Deutschland. In: Aus Politik und Zeitgeschichte, Beilage zur Wochenzeitschrift Das Parlament, B 12/87, S. 18 - 32

Gluchowski, P.: Wahlerfahrung und Parteiidentifikation. Zur Einbindung von Wählern in das Parteiensystem der Bundesrepublik. In: *Kaase*, M. / *Klingemann*, H.-D. (Hrsg.): Wahlen und politi sches System. Opladen 1983, S. 442 - 477

Goodman, L.A.: Analyzing Qualitative / Categorial Data: Log-linear Models and Latent Structure Analysis. Cambridge 1978

Goguel, F.: Etudes de sociologie électorale. Paris 1947

Gottmann, J. / Laponce, J.: Politics and Geography. In: International Political Science Review, Vol. 1, No, 4 / 1980

Greiffenhagen, M. / Greiffenhagen, S.: Ein schwieriges Vaterland. Zur politischen Kultur Deutschlands. München 1979

Heberle, R.: Social Movements. An Introduction to Political Sociology. New York 1951

Heberle, R.: Landbevölkerung und Nationalsozialismus. Stuttgart 1963

Hildebrandt, K. / Dalton, R.J.: Die neue Politik. In: Kaase, M. (Hrsg.): Wahlsoziologie heute. Opladen 1977, S. 230 - 256

Hofmann-Göttig, J.: Die jungen Wähler. Frankfurt und New York 1984

Hofmann-Göttig, J.: Emanzipation mit dem Stimmzettel. Bonn 1986

Homans, G.C.: Was ist Sozialwissenschaft? Opladen 1972

Hoschka, P.: Wählerwanderungsbilanz. In: Nohlen, D. / Schultze, R.-O.: Politikwissenschaft (= Pipers Wörterbuch zur Politik, Bd. 1) München und Zürich 1985, S. 1111f.

Hoschka, P. / Schunck, H.: Stabilität regionaler Wählerstrukturen in der Bundesrepublik. In: Kaase, M. (Hrsg.): Wahlsoziologie heute. Analysen aus Anlaß der Bundestagswahl 1976. Opladen 1977, S. 279 - 300

Hoschka, P. / Schunck, H.: Das Puzzlespiel der Wählerwanderungen: Noch immer ungelöst. In: Zeitschrift für Parlamentsfragen 13, 1982, S. 113 - 115

Hummel, H.-J.: Probleme der Mehrebenenanalyse. Stuttgart 1972

Inglehart, R.: The Silent Revolution in Europe — Intergenerational Change in Post-Industrial Societies. In: American Political Science Review 1971 LXV, S. 991 - 1017

ders.: The Silent Revolution: Changing Values and Political Styles Among Western Publics. Princeton 1977

Inglehart, R.: Wertwandel in den westlichen Gesellschaften. Politische Konsequenzen von materialistischen und postmaterialistischen Prioritäten. In: Klages, H. / Kmieciak, P. (Hrsg.): Wertwandel und gesellschaftlicher Wandel. Frankfurt a.M. und New York 1979, S. 279 - 316

Irle, M.: Einige Sozialpsychologische Determinanten der Wählerbeeinflussung. In: H. Albert (Hrsg.): Sozialtheorie und politische Praxis. Meisenheim 1971, S. 225 - 256

Jackson, J.E.: Issues, Party Choices, and Presidential Votes. In: American Journal of Political Science 19, 1975, S. 161 - 185

Jaide, W.: Generationen eines Jahrhunderts. Opladen 1988

Janowitz, M.: Political Conflict. Essays in Political Sociology. Chicago 1970

Jesse, E.: Wahlrecht zwischen Kontinuität und Reform. Eine Analyse der Wahlsystemdiskussion und der Wahlrechtsänderungen in der Bundesrepublik Deutschland. Düsseldorf 1985

ders.: Die Bundestagswahlen von 1972 bis 1987 im Spiegel der Repräsentativen Wahlstatistik. In: Zeitschrift für Parlamentsfragen 18 (1987), H. 2, S. 232 - 242

ders.: Wahlen. Berlin 1988

Jung, H.: Ökonomische Variablen und ihre politischen Folgen. Ein kritischer Literaturbericht. In: Oberndörfer, D. u.a. (Hrsg.): Wirtschaftlicher Wandel, religiöser Wandel und Wertwandel. Folgen für das politische Verhalten in der Bundesrepublik Deutschland. Berlin 1985, S. 61 - 95

Kaase, M.: Analyse der Wechselwähler in der Bundesrepublik. In: Scheuch, E.K. / Wildenmann, R. (Hrsg.): Zur Soziologie der Wahl. Sonderheft 9 der Kölner Zeitschrift für Soziologie und Sozialpsychologie. 2. Aufl., Köln und Opladen 1968, S. 113 - 125

Kaase, M.: Party Identification and Voting Behavior in the West German Election of 1969. In: Budge, I. / Crewe, I. / Farlie, D. (Hrsg.): Party Identification and Beyond. London und New York 1976, S. 81 - 102

Kaase, M. (Hrsg.): Wahlsoziologie heute. Analysen aus Anlaß der Bundestagswahl 1976. Opladen 1977

Kaase, M. / Klingemann, H.-D. (Hrsg.): Wahlen und politisches System. Analysen aus Anlaß der Bundestagswahl 1980. Opladen 1983

Kaltefleiter, W.: Die freien Gesellschaften — eine kleine radikale Minderheit? In: Kaase, M. (Hrsg.): Politische Wissenschaft und Politische Ordnung. Analysen zu Theorie und Empirie demokratischer Regierungsweise. Festschrift zum 65. Geburtstag von Rudolf Wiedenmann. Opladen 1986, S. 70 - 80

Kaltefleiter, W. / *Nissen*, P.: Empirische Wahlforschung. Eine Einführung in Theorie und Technik. Paderborn 1980

Key, V.O.: A Theory of Critical Elections. In: Journal of Politics, 17, 1955, S. 3 - 18

Kirchgässner, G.: Welche Art der Beziehung herrscht zwischen der objektiven wirtschaftlichen Entwicklung, der Einschätzung der Wirtschaftslage und der Popularität der Parteien: Unabhängigkeit, Scheinunabhängigkeit, Scheinkorrelation oder kausale Beziehung? Eine empirische Untersuchung für die Bundesrepublik Deutschland von 1971 bis 1982. In: *Kaase*, M. / *Klingemann*, H.-D. (Hrsg.): Wahlen und politisches System. Opladen 1983, S. 222 - 256

Klages, H. / *Kmieciak*, P. (Hrsg.): Wertwandel und gesellschaftlicher Wandel. Frankfurt/M. und New York 1979

Klages, H.: Wertorientierung im Wandel. Rückblick, Gegenwartsanalyse, Prognosen. Frankfurt/M. und New York 1985

Klingemann, H.-D. / *Taylor*, C.L.: Affektive Parteiorientierung, Kanzlerkandidaten und Issues. In: *Kaase*, M. (Hrsg.): Wahlsoziologie heute. Analysen aus Anlaß der Bundestagswahl 1976. Opladen 1977, S. 301 - 347

Klingemann, H.-D. / *Kaase*, M. (Hrsg.): Wahlen und politischer Prozeß. Analysen aus Anlaß der Bundestagswahl 1983. Opladen 1986

Klingemann, H.-D. / *Mohler*, P.Ph. / *Weber*, R.P.: Cultural Indicators based on Content Analysis: A Secondary Analysis of Sorokin's Data on Fluctuations of Systems of Truth. In: Quality and Quantity 16, 1982, S. 1 - 17

Kluckhohn, C.: Values and Value Orientations in the Theory of Action. An Exploration in Definition and Classification. In: *Parsons*, T. / *Shils*, E.S.: Toward a General Theory of Action. Cambridge / Mass. 1951, S. 388 - 433

Kort-Krieger, U. / *Mundt*, J. W.: Praxis der Wahlforschung. Eine Einführung. Frankfurt/M. und New York 1986

Krauss, F./*Smid*, M.: Wählerwanderungsanalyse. In: Zeitschrift für Parlamentsfragen 12, 1981, S. 83 - 108

Kromrey, H.: Empirische Sozialforschung. Opladen 1983

Küchler, M.: Multivariate Analyseverfahren. Stuttgart 1979

ders.: Maximizing Utilities at the Polls?, A Replication of Himmelweit's Consumer Model of Voting with German election data from 1983. In: European Journal of Political Research, Vol. 14, 1986, S. 81 - 95

Lavies, R.-R.: Nicht-Wählen als Kategorie des Wahlverhaltens. Düsseldorf 1973

Lazarsfeld, P.F. u.a.: The People's Choice. How the Voter Makes up his Mind in a Presidential Campain. New York 1949, 2. Aufl.

Lehner, F.: Einführung in die Neue Politische Ökonomie. Königstein 1981

Lepsius, R.M.: Extremer Nationalismus. Strukturbedingungen vor der nationalsozialistischen Machtergreifung. Stuttgart 1966

Liepelt, K. / *Riemenschnitter*, H.: Wider die These vom besonderen Wahlverhalten der Frau. In: Politische Vierteljahresschrift, 1973, 4, S. 567 - 605

Linz, J.: Ecological Analysis and Survey Research. In: *Dogan*, M. / *Rokkan*, St. (Hrsg.): Quantitative Ecological Analysis in the Social Sciences. Cambridge und London 1969, S. 91 - 131

Lipset, S. / *Rokkan*, St.: Party Systems and Voters Alignments. New York 1967

Markus, G.B. / *Converse*, P.E.: A Dynamic Simultaneous Equation Model of Electoral Choice. In: American Political Science Review, 1979, 73, S. 1055 - 1070

Maslow, A.H.: Motivation and Personality. New York 1954 (dtsch.: Motivation und Persönlichkeit. Olten und Freiburg 1977)

Mayntz, R. / *Holm*, K. / *Hübner*, P.: Einführung in die Methoden der empirischen Soziologie. 3. Aufl., Opladen 1972

McCallum, R.B. / *Readman*, A.: The British General Election of 1945. London 1947

Merriam, Ch.E. / *Gosnell*, H.F.: Non-Voting — Causes and Methods of Control. Chicago 1924

Meulemann, H. / *Luthe*, H.O. (Hrsg.): Wertwandel — Faktum oder Fiktion? Bestandsaufnahmen und Diagnosen aus kultursoziologischer Sicht. Frankfurt a.M. / New York 1988

Mohler, P.: Cycles of value change. In: European Journal of Political Research, Vol. 15, 1987,

S. 155 - 165
Namenwirth, J.Z.: Wheels of Time and the Interdependence of Value Change in America. In: Journal of Interdisciplinary History III, 3, 1973, S. 649 - 683
Namenwirth, J.Z. / *Weber*, R.P.: Dynamics of Culture. Winchester, MA, 1987
Nie, N.H. / *Verba*, S.: Political Participation. In: *Greenstein*, F.I. / *Polsby*, N.W. (Hrsg.): Handbook of Political Science, Vol. 4, 1975, S. 1 - 74
Nie, N.H. u.a.: The Changing American Voter. Cambridge und London 1976
Noelle-Neumann, E.: Öffentliche Meinung in der Bundestagswahl 1980. In: *Kaase*, M. / *Klingemann*, H.-D. (Hrsg.): Wahlen und politisches System. Opladen 1983, S. 540 - 599
Noelle-Neumann, E. / *Strümpel*, B.: Macht Arbeit krank? Macht Arbeit glücklich?. Eine aktuelle Kontroverse. München 1984
Nohlen, D.: Wahlsysteme der Welt. Daten und Analysen. Ein Handbuch. München 1978
ders.: Wahlsysteme, in: *Schmidt*, M.G. (Hrsg.): Westliche Industriegesellschaften. Wirtschaft — Gesellschaft — Politik (= Pipers Wörterbuch zur Politik, Bd. 2) München und Zürich 1983, S. 489 - 497
Norpoth, H.: Wählerverhalten in der Bundesrepublik Deutschland. Frankfurt/M. und New York 1980
Norpoth, H. / *Yantek*, T.: Von Adenauer bis Schmidt. Wirtschaftslage und Kanzlerpopularität. In: *Kaase*, M. / *Klingemann*, H.-D. (Hrsg.): Wahlen und politisches System. Opladen 1983, S. 198 - 221
Opaschowski, H.W.: Freizeit im Wertewandel. Hamburg 1982 (Schriftenreihe zur Freizeitforschung, Bd. 4, hrsg. vom B.A.T. Freizeit-Forschungsinstitut)
Opp, K.-D. / *Schmidt*, P.: Einführung in die Mehrvariablenanalyse. Reinbek 1976
Pappi, F.U.: Sozialstruktur und politische Konflikte in der Bundesrepublik. Individual- und Kontextanalysen der Wahlentscheidung. Habilitationsschrift, Universität Köln 1976
Pappi, F.U.: Aggregatdatenanalyse. In: *Koolwijk*, J.v. / *Wieken-Mayser*, M.: Techniken der empirischen Sozialforschung, Bd. 7, Datenanalyse. München 1977, S. 78 - 110
Pappi, F.U.: Die konfessionell-religiöse Konfliktlinie in der deutschen Wählerschaft — Entstehung, Stabilität und Wandel. In: *Oberndörfer*, D. u.a. (Hrsg.): Wirtschaftlicher Wandel, religiöser Wandel und Wertwandel. Folgen für das politische Verhalten in der Bundesrepublik Deutschland. Berlin 1985, S. 263 - 290
Pappi, F.U. / *Laumann*, E.O.: Gesellschaftliche Wertorientierungen und politisches Verhalten. In: Zeitschrift für Soziologie, Jg. 3, Heft 2, April 1974, S. 157 - 188
Parsons, T.: System of Value-Orientation. In: *Parsons*, T. / *Shils*, E.S.: Toward a General Theory of Action. Cambridge / Mass. 1951, S. 159 - 189
Pomper, G.: Classification of Presidential Elections. In: Journal of Politics, Vol. 29, 1967, S. 535 - 566
Popper, K.R.: Die offene Gesellschaft und ihre Feinde. München 1975
Radtke, G.: Stimmenthaltung bei politischen Wahlen in der Bundesrepublik Deutschland. Meisenheim 1972
Ranke, L.: Hardenberg und die Geschichte des Preußischen Staates von 1793 bis 1813. Leipzig 1879 / 81, 2. Aufl.
Ranke, L.: Friedrich der Große. Eine Biographie. Weimar 1943
Rattinger, H.: Empirische Sozialforschung auf der Suche nach dem rationalen Wähler. In: Zeitschrift für Politik 27, 1980, S. 44 - 58
Reichardt, R.: Wertstrukturen in Gesellschaftssystemen. Möglichkeiten makrosoziologischer Analysen und Vergleiche. In: *Klages*, H. / *Kmieciak*, P. (Hrsg.): Wertwandel und gesellschaftlicher Wandel. Frankfurt/M. und New York 1979
Reuband, K.H.: Arbeit und Wertewandel — mehr Mythos als Realität? In: Kölner Zeitschrift für Soziologie und Sozialpsychologie, Heft 4, 1985
Rice, S.A.: Quantitative Methods in Politics. New York 1928
Robinson, W. S.: Ecological Correlations and the Behavior of Individuals. In: American Sociological Review, Vol. 15, 1950, S. 351 - 357
Rokeach, M.: The Nature of Human Values. New York 1973
Rossi, P.H.: Four Landmarks in Voting Research. In: *Burdick*, E. / *Brodbeck*, A.J. (Hrsg.): American Voting Behavior. New York 1959, S. 5 - 54
Sartori, G.: Parties and Party Systems — A Framework for Analysis. Cambridge 1976

Scheuch, E.K. / *Wildenmann*, R. (Hrsg.): Zur Soziologie der Wahl. Sonderheft 9 der Kölner Zeitschrift für Soziologie und Sozialpsychologie. 2. Aufl., Köln und Opladen 1968
Schmitt, K.: Inwieweit bestimmt auch heute noch die Konfession das Wahlverhalten? In: Landeszentrale für politische Bildung Baden-Württemberg (Hrsg.): Der Bürger der Staat, Heft 2 / 1984, S. 95 - 107
Schmitt, K.: Religiöse Bestimmungsfaktoren des Wahlverhaltens. Entkonfessionalisierung mit Verspätung? In: *Oberndörfer*, D. u.a. (Hrsg.): Wirtschaftlicher Wandel, religiöser Wandel und Wertwandel. Folgen für das politische Verhalten in der Bundesrepublik Deutschland. Berlin 1985, S. 291 - 329
Schmitt, K.: Konfession und politisches Verhalten in der Bundesrepublik Deutschland. Berlin 1988
Schultze, R.-O.: Wählerverhalten und Parteiensystem in der Bundesrepublik Deutschland. In: Westeuropas Parteiensysteme im Wandel, Stuttgart 1983, S. 9 - 44
Schultze, R.-O.: Kritische Wahlen. In: *Nohlen*, D. / *Schultze*, R.-O.: Politikwissenschaft (= Pipers Wörterbuch zur Politik, Bd. 1). München und Zürich 1985, S. 487 - 490
Schumpeter, J.A.: Kapitalismus, Sozialismus und Demokratie. Bern 1950
Sears, D.O.: Political Socialization. In: *Greenstein*, F.I. / *Polsby*, N.W. (Hrsg.): Handbook of Political Science, Vol. 2, 1975, S. 93 - 153
Siegfried, A.: Tableau politique de la France de l'Quest sous la IIIe République. Paris 1913
Siegfried, A.: Geographie électoral de l'Ardèche sous la IIIe République. Paris 1949
Simmel, G.: Über sociale Differenzierung. Leipzig 1890
Statistisches Bundesamt (Hrsg.): Wahl zum 10. Deutschen Bundestag am 6. März 1983. Heft 4: Wahlbeteiligung und Stimmabgabe der Männer und Frauen nach dem Alter. Stuttgart und Mainz 1983
Statistisches Bundesamt (Hrsg.): Wahl zum 11. Deutschen Bundestag am 25. Januar 1987. Textliche Auswertung der Wahlergebnisse. Stuttgart und Mainz 1988
Sternberger, D.: Die Wahl als bürgerliche Amtshandlung. In: *Kaase*, M.(Hrsg.): Politische Wissenschaft und politische Ordnung. Analysen zu Theorie und Empirie demokratischer Regierungsweise; Festschrift zum 65. Geburtstag von Rudolf Wildenmann. Opladen 1986, S. 22 - 26
Sundquist, J.L.: Dynamics of the Party System. Washington 1973
Sweetser, F.L.: Ecological Factors in Metropolitan Zones and Sectors. In: *Dogan*, M. / *Rokkan*, St.: Quantitative Ecological Analysis in the Social Sciences. Cambridge 1969, S. 413 - 456
Tufte, E.R.: Political Control of the Economy. Princeton University Press 1978
Vogel, B. / *Nohlen*, D. / *Schultze*, R.-O.: Wahlen in Deutschland. Theorie — Geschichte — Dokumente. 1848 — 1970. Berlin 1971
Weber, Max: Gesammelte Aufsätze zur Religionssoziologie (6. photomechanisch gedruckte Aufl.), Tübingen 1976
Weber, Max: Die protestantische Ethik und der Geist des Kapitalismus. Wiederabdruck in: *Winckelmann*, J. (Hrsg.): Max *Weber*—Die protestantische Ethik. Gütersloh 1984 (zuerst 1905)
Weber, R.P.: Society and Economy in the Western World. Social Forces Nr. 59, 1981, S. 1130 - 1148
Weede, E.: Entwicklungsländer in der Weltgesellschaft. Opladen 1985
Wieken-Mayser, M. / *Koolwijk*, J.v. (Hrsg.): Techniken der empirischen Sozialforschung. Wien 1974
Wildenmann, R.: Macht und Konsens als Problem der Innen- und Außenpolitik. 2. Aufl., Köln und Opladen 1967
Zapf, W.: Systemkrisen oder Entwicklungsdilemmas? Probleme der Modernisierungspolitik. In: ders. (Hrsg.): Probleme der Modernisierungspolitik. Mannheim 1976, S. 7 - 17
Zohlnhöfer, W.: Parteiidentifizierung in der Bundesrepublik und den Vereinigten Staaten. In: *Scheuch*, E.K. / *Wildenmann*, R. (Hrsg.): Zur Soziologie der Wahl. Sonderheft 9 der Kölner Zeitschrift für Soziologie und Sozialpsychologie. Köln und Opladen 1968, 2. Auf., S. 126 - 168

Personenindex

Adrian, W., 133fn
Alemann, U.v., 8, 70
Alker, H.R., 38
Allardt, E., 23
Arminger, G., 30
Asher, H.B., 58, 133fn

Bagehot, W., 14
Baker, K.L., 64, 109
Ballerstedt, E., 79
Barnes, S.H., 15, 109
Beck, P.A., 82, 83
Berelson, B.R., 49, 52, 53
Berger, M., 88
Blalock, H.M., 32
Bogumil, J., 8
Brand, W., 133fn
Brody, R.A., 60
Bruckmann, G., 99
Budge, I., 57
Bürklin, W., 80, 82, 113, 114, 122, 123, 127, 130, 134fn
Burnham, W.D., 36, 83
Butler, D.E., 43

Campbell, A., 13, 49, 53, 54, 56, 57
Clubb, J.M., 35
Converse, P., 49, 59, 66, 83
Crewe, I., 57

Dalton, R.J., 64, 103, 108, 109, 116
Diederich, N., 19, 27, 35, 46
Dogan, M., 35
Downs, A., 13, 21
Durkheim, E., 33
Eberwein, W.D., 33, 35
Eisner, M., 134fn
Enelow, J.M., 60

Falter, J., 8, 39, 40, 57, 63, 67, 68, 69, 133fn
Farlie, D., 57
Fehl, W., 8
Festinger, L., 53, 86
Fiorina, M., 57
Flanagan, S.C., 35, 112, 120

Fogt, H., 91, 112
Frey, B.S., 36, 38, 39

Gabriel, O., 103, 116, 134fn
Galtung, J., 40
Gibowski, W., 99
Glatzer, W., 79
Glenn, N., 92, 93
Gluchowski, P., 65, 66, 134fn
Goguel, F., 28, 30
Gottmann, J., 30
Gosnell, H.F., 49
Greiffenhagen, M., 121
Greiffenhagen, S., 121
Gurin, G., 49

Heberle, R., 34, 35, 47
Heinze, R., 70
Hildebrandt, K., 64, 108, 109, 116
Hinich, M.J., 60
Hoffmann-Göttig, J., 86, 88
Holm, K., 54
Honolka, H., 133fn
Hoschka, P., 99
Hübner, P., 54
Hummell, H.-J., 43

Inglehart, R., 103, 104, 108, 112, 113, 115, 116, 118, 119, 120, 127
Irle, M., 86

Jackson, J.E., 59
Jaide, W., 103, 112, 113
Janowitz, M., 21
Jesse, E., 14, 23, 88
Jung, H., 37

Kaase, M., 15, 16, 19, 61, 62, 63, 64, 74fn, 109, 133fn
Kaltefleiter, W., 8, 12, 13, 25, 130, 134fn
Key, V.O., 83
Kirchgässner, G., 36
Klages, H., 103, 112, 121
Klingemann, H.D., 16, 19, 69, 74fn, 134fn
Kluckhohn, C., 104

Kmieciak, P., 103
Koolwijk, J.v., 47
Kort-Krieger, U., 134fn
Krauss, F., 99
Kromrey, H., 54
Küchler, M., 30, 133fn

Laumann, E.O., 109, 126
Lavies, R.-R., 85
Lazarsfeld, P.F., 21, 49, 50, 51, 55, 61, 69, 89
Lehner, F., 133fn
Lepsius, M.R., 134fn
Lessmann, S., 8
Liepelt, K., 88
Linz, J., 41, 42
Lipset, S.M., 22, 23, 25, 69
Luthe, H.O., 123

Mannheim, K., 91, 110
Markus, G., 59
Maslow, A.H., 107, 108
Mayntz, R., 45, 54
McCallum, R.B., 43
McPhee, W.N., 49
Merriam, Ch.E., 49
Meulemann, H., 123
Miller, W.E., 49
Mohler, P., 134fn
Mundt, J., 134fn

Namenwirth, J.Z., 112, 123, 124, 134fn
Nie, N.H., 83
Nissen, P., 12, 25
Noelle-Neumann, E., 98, 103, 121
Nohlen, D., 25, 133fn
Norpoth, H., 36, 134fn

Opaschowski, H.W., 105, 121
Opp, K.-D., 32, 133fn

Page, B.J., 60
Pappi, F.U., 8, 31, 43, 73, 74fn, 78, 109, 126
Pomper, G., 83
Popper, K., 19

Radtke, G., 85
Ranke, L., 17
Rattinger, H., 67, 68, 69, 133fn

Readman, A., 43
Reichardt, R., 105, 106
Reuband, K.H., 103, 121
Rice, S., 49, 50
Riemenschnitter, H., 88
Robinson, W.S., 38
Rokeach, M., 105, 106, 107
Rokkan, S., 22, 23, 25, 35, 69
Rossi, P.H., 49, 50, 56, 57, 133fn

Scheuch, E.K., 61
Schmidt, H., 67
Schmidt, P., 32, 133fn
Schmitt, K., 78, 134fn
Schneider, F., 36
Schultze, R.O., 88
Schumpeter, J.A., 13
Schunck, H., 99
Siegfried, A., 27, 28, 29, 34, 47, 50, 51, 69
Simmel, G., 50, 69
Smid, M., 99
Sternberger, D., 133fn
Stokes, D.E., 49
Strauß, F.J., 67, 69
Strümpel, B., 103, 121
Sundquist, J.L., 36
Sweetser, F.L., 33

Taylor, C., 69
Tufte, E.R., 36

Ulbricht, K., 133fn
Uttitz, P., 8

Vogel, B., 25, 133fn
Voss, I., 8

Weber, M., 101, 102, 124, 134fn
Weber, R., 134fn
Weede, E., 102
Weck, H., 38, 39
Wieken-Mayser, M., 47
Wildenmann, R., 13, 61

Yantek, T., 36

Zapf, W., 134fn
Zohlnhöfer, W., 61, 62

Sachindex

Aggregatdatenanalyse 29-43
Aggregationsniveau 39ff
Akzeptanzwerte 103f, 109, 120, 129
Ansteckungseffekte, politische 39
Arbeitslosigkeit 36, 38ff
Arbeitswerte 121

Bandwaggon-Effekt 97
Berufsstruktur, Wandel 79f
Bildungseffekte, politische 23, 74ff, 118, 127
Briefwähler 88

Cleavage-Theorie 20ff, 25, 69ff, 102, 126
Cleavages, Bundesrepublik Deutschland 71ff
community studies 61
converting elections 83
cross-pressures 49ff, 56, 85

Datenerhebung, Prinzipien 40f
Demokratietheorie 11-16
deviating elections 83
Drei-Generationen-Wählertypologie 82f
Drittvariablenkontrolle 32f,68

Einstellungen, Stabilität 25, 27f, 56, 102
Elmira-Studie 52
Erie-County Studie 50
ex-post-facto-Experiment 45

Fehlertoleranz, Prognosen 96
Fehlschluß, ökologischer 37ff
Frauenwahlverhalten 87-89
„frozen party systems" 22, 79

Generationseffekt 81ff, 90f, 103, 110f
Geodeterminismus 28
Gewerkschaften 109, 126f
Gewichtung, politisch 72, 74, 97f
Gewichtung, statistisch 96f
Grenznutzen, Gesetz 113
Gruppenmitgliedschaften 57f

habituelle Parteipräferenz 66
Hochrechnungen 11, 95ff

Index of Political Predisposition 51, 55, 82
Individualdatenanalyse 41ff,46ff

individualpsychologischer Ansatz 25f, 49ff, 53ff, 61, 126
Industrialisierung 22ff, 32, 70, 119
Inhaltsanalyse, empirische 123
Institute for Social Research 49, 53
Institutioneller Ansatz 21
Issue Effekte 60, 67f, 82f, 116, 130

Jungwähler 75, 90-93, 117, 129f

Kandidateneffekte 15, 36f, 44, 55ff, 68f, 89
Kanzlerbonus 36f, 39, 89
Kartographie 27-30, 32
Katholizismus, politischer 71ff, 75ff
Kausalitätstrichter 54ff
Kindererziehungswerte 121
Klassenkonflikt 22, 71, 75, 109
Kognitive Dissonanztheorie 53, 86
Kohortenmodell 91f
Konfession 22, 27, 51, 71ff, 75ff, 118
Konsensbildung 11, 13, 15,
Kontexteffekte 27, 29f, 35, 37, 41f, 49, 81
Kristallisation der Wahlentscheidung 52
Kritische Wahlen 35f
Kultur, politische 15, 29, 43, 101ff

Lebenszykluseffekt 82f, 91f, 110, 113
Lokalismus 109

Machtkontrolle 13-15
Machtzuweisung 13-15, 24
maintaining elections 83
Massenmedien, Einfluß 50ff
Mehrebenenanalyse 43
Meinungsklima, politisches 28, 41, 43, 47, 81, 97f, 102, 110
Michigan Schule 49f
Mikrozensus 40, 79, 96f
Minderheitenschutz 14-15
Mobilisierung, politische 12, 15f, 23, 43ff, 86f
Multikollinearität 32
Multivariate Schätzverfahren 31f

Nationalsozialismus/ NSDAP 20, 34, 38ff
Neo-Korporatismus 70

Neue Politik/Alte Politik 108f, 116
nicht-rekursive Modelle 58ff, 129
Normalwahlanalyse (normal vote analysis) 66ff, 83
Nutzentheorie 18, 21

Ökologie, quantitative 30, 33, 34
Operationalisierungsprobleme 56ff, 104ff

Panel-Technik 48-53, 59, 61f, 99
Parteianhänger 62f
Parteiidentifikation 55-69, 126
Parteiidentifizierung 61ff
Parteineugründung 21, 23ff
Parteiorientierung, affektive 63
partisan realignment 36
Partizipation, unkonventionell/konventionell 15f, 109
peer group 80
Periodeneffekt 82ff, 92
politische Tradition 27f, 34, 39, 41, 43
politische Generationen 80ff, 82f, 91, 110f
Positions-issue 60
protestantische Ethik 101ff
Prozeßcharakter der Politik 11-16, 20

Quantitative Modelle 18f, 30ff, 33

Rangordnung, Parteien 64f
rationaler Wähler 20f, 60
realigning elections 83
Recall (Rückerinnerungsfrage) 97f
Regierungsbonus 89
Regierungspopularität 36f
Regionalstudien 50-53
Religion 27, 101f, 109, 118, 120, 126
Repräsentationsschwellen 22f
Repräsentationsschluß 46
Repräsentative Wahlstatistik 86, 87f, 90
Repräsentativität, statistisch/politisch 96ff

Scheinwerferfunktion von Theorien 19
Schichtspezifisches Wahlverhalten 76, 78ff, 109ff
Schulen der Wahlforschung 19ff
Selbstverwirklichungswerte 103, 109, 120f, 129
Selektive Wahrnehmung 53
situative Parteipräferenz 66
Six-Component-Modell 57
Sonntagsfrage 68
Soziale Kreise, Theorie der 50ff, 85, 89, 116
Sozialer Wandel 28, 111
Sozialisation politischer Bindungen 16, 80-84, 91, 113
Soziallehre, christliche 101f
Sozialtechnologie 18, 58
Sperrklauseln, elektorale 23ff

Stabilität, Wahlverhalten 21, 52ff, 68, 73
Stabilität, Parteiensystem 22, 79
Stabilität, Überzeugungssystem/Werte 81, 104, 110f, 129
Stabilitätsorientierung, grundsätzliche 75
Stichproben 46ff, 53f, 87, 95ff
Stille Revolution 112
Stratifikationsansatz 21
subjektive Realitäten 42, 54
Sympathieskalometer 63ff, 67

Theoriebildung, systematisch-empirisch 17ff, 47
Theoriebildung, selektiv 19, 28
Traditionalismus 109, 120, 126

Überidentifikation von Modellen 59, 92

Valenz-issue 60
Validität 65, 114
Verteilungskonflikt 22, 75, 123, 126
Vertrauensintervall, Prognosen 95
Verweigerung der Befragung 96
Volkszählung 40, 79

Wahlbeteiligung 85-87
Wählertypen 74, 82
Wählerwanderungsbilanz 99
Wahlfunktionen 14
Wahlgeographie 27-29
Wahlkampf 14, 15, 43-46, 50ff, 61
Wahlprognosen 11, 95ff
Wahlsimulation 68
Wahlsystem 22-26
Wechselwähler 61
Wenn-Dann-Sätze 18f, 31
Werte, Klassifizierung 104-110
Wertehierarchie 107f
Wertsynthese 129f
Wertthematisierung 123
Wertwandeltheorie, funktionale 112, 119-121
Wertwandeltheorie, postmaterielle 108f, 112-119, 127f
Wertwandeltheorie, zyklische 112, 122-125
Wertwandeltheorie, evolutionäre 125
Wheels of Time 124
Willensbildung, Zersplitterung 23
Willensbildungsprozesse 11-16, 20, 69, 111, 131
Wirtschaftslage, Effekt der 36-40, 123, 125
Wohlfahrtsstaat 14, 28, 120

Zeitkomponenten politischer Sozialisation 81, Zyklentheorie 36, 83f, 112, 122-125

MIX
Papier aus verantwortungsvollen Quellen
Paper from responsible sources
FSC® C105338

If you have any concerns about our products,
you can contact us on
ProductSafety@springernature.com

In case Publisher is established outside the EU,
the EU authorized representative is:
Springer Nature Customer Service Center GmbH
Europaplatz 3, 69115 Heidelberg, Germany

Printed by Libri Plureos GmbH
in Hamburg, Germany